普通高等学校物流管理与工程类专业教材
教育部哲学社会科学研究重大课题攻关项目

物流管理

杨　斌　主编

上海浦江教育出版社

图书在版编目(CIP)数据

物流管理/杨斌主编 .—上海:上海浦江教育出版社有限公司,2023.11
ISBN 978-7-81121-835-0

Ⅰ.①物… Ⅱ.①杨… Ⅲ.①物流管理 Ⅳ.①F252.1

中国国家版本馆 CIP 数据核字(2023)第 216797 号

YMH01041311

刮开涂层，微信扫码后
按提示操作

刮开左侧图层扫码
激活配套资源

WULIU GUANLI
物流管理

上海浦江教育出版社出版发行
社址:上海海港大道 1550 号上海海事大学校内　邮政编码:201306
电话:(021)38284910(12)(发行)　38284923(总编室)　38284910(传真)
E-mail: cbs@shmtu.edu.cn　URL: http://www.pujiangpress.com
上海商务联西印刷有限公司印装
幅面尺寸:185 mm×260 mm　印张:16.75　字数:338 千字
2023 年 11 月第 1 版　2023 年 11 月第 1 次印刷
策划编辑:于　杰　责任编辑:葛亚娟　封面设计:上海图高文化传播有限公司
定价:68.00 元

普通高等学校物流管理与工程类专业教材

《物流管理》编撰指导委员会

前言 Preface

张骞出使西域，郑和下西洋，开通了国际物流大通道；隋朝大幅扩修的京杭大运河成为古代世界最伟大的物流工程之一；古老的马传和镖局，开创了最早的邮政速递和快运模式；木牛流马、千里送荔枝，代表了凝聚古人智慧的物流技术。中华民族五千多年文明史的每一个历史阶段都能看到"物流思想"的独特灵光，为全世界的物流理论和物流技术发展奠定了深厚基础，提供了历史借鉴。

本教材是贯彻落实国家"新文科"建设要求的具体实践，受到 2021 年度教育部哲学社会科学研究重大课题攻关项目"新时代推进新文科建设的理论与实践研究(21JZD058)"的资助。教材顺应新时代物流行业发展趋势，把握物流业高质量发展对物流管理专业人才的知识结构和实践能力要求，深入剖析现代物流的内涵要求和核心价值，把握数智化、绿色化等鲜明的时代特征，有机融入课程思政和前沿科技内容，提供丰富的数字化教学素材，引导创新教学模式，有助于物流管理人才培养与新一轮科技革命和产业变革交叉融合。

本教材的特色和创新主要体现在以下 5 个方面：

第一，突出强调物流管理专业的内涵要求和核心价值，着力塑造学生的专业价值观。教材在论述现代物流的基本概念、基本功能的基础上，围绕现代物流的低成本、高效率、优服务、智慧化、绿色化、重安全和标准化等七大内涵要求和核心价值展开，帮助学生系统地掌握物流管理专业基础知识，树立全面、科学的专业价值观；强调专业价值观引领，深入剖析物流管理专业的内涵和价值，并据此组织管理和论述讲解相关知识，在以专业价值为核心的教学理念、专业知识结构组织方面具有较突出的创新性。

第二，倡导"问题导向、案例研讨"的教学方式，并提供大量数字化教学素材。教材努力推动教学方式变革，变"知识灌输、被动接受"为"引导思辨、主动探究"。教材共编写各类大小案例 51 个，通过案例教学，引导学生思辨，掌握归纳、演绎等思维方法，掌握常用的分析、计算方法和工具，把物流管理理论学习与实践案例分析紧密结合起来，培养学生分析和解决专业问题的能力。通过线上平台，本教材配套提供了大量前沿案例展示，以及图表、图像、视频、软件工具等辅助教学素材，用数字化手段支撑教学过程。

第三，有机融入了大量课程思政教学内容，落实好"立德树人"根本任务。教材编写过程中，深入挖掘物流管理专业知识中的"国之大者"，有机融入了"一带一路"倡议、绿色物流和供应链、物流科技创新、战略物资储备、产业链供应链安全和韧性、物流专业政策法规等课程思政知识点，让学生深刻体悟到专业学习和国家民族命运紧密相关，培养形成正确的立场、意识和态度，争当社会主义事业建设者和接班人。

第四，把握现代物流和供应链数字化转型、绿色化发展的大趋势，吸收了大量前沿创新科技内容。当下，人工智能、新能源技术等快速发展，教材大胆引入了 ChatGPT、元宇宙、新能源技术等前沿科技内容，以创新、开放的思维向学生展现物流行业高质量发展的前沿热点，帮助学生更好地把握物流产业的动态、趋势和未来，提高认识，开阔视野。

第五，与多家优秀物流企业深入合作，吸收了企业的成功商业案例和管理经验，教材的应用性和实践性显著增强。教材编写得到了中远海运物流供应链有限公司（上海大区）、山东港口陆海国际物流集团、上海郑明现代物流有限公司等行业领军和头部企业的大力支持，提供了大量鲜活的企业战略、运营、操作案例和经验，使教材内容更加贴近产业实践和生产实际，为培养高层次应用型物流人才提供了支撑保障。

本教材适合高等学校物流和供应链类专业以及管理类、经济类等专业低年级本科生的专业启蒙课或专业先导课使用，也适合工学类、农学类、军事学类相关专业的专业选修课或者拓展课程使用。本教材也可以用于物流从业人员、企业管理人员、有关政府部门人员以及有志于从事物流管理工作的读者自学和参考。

本教材由上海海事大学物流研究中心杨斌教授主编，融汇了编者近 20 年来从事物流专业人才培养和科学研究的心得体悟。上海海事大学多名教师、研究生参与了编写工作，具体分工如下：徐雨璇、孙逸雪、朱世权合作编写第 1 章，王谦、孙逸雪、徐雨璇、朱世权合作编写第 2 章，郭子榕编写第 3 章，朱世权编写第 4 章，徐雨璇编写第 5 章，王谦编写第 6 章，孙逸雪编写第 7 章，陈媚芳编写第 8 章，郭子榕编写第 9 章，张智超负责部分统稿工作。教材的审校工作具体分工如下：姜子越校对第 1 章，赵紫薇校对第 2 章，都千源校对第 3、4 章，方玥校对第 5 章，梁昊校对第 6、7 章，谢晓鹏校对第 8、9 章。

感谢本教材编撰指导委员会主任黄有方教授和任豪祥会长，以及各位委员的指导！感谢汪传雷、窦志武、袁群、徐最、高志军、郑文家、傅海威、袁开福、曹翠珍、刘丹、潘福斌、马佳、赵昌平等各领域专家学者为本教材提出宝贵意见！

本教材是在许多前辈的科学研究和育人实践基础上的最新成果，在编写过程中参考借鉴了国内外许多优秀教材及论文论著，详见各章参考文献，或还有一些专业文献资料未能一一列出，在此向原作者一并表示衷心感谢！

学无止境，实践求真。希望与读到本教材的老师和同学们一起，为推动国家乃至世界的现代物流和供应链事业高质量发展作出贡献！

编者

2023 年 8 月

目录 Contents

第1章　现代物流

学习目标

1. 了解现代物流的概念、作用和分类；
2. 理解物流合理化的意义以及现代物流的主要学说；
3. 掌握现代物流系统的概念、构成要素和优化要素，以及物流系统的目标；
4. 了解现代物流的起源与发展历程，并认识我国物流业的现状；
5. 理解现代物流的内涵要求和核心价值，包括低成本、高效率、优服务、智慧化、绿色化、重安全和标准化。

虽然“物流”这个概念在20世纪60年代才正式出现，但人类的物流实践，千百年来始终伴随着人类文明社会的发展，与我们的生活息息相关。在公元前3000年，古埃及人就开始利用尼罗河的水路运输货物。古代罗马人也建立了交通网络，运输军用物资和商品。中国古代商人很早就利用黄河、长江等河流运输农产品，由此形成了唐时期的茶叶驿站、慢车队等物流网络，货物包括纺织品、茶叶、瓷器等。古老的丝绸之路连接了东西方，开创了国际贸易之路。

随着全球经济的快速发展和国际贸易的不断扩大，物流行业在现代经济中扮演着越来越重要的角色。提升物流管理水平，降本增效，改善服务，实现现代物流的流通经济价值，成为广大人民群众、政府和相关企业的共同需要。学习和掌握物流管理知识，对于每一个有志于投身物流行业的人来说都是非常重要的。

现代物流的概念起源于第二次世界大战时期，但随着人类社会的发展，现代物流已从早期的运输、储存逐渐延伸到原料采购、生产安排、订单处理、存货管理、运输管理、仓储管理、销售及售后服务。现代物流更注重物流系统的整体优化，做到低成本、高效率、优服务、绿色化等。现代物流是指对物流活动进行整体优化、协调和控制，以实现高效、低成本、高服务质量和可持续发展的目标。现代物流通过对生产、流通和销售环节的整合和优化，使物品从生产者到终端消费者的整个过程得到优化和协调，以满足用户需求，并实现资源的高效利用。现代物流强调整体性、系统性和数字化，将货物流动和信息流动作为一个整体进行管理和优化，以实现企业的竞争优势和社会效益的最大化。

本章将从现代物流概述、现代物流系统、现代物流的起源与发展、现代物流的内涵要求和核心价值四方面进行介绍。

1.1 现代物流概述

我们大多数人都知道"物流"这个词,但是对于具体的"物流"概念,我们了解多少呢?"物流"到底是什么?就算是参与物流活动的人也很难解释清楚,他们很可能会用实例来告诉我们什么是"物流"。如运输人员会说:"我们运送货物就是物流,物品从一个城市到另一个城市,这种货物流动就是物流。"

这就是"物流"吗?这样的回答似乎不能解答我们的疑问,那么接下来我们就从现代物流的概念、作用、分类,物流合理化,现代物流的主要学说,这几方面来学习什么是"物流"。

1.1.1 现代物流的概念

1.1.1.1 物流概念的演变

1)"Physical Distribution"的出现及其含义

"Physical Distribution"一词最早出现在美国。1935年,美国销售协会对物流进行了定义:"物流(Physical Distribution)是包含于销售之中的物质资料和服务,以及从生产地点到消费地点流动过程中伴随的种种活动。"1945年,阿奇·萧(Arch W. Shaw)在《市场流通中的若干问题》一书中提到:"物资经过时间或空间的转移,会产生附加价值。"上述历史被人们普遍地认为是物流的早期阶段。

2)"Logistics"的出现及其含义

1986年,美国物流管理协会(National Council of Physical Distribution Management, NCPDM)改名为美国物流协会(The Council of Logistics Management, CLM),它对"Logistics"所做的定义是:"以适合于顾客的要求为目的,对原材料、在制品、制成品及与其关联的信息,从产业地点到消费地点之间的流通与保管,为求成本收益率最高而进行计划、执行和控制。""Logistics"与"Physical Distribution"的不同之处就在于"Logistics"已突破了商品流通的范围,把物流活动扩大到生产领域。

3)"Supply Chain"的出现及其含义

作为一种有计划的管理思想,供应链(Supply Chain)的概念是在20世纪80年代提出的,供应链的概念经历了一个发展过程。早期的观点认为供应链是制造企业中的一个内部过程,是指将采购的原材料和收到的零部件,通过生产的转换和销售等环节传递到企业用户的一个过程。传统的供应链概念局限于企业的内部操作,注重企业的自身利益目标。

随着企业经营的进一步发展,供应链的概念范围扩大到与其他企业的联系,扩大到供应链的外部环境,偏向于把它定义为一个通过链中不同企业的制造、组装、分销、零售

等过程将原材料转换成产品到最终用户的转换过程，它是更大范围、更为系统的概念。

许多学者和组织从不同的角度给出了供应链的定义。英国著名物流专家马丁·克里斯托弗（Martin Christopher）教授在《物流与供应链管理》中对供应链进行了如下定义："供应链是指涉及将产品或服务提供给最终消费者的过程和活动的上游及下游企业组织所构成的网络。"美国供应链协会认为："供应链涉及从供应商的供应商到顾客的顾客的最终产品生产与交付的一切努力。供应链管理包括贯穿于整个渠道来管理供应与需求、原材料与零部件采购、制造与装配、仓储与存货跟踪、订单录入与管理、分销以及向顾客交货。"

我国国家标准《物流术语》（GB/T 18354 — 2021）中对"供应链"的定义是："生产及流通过程中，围绕核心企业的核心产品或服务，由所涉及的原材料供应商、制造商、分销商、零售商直到最终用户等形成的网链结构。"

通过上述的分析，我们可以理解为："供应链是围绕核心企业，通过对商流、物流、信息流、资金流的控制，从采购原材料开始，制成中间产品以及最终产品，最后由销售网络把产品送到消费者手中，最终将供应商、制造商、分销商、零售商直到最终用户连成一个整体的功能网链结构模式。"

此外，供应链也是一种业务流程模型，由原材料和零部件供应商、产品制造商、产品分销商、零售商到最终用户的价值链组成，完成从顾客需求开始到提供给顾客所需的产品与服务的整个过程。从组织内部来看，企业物料在各部门之间的流动，可以称为内部供应链；从组织外部来看，供应链包含原材料供应商、制造商、销售商和最终用户，商品在这些主体之间流动，彼此存在供给与需求关系。通常，供应链大多是指面向企业之间的供应链，供应链管理也是面向不同企业之间协调的一种管理方式。

供应链主要有以下特征。

（1）复杂性。供应链是一个由若干不同功能的独立企业组成的复杂网络实体，这种复杂性体现在网络、过程、范围、产品、顾客、供应商、组织和信息8个方面。所以供应链结构模式比一般单个企业的结构模式更复杂。

（2）动态性。供应链是一个由不同阶段组成的，包含商流、物流、信息流和资金流的动力系统。为了实现企业战略，适应市场需求变化，供应链节点企业需要进行动态更新，这就使供应链具有明显的动态性。

（3）面向用户需求特性。供应链的形成、存在、重构，都是基于一定的市场需求而发生的，并且在供应链的运作过程中，用户的需求拉动是供应链中商流、物流、信息流、资金流运作的驱动源。

（4）交叉性。供应链节点企业可以是这个供应链的成员，也可以是另一个供应链的成员，众多的供应链形成交叉结构，增加了协调管理的难度。

按照产品特点分类，供应链可分为精益型供应链和敏捷型供应链；按照供应链功能模式分类，可分为效率型供应链和响应型供应链；按照驱动方式分类，可分为推动式供应链、拉动式供应链和推拉结合式供应链；按照供应链级数分类，可分为二级供应链、三级供应链和多级供应链；按照供应链所属行业分类，可分为制造供应链和服务供应链；还可按照范围分为内部供应链和外部供应链。

4）“Value Chain”的出现及其含义

“Value Chain”是哈佛大学商学院教授迈克尔·波特（Michael E. Porter）于1985年提出的概念，波特认为，“每一个企业都是在设计、生产、销售、发送和辅助其产品的过程中进行种种活动的集合体。所有这些活动可以用一个价值链（Value Chain）来表明。”如果把“企业”这个“黑匣子”打开，我们可以把企业创造价值的过程分解为一系列互不相同但又相互关联的经济活动，或称之为“增值活动”，其总和即构成企业的“价值链”。

波特的“价值链”理论揭示，企业与企业的竞争，不只是某个环节的竞争，而是整个价值链的竞争，而整个价值链的综合竞争力决定了企业的竞争力。用波特的话来说：“消费者心目中的价值由一连串企业内部物质与技术上的具体活动与利润所构成，当与其他企业竞争时，其实是内部多项活动在进行竞争，而不是某一项活动进行竞争。”

价值链的增值活动可以分为基本增值活动和辅助性增值活动两大部分。企业的基本增值活动，即一般意义上的“生产经营环节”，如材料供应、成品开发、生产运行、成品储运、市场营销和售后服务。这些活动都与商品实体的加工流转直接相关。企业的辅助性增值活动，包括组织建设、人事管理、技术开发和采购管理。这里的技术和采购都是广义的，技术既可以包括生产性技术，也包括非生产性的开发管理，例如，决策技术、信息技术、计划技术；采购管理既包括生产原材料，也包括其他资源投入的管理，例如，聘请有关咨询公司为企业进行广告策划、市场预测、法律咨询、信息系统设计和长期战略计划等。

“价值链”理论的基本观点是，在一个企业众多的“价值活动”中，并不是每一个环节都创造价值。企业所创造的价值，实际上来自企业价值链上的某些特定的价值活动。这些真正创造价值的经营活动，即企业价值链的“战略环节”。企业在竞争中的优势，尤其是能够长期保持的优势，即是企业在价值链某些特定的战略价值环节上的优势。而行业的垄断优势来自该行业的某些特定环节的垄断优势，抓住了这些关键环节，也就抓住了整个价值链。这些决定企业经营成败和效益的战略环节可以是产品开发、工艺设计，也可以是市场营销、信息技术，或者是人事管理等，视不同的行业而异。

虽然价值链的每一环节都与其他环节相关，但是一个环节能在多大程度上影响其他环节的价值活动，则与其在价值链条上的位置有很大的关系。根据产品实体在价值链各环节的流转程序，企业的价值活动可以被分为“上游环节”和“下游环节”两大类。在企业的基本价值活动中，材料供应、产品开发、生产运行被称为“上游环节”；成品储运、市场营

销和售后服务被称为“下游环节”。上游环节经济活动的中心是产品，与产品的技术特性紧密相关；下游环节的中心是顾客，成败优劣主要取决于顾客特点。不管是生产性还是服务性行业，企业的基本活动都可以用价值链来表示，但是不同行业价值的具体构成并不完全相同，同一环节在各行业中的重要性也不同。

物流价值链是指企业将企业产品送到顾客手中这个过程中的所有为达到目标的有价值的活动的集合。物流企业的价值链可看成是一个纵向的、集成的一系列活动，它为企业从原材料的采购到产品销售的全部行动提供了运输和仓储的价值。

物流企业每进行一项作业，都要消耗一定的资源（如人力、物力和财力），而每完成一项物流作业会产生一定价值，消耗资源与产生价值随作业的一个个转移，最后转移到最终产品和客户，形成一条物流价值链。现代企业乃是一条价值链、作业链的形成过程。作业的推移，表现为价值的逐步积累和转移，最后形成提供给外部客户的总价值。从客户那里收到的总价值，就是企业的收入。收入补偿完成有关作业所消耗的资源的价值之和的余额，就是企业的盈利。现代物流成本管理应以作业作为企业管理的核心。成本管理的目的是尽可能消除不能增加价值的作业，即使能够增加价值的作业，也应帮助其提高效率，减少其作业耗费。

1.1.1.2 现代物流的定义

日本日通综合研究所1981年在《物流手册》上对物流的定义是：“物流是物质资料从供给者向需要者的物理性移动，是创造时间性、场所性价值的经济活动。从物流的范畴来看，包括包装、装卸、保管以及库存管理、流通加工、运输、配送等活动。如果不经过这些过程，物就不能移动。”

我国国家标准《物流术语》（GB/T 18354 — 2021）中将“物流”定义是：“根据实际需要，将运输、储存、装卸、搬运、包装、流通加工、配送、信息处理等基本功能实施有机结合，使物品从供应地向接收地进行实体流动的过程。”

1.1.2 现代物流的作用

1.1.2.1 物流的作用

物流作为一种社会经济活动，对社会生产和生活活动的效用主要表现为创造时间效用和创造空间效用2个方面，以及物流还对企业起作用。

1）物流创造时间效用

物品从供给者到需要者之间本身就存在一段时间差距，而改变这一时间差创造的价值称作“时间效用”。物流获得的时间效用形式有以下几种。

（1）缩短时间。缩短物流时间，可获得多方面的益处，如减少物流损失、降低物流消耗、加速物流周转、节约资金等。物流周期的结束是资本周转的前提条件。物流周期越短,资本周转越快,表现出资本的较高增值速度。从全社会物流的总体来看,加快物流速度、缩短物流时间是物流必须遵循的一条经济规律。

(2) 弥补时间差。经济社会中,需求和供给普遍存在着时间差。例如,粮食集中产出,但是人们的消费是一年365天,天天有需求,类似的情况不胜枚举。供给与需求之间存在时间差,可以说是一种普通的客观存在,正是有了这个时间差,商品才能取得自身最高价值,才能获得十分理想的效益,才能起到"平丰欠"的作用。但是商品本身不会自动弥合这个时间差,如果没有有效的方法,集中生产出的粮食除了当时的少量消耗外,就会损坏、腐烂,而在非产出时间,人们则会找不到粮食吃。物流便是以科学的、系统的方法进行弥补的,改变这种时间差,以实现其时间效用。

2) 物流创造空间效用

供给者和需求者往往处于不同的空间,物品从供给者到需求者之间有一段空间差距。由于改变物品的不同空间存在位置而创造的价值称作"空间效用"。物流创造空间效用是由现代社会产业结构、社会分工所决定的,空间效用有以下3种具体形式。

(1) 从集中生产地流入分散需求地。现代化大生产的特点之一,往往是通过集中的、大规模的生产以提高生产效率,降低成本。在一个小范围内集中生产的产品可以覆盖大面积的需求地区,有时甚至可覆盖一个国家乃至若干个国家。通过物流将产品从集中生产的低价位区转移到分散于各处的高价值区往往可以获得较高的利润,物流的空间效用也依此决定。

(2) 从分散生产地流入集中需求地。与上面情况相反的一种情况在现代社会中也不少见。如粮食是在一亩一亩地上分散生产出来的,而一个大城市的需求却相对大规模集中;一个大型汽车制造厂的零配件生产也分布得非常广,但却集中在一个大厂中装配,这也形成了分散生产和集中需求,物流便依此取得了空间效用。

(3) 从低价值生产地流入高价值需求地。现代社会中供应与需求的空间差比比皆是,除了大生产所决定之外,有不少是自然地理和社会发展因素决定的。例如,农村生产粮食、蔬菜而移地于城市消费,南方生产荔枝而移地于各地消费,北方生产高粱而移地于各地消费等。现代人每日消费的物品几乎都是在一定距离甚至十分遥远的地方生产的。这么复杂交错的供给与需求的空间差都是靠物流来弥合的,当然物流也从中取得了利益。在经济全球化的浪潮中,国际分工和全球供应链的构筑中,一个基本选择是在成本最低的地区进行生产,通过有效的物流系统和全球供应链,在价值最高的地区销售。信息技术和现代物流技术为此创造了条件,使物流得以创造价值,并得以增值。

3) 物流对企业的作用

(1) 物流是企业生产的前提保证。从企业这一微观角度来看,物流对企业的作用有:①物流为企业创造经营的外部环境。一个企业的正常运转,必须有这样一个外部条件:一方面要保证按企业生产计划和生产节奏提供和运达原材料、燃料、零部件;另一方面,

要将产品和制成品不断运离企业。这个最基本的外部环境正是要依靠物流及有关的其他活动创造和提供保证的。②物流是企业生产运行的保证。企业生产过程的连续性和衔接性需要依靠生产工艺中不断的物流活动,有时候生产过程本身便和物流活动结合在一起,物流的支持保证作用是不可或缺的。③物流是发展企业的重要支撑力量。企业的发展靠的是质量、产品和效益,物流是全面质量的一环,通过降低成本,间接增加企业利润,通过改进物流直接取得效益,这些都会有效地促进企业的发展。

(2) 物流可以降低成本。物流合理化有大幅度降低企业经营成本的作用,对改善经济运行的环境,降低和解决企业的困难有重要作用。当前许多企业经营困难的重要原因之一是成本过高。发展物流产业,能够有效降低社会流通成本,从而降低企业供应及销售的成本,起到改善企业外部环境的作用。

(3) 物流的利润价值。物流活动的合理化,可以通过降低生产经营成本间接提高利润,这只是物流利润价值的一个表现。对于专门从事物流经营活动的企业而言,通过有效的经营,可以为生产企业直接创造利润。

许多物流企业在为用户服务的同时,还可以起到"利润中心"的作用,成为企业和国民经济新的利润增长点。国民经济中过去把许多物流活动当作公益活动来办,投入没有回报,组织不合理、服务水平低、技术落后,但这些领域采用现代物流的组织、管理和技术之后,都可以成为国民经济新的利润源;企业中许多物流活动,如连锁配送、流通加工等,都可以直接成为企业利润新的来源。

(4) 物流的服务价值。物流可以提供良好的服务,这种服务有利于参与市场竞争,有利于树立企业和品牌的形象,有利于和服务对象结成长期的、稳定的战略性合作伙伴,这对企业长远的、战略性的发展有非常重要的意义。物流的服务价值,实际上就是促进企业战略发展的价值。

1.1.2.2 物流在国民经济中的地位

1) 物流是国民经济的基础之一

物流对维系经济活动的正常运行至关重要。通过不断输送各种物质产品,使生产者不断获得原材料、燃料以保证生产过程的正常进行,又不断将产品运送给不同需要者,以使这些需要者的生产、生活得以正常进行,这些互相依赖的存在,是靠物流来维系的,国民经济因此才得以成为一个有内在联系的整体。

物流对实现经济体制的资源配置发挥基础性作用。经济体制的核心问题是资源配置,资源配置不仅解决生产关系问题,而且必须解决资源的实际运达问题。物流以本身的宏观效益支持国民经济的运行,改善国民经济的运行方式和结构,促使其优化。

2) 特定条件下,物流是国民经济的支柱

对于一些处于特定的地理位置或特定的产业结构条件下的国家,物流在国民经济和地区经济中能够发挥带动作用和支持整个国民经济的作用,能够成为国家或地区财政收入的主要来源,能成为主要就业领域,能成为科技进步的主要发源地和现代科技的应用领域。例如,欧洲的荷兰、亚洲的新加坡和中国香港地区、美洲的巴拿马等。

3) 物流现代化可改善经济运行质量

当前,物流业"粗放式"增长的问题还很突出,市场主体"小散弱";物流资源难共享;物流基础设施不足;智能化技术应用少等问题普遍存在。如果这些方面能够得到全面、系统的改善,就可以使国民经济的运行水平得到很大提高。

1.1.3 现代物流的分类

根据物流的需求、物流在社会生产和流通过程中的地位与作用等不同角度,可以将物流划分为不同类型。在物流研究与实践过程中,针对不同类型的物流,需要采取不同的运作方式、管理方法等;针对相同类型的物流活动,可以进行类比分析、规模整合等。

1.1.3.1 按照观察和研究视角分类

(1) 微观物流。消费者、生产者企业所从事的实际、具体的物流活动;在整个物流活动中,其中的一个局部、一个环节的具体物流活动;在一个小地域空间范围发生的具体物流活动等,都属于微观物流。针对某一种具体产品所进行的物流活动也是微观物流。实际中经常涉及的下述物流活动皆属微观物流:供应物流、生产物流、销售物流、回收物流、废弃物物流、生活物流等。微观物流的特点是具体性、实务性、局部性和可操作性。由此可见,微观物流是更贴近消费者或者具体企业的物流。

(2) 宏观物流。宏观物流是指社会生产、流通总体的物流活动,从社会生产、流通总体角度认识和研究物流活动。这种物流活动的参与者是构成社会总体的大产业、大集团。宏观物流也就是研究社会生产和流通的总体物流,研究产业集团的物流活动和物流行为。宏观物流还可以从空间范畴来理解,在很大空间范畴的物流活动,往往带有宏观性。宏观物流也指物流全体,是从总体来看物流,而不是从物流的某一个构成环节,即个体来看物流。

1.1.3.2 根据物流活动的经济功能分类

(1) 供应物流。提供原材料、零部件或其他物料时所发生的物流活动。通常是指为了保证生产企业的物品供应,通过采购行为,使物品从供货方流转到采购方所形成的物流,它与生产物流的输入端相连接。

(2) 生产物流。企业生产过程发生的涉及原材料、在制品、半成品、产成品等所进行的物流活动。通常是指工业企业在产品生产制造过程中,原材料、在制品、半成品、产成品在工厂范围内的流动,包括仓库与车间、车间与车间、车间内各工序之间各种物料的流动。

(3) 销售物流。企业在出售商品过程中所发生的物流活动。通常是指生产企业在产品销售过程中,产品从生产企业到用户之间所形成的物流,包括产品直销和间接销售2种形式。以上所说的供应物流和销售物流是对同一个生产企业而言的。对不同的生产企业而言它们是统一的,供货企业的销售物流就是购货企业的供应物流。

(4) 逆向物流。物品从供应链下游向上游运动所发生的物流活动。通常是指不合格物品的返修、退货以及周转使用的包装容器从需求方返回到供方所形成的物品实体流动,如生产中的边角废料、金属屑,流通中的退货等。对许多企业而言,还需要管理回收物流渠道,该渠道可利用全部或部分前向物流渠道,或者需要单独进行设计。随着产品完成最终处理,物流管理才告结束。

(5) 废弃物物流。废弃物物流是指将经济活动或人民生活中失去原有使用价值的物品,根据实际需要进行收集、分类、加工、包装、搬运、储存等,并分送到专门处理场所的物流活动。通常是指对在生产、流通和消费过程中所产生废弃杂物进行分类、处理、运输、堆存等所形成的物流。

1.1.3.3 按照物流的空间场景分类

1) 城市物流

城市物流(Urban Logistics)是众多企业的微观物流向城市之间的宏观物流的一种过渡,即输入城市的宏观物流通过城市物流将其分散成成千上万的微观物流。然而成千上万企业输出的微观物流又必须通过城市物流汇集成输出城市的宏观物流。

城市物流要研究的问题很多。例如:城市的发展规划问题,不但要直接规划物流设施及物流项目,如建公路、修桥梁、建物流园区、建仓库等,而且,需要以物流为约束条件来规划整个市区,如工厂、住宅、车站、机场等。物流已成为世界各大城市规划和城市建设研究的一个重点。

在城市形成之后,整个城市的经济、政治、文化及民众活动也是以物流为依托的,所以城市物流还要研究城市生产、生活所需商品如何流入,又如何以更有效的形式供应给每个工厂、每个机关、每个学校和每个家庭,城市巨大的耗费所形成的废弃物又如何组织回收物流等。可以说城市物流的内涵十分丰富,很有研究价值。

2) 农村物流

农村物流(Rural Logistics)是泛指农村从物料采购到农产品形成、从农产品储藏、农产品流通加工到农产品销售(消费)的多种活动以及农村区域内农民获得生活用品的过程的集成。与城市物流比较,农村物流具有分散性、季节性、差异性、多样性等特点。其中,农村生活用品的物流大多与工业、城市物流连接为一体。

农村物流主要是指以农业生产为中心而发生的一系列物质活动和有关部门的技术组织、物流管理活动。它涉及农用物资、农产品的运输、储藏、加工、包装、装卸搬运、配送和信息管理等。其中主要是根据物流合理化原则确定农用物资、农产品物流内容、物流时间、物流方式、物流环节、物流手段以及物流规模(流量、流向、流程)和结构等内容。

根据物流各阶段的任务和形式的不同,全部物流过程又可以分成三段物流形式:一是供应阶段的物流形式,称作农村供应物流或称作农用物资供应物流;二是生产阶段的物流形式,称作农业生产物流;三是销售阶段的物流形式,称作农副产品销售物流。

3) 区域物流

在一个国家范围内的一个经济区域的物流都处于同一法律、规章、制度之下,都受相同文化及社会因素的影响,都处于基本相同的科学技术水平和装备水平之中,因而,都有其相同的特点,即区域性。研究各个国家的物流,找出其区别及差异所在,找出其连接点和共同因素,是研究区域物流的重要基础。

区域物流研究的侧重点是城乡之间、城市之间的物流。鉴于区域物流涉及领域较多,既要有利于促进物流合理化,又要有利于从社会经济可持续发展的角度考虑缓解诸多社会问题,所以可以把区域物流表述为"在某些区域规划和建立促进社会经济最佳战略实现的物流系统及其运营与管理的有关活动"。

4) 国际物流

国际物流是相对于国内物流而言的,是不同国家之间的物流。当前世界经济发展的主流是一体化,国家与国家之间的经济交往越来越频繁,如果一个国家不投身于国际经济大环境中,那么本国的经济技术也得不到良好的发展。目前各国的工业生产、商业贸易和服务业已走向了社会化和国际化,出现了许多跨国公司,一个企业的经济活动范围可以遍及世界各大洲。国家之间、洲与洲之间的原材料与产品的流通越来越畅通。因此,国际物流的研究已成为现代物流研究的一个重要领域。

1.1.3.4 按照物流活动的普适特征分类

(1) 一般物流。一般物流是指物流活动的共同点和一般性,物流活动的一个重要特点是涉及全社会、各企业,因此,物流系统的建立,物流活动的开展必须有普遍的适用性。物流系统的基础也在于此,否则,物流活动便有很大的局限性和很小的适用性,物流活动对国民经济和社会发展的作用便大大受限了。

一般物流研究的着眼点在于物流的一般规律,建立普遍适用的物流标准化系统,研究物流的共同功能要素,研究物流与其他系统的结合、衔接,研究物流信息系统及管理体制、运行机制等。

(2) 特殊物流。在专门范围、专门领域、特殊行业,遵循一般物流规律的基础上,带有特殊制约因素、特殊应用领域、特殊管理方式、特殊劳动对象、特殊机械装备特点的物流,皆属于特殊物流的范围。危险品物流、军事物流、废弃物物流等均属于特殊物流。

特殊物流活动的产生是社会分工的深化、物流活动合理化和精细化的产物,在保持

通用的、一般的物流活动前提下，能够有特点并能形成规模，能产生规模经济效益的物流便会形成本身独特的物流活动和物流方式。特殊物流的研究对推动现代物流的发展作用巨大。

1.1.3.5　按照物流运营方式分类

（1）自营物流。由物品供应企业或接收企业自己对供应或接收的物品所实施的物流活动，包括第一方物流和第二方物流。通常情况下，该物流组织形式是企业“大而全、小而全”的产物，具有较大的局限性。

（2）第三方物流。第三方物流是指由货物的供方和需方之外的第三方去完成物流服务的运营方式。第三方是指提供货物交易双方的部分或全部物流功能的外部服务提供者。第三方物流的发展程度反映和体现着一个国家物流产业发展的整体水平。第三方物流服务的提供者可分为2种：一种是物流代理，自身没有大量固定资产，靠合同或联盟形式调度大批运输或仓储企业，是典型意义的第三方物流企业，其形式也经常被称为合同物流；另一种是综合型物流企业，主要依靠自身拥有的大量运输、仓储、信息资源为客户提供服务，是物流专业化发展的一种重要形式。

（3）第四方物流。第四方物流是在第三方物流的基础上发展起来的供应链整合型企业，是供应链的集成者，它与功能互补的服务提供商一起组合和管理组织内的资源、能力和技术，提出整体的供应链解决方案。第四方物流在解决企业物流的基础上，整合社会资源，解决物流信息充分共享、社会物流资源充分利用的问题，同时也是发挥政府职能，推进现代物流产业发展的重要切入点。

1.1.3.6　根据物流发展历程分类

（1）传统物流。传统物流实行的是信息流、物流合一的方式。它以制造商为核心，产品生产出来后从分销商逐级推向用户。传统物流将主要精力集中放在仓储、库存和运输方面。在传统物流中需求信息和供应信息（反馈信息）都是逐级由人工操作、传递。传统物流模式下供应商、制造商、销售商之间缺乏合作，没有形成稳定的供需关系。

（2）现代物流。现代物流是为了满足消费者需要而进行的从起点到终点的原材料、中间过程库存、最终产品和相关信息有效流动及储存计划、实现和控制管理的过程。它强调从起点到终点的过程，提高了物流的标准和要求，能够管理不同货物的流通质量；开发和使用信息和通信系统。现代物流不仅提供传统的仓储和运输服务，还提供对供应链管理的支撑功能，如对运输、仓储供应商的管理，以及订单处理、信息服务等内容，其责任更大，管理也更复杂。

现代物流实行的是信息流、物流分离的方式。货物可以从生产车间直接发往配送中心，再从配送中心送到客户手中，从而减少了流通环节。现代物流具有以下特点：数字化、智能化、绿色化、快速反应、优质服务、装备现代化、组织网络化等。

1.1.4 物流合理化

1.1.4.1 物流合理化的含义

物流合理化是指物流设备配置和物流活动趋于合理化的过程。所谓合理化就是对物流整体系统进行调整改进的优化,目的是达到以尽可能低的物流成本获得尽可能高的服务水平。物流合理化的内容包括以下3个方面:一是物流活动,比如运输、储存、装卸搬运、包装、流通加工、配送、信息处理等作业合理化;二是物流的设施设备配置合理化;三是物流系统的各要素、系统与系统之间的协调运行合理化等。

物流服务水平与物流成本之间符合效益背反或二律背反原理,即两者之间存在矛盾,追求一方、必须舍弃另一方。如何解决此矛盾?只有在两者之间寻求均衡,即做到物流活动和物流资源的合理化。

1.1.4.2 物流合理化的作用

(1) 物流合理化保证了物流经营的利润。物流合理化措施制定、实施和检查,归根到底是由物流经营者来承担的,物流经营者在权衡成本与服务时,必须考虑到自己的利益。

(2) 物流合理化对物流系统进行整体优化。合并、减少不必要的物流活动,消除物流中的作业浪费、时间浪费,提高设施、工具的使用效率,提高物流多元化的服务,实现企业资源优化组合,有利于提高企业物流系统的竞争力。

(3) 物流合理化能协调整体供应链。物流合理化除保证经营者的利益和企业物流系统的优化外,还可以在更大范围(供应链领域内)去整合资源,同步化运作,获得成本优势、时间优势、空间优势和整体竞争优势,保证整个供应链成员企业利益的最大化。

(4) 物流合理化能够保证基本的服务水平。物流合理化能做到备货有保证、输送有保证和服务品质有保证等,从而提高整个行业的服务水准。

1.1.4.3 物流合理化的模式

物流合理化是一种兼顾成本与服务的“有效率的系统”,所谓系统的效率是指“一个系统的产出与投入之比”。物流系统的产出是物流服务,产出的效果可以用服务水平的高低来衡量与评价;物流系统的投入是提供物流服务所消耗的活劳动与物化劳动,体现为物流成本。以最低的物流成本达到可以接受的物流服务水平,或以可以接受的物流成本达到最高的物流服务水平,这样的系统都是“有效率的系统”,也是合理化的物流系统。

(1) 服务水平提高,同时降低成本。这是企业追求的合理化形式,也是理想的模式,是物流合理化的最高标准。必须通过努力,依靠创新才能得以实现。

(2) 提高服务水平,使增加的收入远远大于增加的物流成本。物流合理化很大一部分是在成本与收入之间进行的平衡,原则是保证企业最大限度的利润。

(3) 保持原服务水平或者适当降低,使成本下降的程度远远大于收入的下降。这是

许多企业为降低成本而普遍采用的一种合理化模式。举例来说:采取联合配送,牺牲一定的配送时效性,换取成本降低;进行商流、物流合理化分离。

(4)在硬件设施和装备的自动化,信息系统智能化等方面加大投入。这种模式通常意味着成本的大幅增加,如果收入不能大幅提高,那么在短期内将看不出效益。从长远角度看,仍不失为一种符合潮流的物流合理化方式,需要寻找高端客户和特定市场,才能获得相应收益。

1.1.5 现代物流的主要学说

关于物流科学的内涵与特质,学者们从经济、管理、社会等不同的角度提出了不同的看法,主要形成以下学说。

1.1.5.1 商物分离说

流通包括物流与商流2个部分,为了使产品按照供需方向实现有效转移,需要将二者组合。物流通常在对产品或服务进行交易后出现,产品需要按照顾客需求移动,从而发生相关的物流活动。商流出现的物质基础是物流,而商流又是物流发生的前提,两者相互依赖、相互配合。虽然商流与物流二者联系紧密,但它们本身存在的内容和发展规律是有很大差异的。商流的业务活动需要通过相关交易环节进行,但物流不会受该环节的制约,物流能基于产品的类别和数量,以及对产品运输过程和最终进行交易时的要求等,让产品获得最满意的物流线路,通过最大限度地使其从初始点到终点历经最少过程,同时为客户及时提供优质产品和服务,从而实现物流过程的耗费节约,增加企业效益。

通常当产品交易活动与产品流通路线相同时,物品的流通路线会产生诸多不合理现象,如迂回、倒流等,导致运力及资源的不合理耗用。物流就是在商、物分离的基础上被人们认识的,物流科学也正是在商、物分离的基础上,才得以创立和发展的。在进行物流管理活动时,将商流与物流进行分离有利于增加全社会经济效益,同时对于企业发展具有促进作用。

1.1.5.2 效益背反说

效益背反说具体内容在第3章相关章节中介绍。

在认识效益背反的规律之后,物流科学认识到了在物流过程中不是单纯地追求各项功能要素优化,而更主要的是追求整体效果最优化,将各个分功能有机联系起来,追求总体效果最优。这种思想在不同国家、不同学者中的表述方式是不同的,例如美国学者用“物流森林”的结构概念来表述物流的整体观点,指出物流是一种“结构”,对物流的认识不能只见功能要素而不见结构,不能只见树木不见森林,物流的总体效果是森林的效果,即使是和森林一样多数量的树木,如果各个孤立存在,那也不是森林,这可以归纳成一句话:“物流是一片森林而非一棵棵树木。”

对这种总体观念的描述还有许许多多的提法，诸如物流系统观念、多维结构观念、物流一体化观念、综合物流观念、后勤学和物流的供应链管理等，都是这种思想的另一种提法或是同一思想的延伸和发展。

1.1.5.3 成本中心说、利润中心说、服务中心说和战略说

这些学说实际是对物流系统起什么作用、达到什么目的的不同认识、不同观念，因而也派生出不同的管理方法。

1）物流“成本中心”说

成本中心的含义，是物流在整个企业战略中，只对企业营销活动的成本产生影响，物流是企业成本的重要的产生点，因而，解决物流的问题，并不主要在于搞合理化、现代化，也不主要在于支持保障其他活动，而主要在于通过物流管理和物流的一系列活动降低成本。所以，成本中心既是指主要成本的产生点，又是指降低成本的关注点，物流是“降低成本的宝库”等说法正是这种认识的形象阐述。“成本中心”说主张的是间接效益。

2）物流“利润中心”说

利润中心的含义是，物流可以为企业提供大量直接和间接的利润，是形成企业经营利润的主要活动。非但如此，对国民经济而言，物流也是国民经济中创利的主要活动。物流的这一作用被表述为“第三利润源”。“利润中心”说主张的是直接效益。

3）物流“服务中心”说

服务中心说认为，物流活动最大的作用，并不在于为企业节约消耗，降低成本或增加利润，而是在于提高企业对用户的服务水平，进而提高企业的竞争能力。因此，在使用描述物流的词汇上选择了“后勤”一词，特别强调其服务保障的职能。通过物流的服务保障，企业以其整体能力来压缩成本，增加利润。“服务中心”说主张的是整体效益。

4）物流“战略”说

战略说是当前非常盛行的说法，实际上学术界和产业界越来越多的人已逐渐认识到，物流更具有战略性，是企业发展的战略而不是一项具体的任务。这种看法把物流放在了很高的位置。将物流和企业的生存和发展直接联系起来的战略说的提出，对促进物流的发展有重要意义，企业不追求物流的一时一事的效益，而着眼于总体，着眼于长远，于是物流本身战略性发展也被提到议事日程上来。战略性的规划、战略性的投资、战略性的技术开发是物流现代化迅猛发展的重要原因。

1.1.5.4 “第三利润源”说

“第三利润源”说将在第3章相关章节中介绍。

1.1.5.5 “黑大陆”说和“物流冰山”说

“黑大陆”说和“物流冰山”说将在第3章中介绍。

1.2 现代物流系统

从系统的角度看，人、财、物、信息等要素通过物流管理、物流信息处理等各项物流活动的转换后产生效益、服务、污染及处理后的信息，就形成了一个输入—转换—输出的整体。如何优化物流系统，是实现物流系统效益的关键。

1.2.1 物流系统的概念与内涵

物流系统是指在一定的时间和空间里，由所需位移的物资、包装设备、装卸搬运机械、运输工具、仓储设施、人员和信息联系等若干相互制约的要素所构成的具有特定功能的有机整体。

现代物流系统是指以传统物流系统为基础，以现代科学技术和先进科学理论为支撑的物流系统。现代科学技术包括硬技术和软技术2个方面。硬技术指组织物资实物流动所涉及的各种机械设备、运输工具、仓储建筑、战场设施以及服务的计算机、通信设备网络，如集装系统机械制造技术、自动货架系统制造技术等；软技术是指组成高效率的物流系统而使用的系统工程技术、技术经济技术、价值工程技术和信息技术等。换句话说，物流系统是由硬系统—物流工程系统和软系统—物流管理系统构成，物流系统的有效运作离不开完善的物流工程系统和高效的物流管理系统。

1.2.2 物流系统的构成要素

物流系统是由人、财、物、设备、信息和任务目标等要素组成的有机整体，通过这些要素的有效组合，形成了物流系统的整体功能，使得物流系统的总目标得以有效实现。物流系统的要素可具体分为一般要素、功能要素、支撑要素、物质基础要素、流动要素、网络要素等。

1.2.2.1 物流系统的一般要素

物流系统的一般要素是物流系统最基本的要素，由三方面构成：劳动者要素、资金要素、物的要素。从物流系统的建立、运转和对象等方面来说，以上3个要素是建立一个物流系统的根本。

1.2.2.2 物流系统的功能要素

物流系统的功能要素由运输、储存、包装、装卸搬运、流通加工、配送、物流信息处理和废旧物品的回收与处理等构成。如果从物流活动的实际工作环节来考察，物流就由上述前八项具体工作构成。换句话说，物流能实现八项最主要的功能。

1.2.2.3 物流系统的支撑要素

物流系统建立在复杂的社会经济系统中，因此离不开社会环境要素的支撑。物流系统的支撑要素主要包括体制、制度、法律、规章、政策，还包括物流的标准等。

1.2.2.4 物流系统的物质基础要素

物流系统的建立和运行，需要有大量技术装备、基础设施和管理手段的支持，这些物质基础要素有机联系、协调联动对物流系统来说是必不可少的。

(1) 物流设施包括：物流站、货场、物流中心、仓库、公路、铁路、港口等；

(2) 物流装备包括：仓库货架、流通加工设备、运输工具、装卸搬运机械、分拣设备等；

(3) 信息技术及网络：根据所需信息水平的不同，包括通信设备及线路、计算机及网络设备等；

(4) 组织及管理：它是物流网络的"软件"，起着连接、调运、协调、指挥物流系统各要素的作用，以保障物流系统目的的实现。

1.2.2.5 物流系统的网络要素

物流系统可以看作是一个由节点和节点间的连线组成的开放网络，这些组成物流系统的部分就是其网络要素。物流网络中的节点，是指物流过程中商品储存、停留的场所，如工厂、商店、仓库、配送中心、车站、码头等。节点和连线有机地结合起来，就形成一个联系动态的物流网络。

1.2.3 物流系统的目标

物流系统建立在社会经济系统中，其目标是实现2个效益：宏观经济效益和微观经济效益。物流的宏观经济效益是指社会物流系统的建立和运行要以社会发展和人民幸福为大前提。社会物流系统要服务于整个社会流通及全体人民。同时要特别注意克服物流系统可能带来的负面影响，例如，污染、噪声、危险等。物流系统的微观经济效益是物流系统本身在运行活动中所获得的企业效益。建立和运行物流系统时，要有意识地以宏观、微观2个效益的平衡为目的。

1.2.4 物流系统的优化要素

从微观的角度来考虑，物流系统的优化要素有6个，分别为货物(Product)、数量(Quantity)、运输路线(Route)、服务(Service)、时间(Time)和成本(Cost)，简称PQRSTC。

(1) 货物是指物流系统需要承载的产品、原材料、零部件等，具有品名、种类、型号规格、材料等属性。货物的各种属性将影响运输、配送、仓储等设施设备的类型和功能选用，以及包装、装卸搬运等物流具体作业方式等。

(2) 数量是指物流系统需要承载货物的数量，通过分解可用件数、重量、体积或销售

的价值表示。该要素将影响物流系统的规模、设备数量、运输量(周转量)、建筑物面积等。

(3) 运输路线是指运输或配送货物的路线,可以是长途干线运输路线、短途城市配送路线、工厂内物流的线路走向和工艺流向等,可用运输或配送线路图、生产物流作业过程图等表示。该要素体现物流流向、仓库及园区的位置、物流作业单位之间的关系、物料搬运路线等。

(4) 服务是指从接收顾客订单开始到将商品送到顾客手中为止所发生的所有服务活动,包括包装、加工、分拣、贴标签等。该要素可使交易的商品或服务实现增值,扩大竞争优势。

(5) 时间是指物流运作过程的时间要求,体现为物流作业过程的时间点、时间段与时间面的内容,具体如:到货时间、发货时间、运输时间、装卸时间、存储时间、各工序的操作时间、切换时间等。在当前快节奏的经济社会中,时间要素已成为物流系统运作的关键要素之一。

(6) 成本是指物流系统运作的各种成本,如物流作业人力成本、燃料消耗成本、设备购置与折旧、场地成本、物流信息系统成本等。该要素是物流企业提高盈利能力的关键,也是企业物流第三利润源理论的具体表现。

1.3　现代物流的起源及发展

现代物流发展至今已几十年,起源于国外,却在中国焕发勃勃生机。全国各地的美食,宅家就能品尝;全球各国的好物,足不出户就可淘到。我国现代物流产业持续高速增长,朝着绿色化、高效化、优质化等目标不断发展。

1.3.1　现代物流的起源与形成

现代物流(Logistics)是相对于传统物流(Physical Distribution)而言的。传统物流一般指物资的运输和存储,现代物流已突破了商品流通的范围,把物流活动扩展到生产领域。

现代物流的起源可追溯到二战时期,美国对军火等的战时供应中,首先采取了后勤管理这一名词,来对军火的运输、补给等进行全面管理。从此,Logistics原指“后勤”,后引申为“现代物流”,其逐渐成为一个单独的学科。后勤管理的方法被引入到商业部门,被称为商业后勤,定义为包括原材料的流通、产品分配、运输、购买与库存控制、用户服务等业务活动,其领域包括原材料物流、生产物流和销售物流。随着社会化大生产、信息技术的发展,现代物流以现代信息技术为基础,整合运输、包装、装卸、搬运、发货、仓储、流通加工、配送、回收加工及信息处理等功能,形成综合性物流活动模式。

1.3.2 我国物流业发展现状

近年来,我国物流业实现了稳中有进、稳中提质的发展目标,行业规模日益壮大,行业发展亮点纷呈。全行业深化结构调整,物流业供给侧结构性改革深入推进。消费品物流成为重要驱动力,与消费相关的汽车、医药、冷链、电商、快递等物流业务持续高速增长。

(1) 物流结构持续优化。全行业深化结构调整,攻坚克难,推进物流业与制造业深度融合,助力我国产业迈向全球产业链中高端;全行业积极推进规模化、集约化发展,在仓储、运输、冷链、快递、汽车等细分领域一批实力较强、带动作用较大的骨干企业加速成长。

(2) 物流运输网络升级。多式联运加快发展,运输结构调整初见成效;国家物流枢纽确定,百家骨干物流园区互联互通取得进展,物流基础设施网络建设有序推进。

(3) 坚持科技创新驱动。全行业坚持创新驱动,稳中求进,新技术、新模式、新业态持续发力,新旧动能加快转换;物流互联网全面在线化,无人机、无人车、无人仓、无人码头等应用场景多元发展;区块链技术受到关注,在物流与供应链领域深化应用;网络货运管理办法正式出台,无车承运模式进入全面发展期;"互联网+"物流全面普及,产业互联网使传统物流焕发出新的活力;供应链创新与应用试点成果展示推广,供应链服务企业标准发布,供应链创新与应用取得重大进展。

(4) 高度重视人才教育。在人才教育领域,物流管理被列入证书制度试点领域;物流标准、统计、企业评估、人才培养和理论研究等各项行业基础性工作稳步推进。

(5) 国家政策大力支持。政府部门统筹谋划,形成合力。2019年,国家发展改革委等24部门联合出台了《关于推动物流高质量发展促进形成强大国内市场的意见》,提出了25条推动物流高质量发展的政策措施。2021年,为贯彻落实党中央、国务院有关决策部署,高质量推进"十四五"时期国家物流枢纽建设工作,推动形成以国家物流枢纽为核心的骨干物流基础设施网络和骨干多式联运体系,支撑构建以国内大循环为主体、国内国际双循环相互促进的新发展格局,国家发展改革委印发《国家物流枢纽网络建设实施方案(2021—2025年)》。

(6) "走出去"打开新局面。在国内国际双循环的战略指引下,电商快递、冷链物流、即时配送、物流装备制造业等领域保持较快增长。国家统计局数据显示,截至2020年年底,我国货物进出口总额达到321 557亿元,比上年增长1.9%,其中,出口179 326亿元,增长4.0%,从而实现了工业品物流总额269.9万亿元,按可比价格计算,同比增长2.8%,占我国社会物流总额的90%。

(7) 推进行业绿色发展。在用车环保监督执法力度加大,清洁能源物流车辆得到政府支持,电动船舶蓄势待发。国家邮政局开展绿色采购试点和可循环中转袋应用试点,

为行业生态环保工作积累经验。快递、物流企业纷纷探索可回收包装和可循环材料，托盘循环共用、挂车交换共享、仓库太阳能屋顶日益普及，绿色、可持续物流取得新进展。

1.4　现代物流的内涵要求和核心价值

现代物流的内涵要求和核心价值包括：低成本、高效率、优服务、智慧化、绿色化、重安全和标准化，这些都是实现物流高质量发展的核心理念。

1.4.1　低成本

现代物流追求降低物流成本。物流成本的降低对推动实体经济高质量发展、加快构建现代流通经济体系具有重要意义。物流降成本具有很强的杠杆效应，通过物流降成本可以降低其他行业成本、畅通整个经济循环，让实体经济运转通畅、行稳致远。物流系统就是以综合成本为核心，按最低整体成本要求，使整个物流系统化，把这些要素有机结合起来，使得物流总成本最小。

近年来，物流降本增效积极推进，社会物流成本水平保持稳步下降，但部分领域物流成本高、效率低等问题仍然突出。比如受新冠疫情影响，社会物流成本出现阶段性上升，此时难以适应建设现代化经济体系、推动高质量发展的要求。

物流业连接着生产和消费两端，是重要的复合型产业，推动降低物流成本对于畅通国民经济循环、提升产业综合竞争力具有重要作用。

1.4.2　高效率

现代物流追求提高物流效率。物流效率一方面追求的是时间效率，让货物流动速度名副其实地快起来，货物迅速及时到达目的地或消费者手中。及时性是服务性的延伸，是用户的要求，也是社会发展进步的要求。从操作层面来看，速度会受到各种因素的影响，交通、人员配置、路区优化、作业流程等各个环节，任何一环受到阻碍，就有可能导致货物延迟送达。整个社会再生产的循环，取决于每一个环节，社会再生产的不断循环发展推动了社会的进步。快速及时既是一个传统目标，更是一个现代目标，随着社会大生产的发展，这一目标要求更加强烈。

另一方面是追求空间效率，强调的是对空间资源的利用率，充分利用物流面积与空间，实现高度自动化与智能化。现代仓库布局在整个物流系统中占有非常重要的地位，合理的仓库布局使企业的资源得到最大利润，从而降低成本提升企业高效率运作。仓库布局设计时考虑到生产流程、仓库的结构设置以最短的运距，减少迂回运输，同时也要考虑到货物空间利用库容，最大限度地利用有效空间。

1.4.3 优服务

现代物流追求提供优质服务。现代物流是服务业的重要组成部分，力求向社会生产与生活提供全方位的优质服务。物流服务是指受客户的委托，按照客户的要求，为客户或客户指定方提供服务，包括运输类服务、仓储/配送类服务、增值服务、信息服务、金融保险服务等，还能根据客户需要提供物流总体策划服务，完成物流过程中的部分环节或全部环节。客户优先是一切物流活动的出发点和评价标准，为客户提供高品质的服务和极致的体验是物流企业的核心竞争力所在，也是实现现代物流管理价值的基础。

物流服务具有结构性和差异性两大特征。结构性是指物流服务需要由多种物流资源和多种物流功能要素合理配置形成，差异性是指由于物流客户各不相同，服务需求大相径庭。此外，物流服务提供者的不同也会导致服务方式的不同。物流系统中的送货、配送等形式及其效果，就是其服务性的体现。在技术方面，近年来出现的“准时供应方式”“柔性供货方式”等，也是其服务性的表现。

1.4.4 智慧化

现代物流追求智慧化。物流业是科技与智慧化的践行者与推动者，智慧物流利用系列智能化技术，使物流系统能模仿人的智能，具有思维、感知、学习和推理判断能力，并能自行解决物流中的某些问题，不仅提高了效率，还显著降低了成本，增强了安全保障。

智慧物流的本质，是对物流资源、要素与服务的信息化、数字化、在线化、智能化，并通过数据的连接、流动、应用与优化组合，实现物流资源与要素的高效配置，促进物流服务提质增效、物流与互联网、相关产业的良性互动。智慧物流是实现物流智能化发展的需要，可提高效率，降低成本，增强安全保障。随着云计算、物联网（Internet of Things, IoT）、人工智能（Artificial Intelligence, AI）、大数据等技术的发展，以及新零售、智能制造等领域对物流的更高要求，智慧物流市场规模将持续扩大。如自动驾驶技术在物流领域的应用就可以在效率、成本和安全等方面为企业增加效益。

1.4.5 绿色化

现代物流追求绿色化、低碳化。绿色物流的本质是在追求经济效益的同时不损害生态环境，实现经济社会发展与生态环境保护的“双轮驱动”，其最终目标是实现经济、社会和环境的协同与可持续发展。一方面，绿色物流可以促进物流企业的经济发展，绿色物流是鼓励物流企业实现低能耗、高效率的发展方式，尽管短期会导致成本增加，但长远来看，绿色物流有利于实现充分利用物流资源能源，提高资源能源利用率，提高物流效率，进一步降低生产经营成本。另一方面，绿色物流可以实现保护环境和节约资源的要求，可以通过绿色物流实现物流活动的绿色化，降低物流对环境造成的影响，还可以通过绿

色物流有效收集和处理物流活动中产生的剩余材料，提高资源能源利用率。

物流行业既是能源消耗大户，也是碳排放大户。比如仓库、配送中心、港口等基础设施，车辆、船舶、飞机等运输工具，每天都消耗着巨量能源，产生大量碳排放。物流业是绿色发展和“双碳”目标的推动者。发展绿色物流将有助于实现物流业高质量发展、构建现代物流体系、建设物流强国。此外，绿色物流将推动物流业践行国家绿色发展理念，也是实现物流行业碳达峰、碳中和战略目标的重要路径。

1.4.6　重安全

现代物流高度重视安全性。安全性包括2个层面，一是货物本身的安全；二是物流网络的安全，要求货物在流动过程中通过各物流子系统安全措施保障，以及物流系统整体优化管理，保障物流运作无差错或者尽可能少出错。危险品和特殊商品（如高价值物品、涉密物品等）的物流都要求具有更高安全性。国家战略物资的储备和运输也与物流安全息息相关。

实现物流安全保障从根本上来说即是实现物流系统七大子系统各自的安全保障，并由统一的平台进行整合管理实施。物流安全保障可分为运送作业（包括运输、装卸搬运和配送作业）保障、存储作业保障和增值作业（包括流通加工、包装和信息服务）保障。运送作业保障主要保证货物在途流动过程中不因交通事故、交通拥堵延误和保存变质等问题造成损失。存储作业保障主要保证货物在物流仓储过程中不因货物物理、化学和生物变化而变质失效及货物失窃等问题造成损失。增值作业保障主要保证货物在物流中心进行流通加工和包装时不因计划不善或操作不力造成物品加工浪费、受污，包装不牢产生安全隐患；物流信息服务不因传输失真或信息被窃取而间接影响物流正常进程，造成损失。

物流活动过程错综复杂，保障物流安全的意义非同小可。一方面，物流安全可以保障生产与消费，减少商品在物流过程中的损失；另一方面，物流安全可以保证物流从业人员生命安全和健康，以及物流设备和设施的安全。

1.4.7　标准化

现代物流高度重视标准化。物流标准化是指以物流系统为对象，围绕运输、储存、装卸、包装以及物流信息处理等物流活动制定、发布和实施有关技术和工作方面的标准，并按照技术标准和工作标准的配合性要求，统一整个物流系统标准的过程。要实现物流业的高质量发展，提高物流业标准化水平是一个重要方面。物流标准化促进了物流业的规范运作与安全运行，减少了差错与事故，有利于物流产业降低成本、提质增效，提升了物流业的优质服务水平。

以集装箱的创新与集装箱运输的推广为例。集装箱从构想到出现，再到运输实践，距今已走过了百年。创新的集装箱运输模式的出现,不仅顺应了20世纪工业化大规模生产与机械化操作的时代要求,这契合了第二次世界大战后和平发展环境下国际贸易与跨国运输大繁荣的迫切需求。与传统的堆放式杂货运输方式相比,它特有的承载货物量大、运输速度快、单位运费低和运输损耗小等优点,使其成为流动状态下货物的理想存储空间。现在国际集装箱运输的标准化是以20英尺、40英尺的2种标准箱为主体,以集装箱为运输单位,创造了"门到门"的交货组合运输新方式。标准化使它适合于多式联运。基于此,延伸出了公铁联运、铁海联运、公路集装箱甩挂运输等多种组合的运输方式,并日益普及与扩大规模。集装箱运输的标准化与便利化,加快了各国的工业化大生产、商品包装的标准化与适箱化,现在全球货物运输的适箱量已达70%,极大地促进了全球的商品流通与国际物流发展。

参考文献

[1] 程艳霞. 现代物流管理概论[M]. 武汉: 华中科技大学出版社, 2009.

[2] 宾厚, 王欢芳, 邹筱. 现代物流管理[M]. 北京: 北京理工大学出版社, 2019.

[3] 徐旭. 物流学概论[M]. 南京: 南京大学出版社, 2017.

[4] 张庆英. 物流系统工程: 理论、方法与案例分析[M]. 2版. 北京: 电子工业出版社, 2015.

问题与思考

1. 什么是现代物流? 请简述现代物流的作用。

2. 现代物流按照哪些标准进行分类? 请举例说明。

3. 请解释物流合理化的概念,并简述与物流活动有关的3个方面。

4. 现代物流系统的构成要素是什么? 请简述各个要素的作用。

5. 请列举现代物流的内涵要求和核心价值,并分别对它们进行简要说明。

6. 互联网的兴起对物流行业产生了哪些影响? 试联系实际生活举例说明。

第2章　现代物流基本功能

学习目标

1. 了解运输的概念与原理，理解运输在现代物流中的作用与功能；
2. 掌握运输方式的分类与选择规则，了解运输合理化的影响因素；
3. 理解仓储的概念与分类，掌握仓储在物流中的作用与功能，了解仓储作业及仓储合理化方法；
4. 了解装卸搬运的概念与分类，掌握其作用，熟悉装卸搬运合理化的方法；
5. 掌握包装的基本概念及分类，了解包装在物流中的合理化与标准化，掌握典型包装场景；
6. 了解配送的基本概念与作用，掌握配送类型与流程，掌握配送合理化的方法和配送中心；
7. 了解流通加工的概述、类型和方式，掌握流通加工合理化的实践方式；
8. 了解物流信息的概述，掌握物流信息技术及物流信息系统在物流管理中的应用方式。

如果把现代物流和人做类比，现代物流的基本功能，运输、仓储、装卸搬运、包装、流通加工、配送、信息处理等，虽不如人的呼吸系统、消化系统、内分泌系统、运动系统、循环系统、神经系统、泌尿系统、生殖系统等八大系统联系紧密，有时单个功能便可发挥效用，但对于“物流供应链”来讲，只有各个功能系统正常运作，协调统一，才能使“物流”这条生命焕发生机。

2.1　运输

运输于现代物流就像血液循环系统如人体一样，贯穿现代物流活动的始终。它既承担着输送“营养物质”的功能，改变“物”的时间与空间状态，又对仓储、装卸搬运、包装、配送等其他物流活动起着连接作用，为其他功能的运作提供基本的“动力”。合理的运输方式对现代物流活动快速有效的运转起着至关重要的作用，而理解运输的概念、清楚运输的原理是选择合理运输方式的基础。

2.1.1 运输的概念与原理

2.1.1.1 运输的概念

运输是物流活动的基本功能之一。物流是指物品从供应地向接收地的实体流动过程,其既改变了“物”的时间状态,又改变了“物”的空间状态。运输则承担改变“物”的空间状态的主要任务,是改变空间状态的主要手段。在国家标准《物流术语》(GB/T 18354—2021)中,“运输”的定义为:“利用载运工具、设施设备及人力等运力资源,使货物在较大空间上产生位置移动的活动。其中包括集货、分配、搬运、中转、装入、卸下、分散等一系列操作。”

利用运输工具和运输设施,运输可实现物资长距离空间位置转移,解决物品在生产地点和需要地点之间的空间距离问题,从而创造商品的空间效益,实现使用价值,满足社会需要。运输、配送、搬运等环节都有改变物品空间位移的作用,三者的主要区别在于空间活动范围不同。运输是较大范围的活动,对物品进行较长距离的空间移动;配送属于运输活动中的末端运输,主要指在一个较小范围内对物品进行较短距离的空间移动;搬运是在同一地域内的活动,对物品进行水平移动为主的作业。

2.1.1.2 运输的原理

运输原理的本质是指导运输的管理和运营,根本目的是降低运输成本,提高经济效益。运输的基本原理包括规模经济原理、距离经济原理、速度经济原理,这3条运输原理均是基于运输成本而来。

1)规模经济原理

规模经济原理是指随着每次装运规模的增大,每单位重量的运输成本下降。运输规模经济的存在是因为每转移一批货物,会产生相应的固定成本,该固定成本费用可以由整批货物的重量来分摊。因此,一批货物重量越大,分担到单位重量上的固定成本就越少,单位成本也就越低。例如一辆核载50 t货物的卡车,运输一定距离的固定成本是5 000元,实载45 t一定比实载25 t的单位运输成本低。基于此,应尽量提高装载量或者满载以实现规模经济。

2)距离经济原理

距离经济原理是指随着每次运输距离的增加,运输费用的增加会变得愈发缓慢,或单位运输距离的费用越少。基于此,应尽量加大运输距离,进行长距离、远距离运输。例如2 000 km的一次装运成本要低于1 000 km的二次装运。运输距离经济的存在是因为每转移一批货物,会产生由运输工具装卸所发生的固定费用,该固定费用会分摊到每单位距离的变动费用上,距离越长平均每单位支付的费用就越低。

3）速度经济原理

速度经济原理是指完成特定的运输所需的时间越短，其效用价值越高。例如在冷链运输中，运输的时间越短，冷链货物造成损坏的风险越低，或者货物保持的新鲜度越高，货物价值也越高。基于此，针对特定货物的运输，尤其对运输时效有较高要求的货物运输，应尽量提高运输速度，降低经济损失，提升经济效益。

2.1.2　运输的作用与功能

2.1.2.1　运输的作用

运输是物流过程各项业务的中心活动，包装、装卸搬运、物流信息等物流过程中的其他各项活动均围绕运输进行。同时运输在国民经济中发挥着举足轻重的作用。围绕运输与物流的联系和运输在国民经济中的地位，运输的作用主要体现在以下4个方面。

1）运输是物流的主要功能之一

作为承担改变“物”空间状态的主要手段，运输可实现物品的有效转移，再配以搬运、配送等活动，就能完成改变空间状态的全部任务。运输可以扩大商品的市场范围，将生产与销售分离，促进社会分工。如果物流业缺乏运输，将难以满足客户需求，获得收益。

2）运输是创造“场所效用”的重要手段

同种“物”由于空间场所不同，其使用价值的实现程度则不同，其效益的实现也不同。“物”由于场所的改变而最大限度发挥了使用价值，提高了产出投入比，这就称为“场所效用”。“物”通过运输到达了场所效用最高的地方，也就更大限度地发挥了潜力，实现资源的优化配置。从这个意义来讲，也相当于通过运输提高了“物”的使用价值。

3）运输是“第三利润源”的主要源泉

运输不同于静止的保管，是运动中的活动，要靠大量的动力消耗才能实现这一活动。运输所承担的大跨度空间转移的任务以及任务的实现必将产生较大的成本。运输成本是物流成本的重要组成部分，在物流成本的构成要素中所占百分比最大。消耗的绝对量大，相应的节约的潜力也很大。企业可以通过选择合理的运输方式，对运输线路进行合理规划，实现物流效率与效益的双重提高。政府可通过体制改革和运输合理化大大缩短运输吨公里数，从而获得较大的宏观节约效益。

4）运输是社会物质生产的必要条件

卡尔·海因里希·马克思（Karl Heinrich Marx）将运输称为“第4个物质生产部门”，即将运输看成是生产过程的继续，这个继续虽然以生产过程为前提，但如果没有这个继续，生产过程则不能最终完成。“运输”不创造新的物质产品，不增加社会产品数量，不赋予产品以新的使用价值，而只是变动其所在的空间位置，但这一变动却使生产能够继续下去，使社会再生产不断推进。运输作为社会物质生产的必要条件，主要表现在以下2个方面：①运输是生产过程的直接组成部分，没有运输，生产内部的各环节无法连接；②运输是生产过程的继续，这一活动连接生产与再生产、生产与消费，连接国民经济各部门、各企业，连接城乡、城市，以及不同国家和地区。

2.1.2.2 运输的功能

物流运输的功能包括基础功能和延伸功能。

1）基础功能

（1）产品转移。改变产品的地点和位置是运输的主要功能，通过产品转移消除产品的生产与消费之间在空间位置上的背离，或者是将产品从价值低的地方转移到价值高的地方，创造出产品的空间效用。不论物品处于材料、零部件、装配件、在制品、制成品抑或是其他什么形式，运输都是不可缺少的环节。只有通过运输将商品从生产地运往消费地，在价值链中实现位移，商品的交易过程才能顺利完成，物质产品的使用价值才能实现，社会各种需求才能得到满足。

（2）产品临时储存。将产品进行临时储存是运输的次要职能之一。运输工具可作为临时的设备存储，此时原因往往有2个：一是转移中的产品需要储存，且在短时间内又将重新转移，而卸货和装货的成本也许会超过储存在运输工具中的费用，此时可将运输工具作为暂时的存储场所；二是起始地或者目的地仓库储存能力有限，无法储存产品，此时可将货物装载于运输工具中进行临时存储。采用运输工具储存货物的存储成本是昂贵的，但是考虑运输途中的装卸成本、储存成本、储存能力的限制及装卸的损耗和延长的时间等条件，从总成本最低或按时完成任务的角度来分析，选择运输工具作为临时的储存场所的方式往往是合理甚至必要的。

2）延伸功能

（1）实现时间效用。运输的主要目的是以最短的时间完成物资从出发地点到规定目的地点的转移，使产品在需要的时间内到达目的地，创造产品的时间效用。不管物资的存在形式与所处阶段是什么，运输都会对其产生作用。此外运输的产品临时储存功能也形成了“时间效用”。

（2）实现空间效用。空间效用是指物品的最终效益会受到用户对其实际所感知的使用价值的影响，物品使用价值实现大小会被物品具体所处的场地所影响。运输的产品转移功能会使物品发生转移，改变物品的地点和位置，把物品从空间效用低的场所转移到空间效用最大的场所，从而使物品在转移过程中实现增值，最终实现价值最大化。

2.1.3 运输的方式与选择

2.1.3.1 运输方式

按运输设备及工具种类不同，现代社会的运输方式可分为基本运输方式与复合运输方式（表2-1所示）。5种基本运输方式是铁路运输、公路运输、水路运输、航空运输与管

道运输，由基本运输方式组合起来的复合运输方式分别是成组运输和多式联运。

表2-1　运输方式类型

<table>
<tr><th>运输方式</th><th colspan="2">类型</th></tr>
<tr><td rowspan="5">基本运输方式</td><td rowspan="2">陆上运输</td><td>铁路运输</td></tr>
<tr><td>公路运输</td></tr>
<tr><td colspan="2">水路运输</td></tr>
<tr><td colspan="2">航空运输</td></tr>
<tr><td colspan="2">管道运输</td></tr>
<tr><td rowspan="3">复合运输方式</td><td rowspan="2">成组运输</td><td>托盘运输</td></tr>
<tr><td>集装箱运输</td></tr>
<tr><td colspan="2">多式联运</td></tr>
</table>

1）铁路运输

铁路运输如图2-1所示。1825年世界上第一条铁路在英国的斯托克顿至达林顿通车。我国最早的铁路是在19世纪60年代初，在北京宣武门外由英国人杜兰德（Durand）建造的约500 m长的窄轨铁路。清代末年由詹天佑主持修建的京张铁路，是我国第一条自己建造的铁路。以往铁路运输在货运中占主导地位，随着经济的发展、消费需求的不断变化，铁路运输的不足之处逐渐显现出来。但铁路运输仍是陆地长距离运输的主要方式，是国民经济的大动脉。

图2-1　铁路运输

2）公路运输

公路运输如图2-2所示。1886年世界第一辆汽车在德国诞生，由戈特利布·戴姆勒（Gottlieb Daimler，奔驰的创始人）发明。汽车是公路运输最基本的运输工具，不仅行驶在公路上的汽车运输是公路运输，凡是使用汽车的运输都称作为公路运输，所以公路运输又称作汽车运输。公路运输是陆上运输的方式之一，虽在20世纪初才兴起，但发展极为迅速,并成为使用最为广泛的运输方式。在很大程度上,公路运输的迅速增长归功于灵活的门对门服务和快捷的城市间、城市内运输。

图2-2 公路运输

3) 水路运输

水路运输是最古老的运输方式。1807年美国人罗伯特·富尔顿(Robert Fulton)制造了世界上第一艘轮船"克莱门"号。目前已知的世界上最早的运河是在公元前4000年由西亚美索不达米亚人开挖的运河。中国广西灵渠凿成于公元前214年,是世界最古老的运河之一。水路运输指使用船舶通过海上或者河流、湖泊航道在不同国家和地区的港口之间运送物资的一种运输方式,通常又可以分为内河运输(图2-3所示)和海洋运输(图2-4所示),海洋运输又分为沿海运输(将物资从一个港口沿近海运往另一个港口)和海上运输(横跨主要海洋)2种类型。

图2-3 内河运输

图2-4　海洋运输

4）航空运输

航空运输如图2-5所示。1903年12月17日莱特兄弟制造的世界上第一架飞机在美国上天。航空运输是最新的、利用程度最低的运输方式。虽然起步较晚，但航空运输发展极为迅速，这与其不可替代的运输特点是分不开的。

图2-5　航空运输

5）管道运输

管道运输如图2-6所示。中国是世界上最早使用管道运输流体的国家，大约在公元前200多年，中国古人用打通的竹管连接起来的管道运送卤水。管道运输既能单独输送石油、天然气、自来水和污水等，也能同时运输其他类型的产品。

图2-6 管道运输

6）成组运输

（1）托盘运输。托盘运输如图2-7所示。托盘运输是货物按一定要求成组装在一个标准托盘(Pallet)上组合成为一个运输单位并便于利用铲车或托盘升降机进行装卸托运和堆存的一种运输方式。托盘是便于货物装卸、运输、保管和配送等而使用的，由可以承载若干数量物品的负荷面和叉车插口构成的装卸用垫板。有效完成托盘作业系统化的重要依据是物流基础设施的标准化，而托盘标准化又是物流基础设施标准化的前提。托盘尺寸规格的标准制定及其应用推广关系到物流机械化、自动化程度，关系到物流系统现代化水平。

（2）集装箱运输。集装箱运输如图2-8所示。集装箱运输是20世纪50年代后期出现的现代化运输方式，是现代化运输业发展的必然趋势。集装箱是运输包装货物或无包装货物的成组运输工具(容器)的总称。集装箱运输是指以集装箱这种大型容器为载体，将货物集合组装成集装单元，以便在现代流通领域内运用大型装卸机械和大型载运车辆进行装卸、搬运作业和完成运输任务，从而更好地实现货物“门到门”运输的一种新型、高效率和高效益的运输方式。

图2-7 托盘运输

图2-8 集装箱运输

7）多式联运

多式联运（Multi-Modal Transportation）是在集装箱运输的基础上产生发展起来的现代运输方式。按照多式联运合同，以至少2种不同的运输方式，由多式联运经营人把货物从一地接运至另一指定交付货物的地点。多式联运指根据实际要求，将不同的运输方式组合成综合性的一体化运输，通过一次托运、一次计费、一张单证、一次保险，由各运输区段的承运人共同完成货物的全过程运输，即将全过程运输作为一个完整的单一运输过程来安排的一种运输方式。

2.1.3.2　运输方式的选择

1）影响选择的因素

运输方式选择是运输决策的重要组成部分，是物流合理化的重要内容。影响运输方式选择的因素如下。

（1）运输货物的自身性质。货物本身性质如货物价值量、大小、重量、容积、安全系数等是影响选择运输方式的重要因素。一般来讲，粮食、煤炭等大宗货物适宜选择水路运输；水果、蔬菜、鲜花等鲜活商品，电子产品，宝石以及节令性商品等宜选择航空运输；石油、天然气、碎煤浆等适宜选择管道运输。不可能空运量大低价的沙子、庞大笨重的塔吊车，也不可能海运价值昂贵的钻石和芯片，更不可能用管道运输冰箱、洗衣机。货物的本身性质直接影响对运输方式的选择。

（2）运输成本的经济性。运输成本的经济性是一个无法忽视的因素。如原材料等大批量的货物、价值较低或体积较大的物品，一般选择运量大且成本低、耗能低的铁路运输或水路运输，价格高昂且体积较轻便的货物才考虑运量小且成本高的空运。运输成本一般包括投资建设费用、营运费用、作业费用等。考虑运输方式经济性的目的不仅仅是追求最低的运输成本，更应考虑的是在实现目标要求的前提下实现运输总成本最低。

（3）运输速度的适用性。运输速度主要指产品运输时间的长短，即从发货到送达收货人的全部时间，包括车辆运行时间，途中停留时间，始发、终到两端的作业时间。运输速度的快慢、运输路程的远近决定了货物运送时间的长短。运输速度与运输成本二者之间关系紧密。一般来讲，批量大、价值低、运距长的商品适宜选择运速相对较慢的水路或铁路运输；批量小、价值高、运距长的商品适宜选择运速较快的航空运输；批量小、距离近的商品适宜选择公路运输。

（4）运输质量的可靠性。运输的目的是实现货物的位移，质量保证是第一要素。运输的安全性和准确性是衡量运输服务水平、保证运输货物质量的重要因素。用户在选择运输方式时，会考虑该种运输方式是否能将所需货物在指定的时间安全地送达指定地点。确定某种运输安全准确性的主要依据是运输的一致性，即多次运输所花费的时间差大小或与约定运输时间的一致性。当物流企业接到运输订单，首次运输所需时间为2天，但是第二次却增加至5天，这种意想不到的运输时间的改变会对整个物流运作系统产生极大的不利影响。运输一致性还会影响买卖双方承担的存货义务和有关风险。如果运输缺乏一致性，就需要密切关注安全库存量。

2）选择运输方式

8种运输方式的优点与缺点如表2-2所示，各个运输方式的运输能力、运输速度、运输成本以及运输的安全性与可靠性都存在较大差异。结合各运输方式的特性，综合考虑影响运输方式选择的4个因素，可选择出经济合理的运输方式。

表2-2　8种运输方式的优点与缺点

运输方式	优点	缺点
铁路运输	①运输能力大；②单车装载量大；③车速较高；④受气候和自然条件影响较小。	①固定成本很高；②货损率较高；③不能实现"门到门"运输。
公路运输	①速度比较快；②货损货差少；③"门到门"运输；④机动灵活运输方便；⑤原始投资少，经济效益高；⑥驾驶技术容易掌握。	①成本较高；②容易受气候和道路条件的制约；③准时性差；④货物安全性低；⑤对环境污染较大。
水路运输	①线路投资少，省场地；②大吨位运输，降低运输成本；③实现长距离运输。	①平均航速较低；②受气候条件影响较大；③可达性较差；④对货物的载运和搬运有更高的要求。
航空运输	①航线直，速度快；②长距离不着陆运输；③对货物的包装要求较低。	①载运能力小；②受气候条件限制比较大；③可达性差；④运输成本高。
管道运输	①运量大，运输快捷，效率高，占地少；②不受气候影响，运行稳定性强；③便于运行控制；④耗能低，成本低；⑤有利于环境保护。	①灵活性差；②承运的货物种类比较单一。
托盘运输	①有利于对零散单件货物集中管理；②减少货损货差，有效节约运输资源；③提高装卸速度，提高物流效率。	①需要购置费用；②占用一定空间，特别是长途运输，会损失一定物品装载空间；③保护性比集装箱差，露天存放困难。
集装箱运输	①量大，运费低；②成本低，对环境污染小；③可实行"门到门、门到站场、站场到站场"的运输。	①主要通过水运，速度慢；②受港口、气候等因素影响大。
多式联运	①降低传统分段运输的时间损失及破损、失窃风险；②减少分段运输的有关单证和手续的复杂性；③降低全程运输的各种相关费用。	①管理模式复杂；②各单位协调性要求高。

2.1.4　运输合理化

2.1.4.1　运输合理化的影响因素

运输合理化就是在一定产销条件下，保证货物的运量、运距、流向和中转环节合理的

前提下，以最适宜的运输工具、最低的运输费用、最少的运输环节、最佳的运输线路、最快的运输速度将物品运至目的地。要实现运输合理化，获得期望收益，影响因素有很多，起决定性作用的有以下5个方面。

(1) 运输距离。运输距离是衡量运输科学与否的首要因素。运输速度、运输成本、运输时间、货损、运输费用、车辆或船舶周转等一系列技术经济指标都与运输距离有一定的关系，要尽可能缩短运输距离。

(2) 运输环节。运输环节的增加不但会增加起运的运费和总费用，而且会增加装卸、包装等运输的附属活动，各项技术经济指标也会因而发生变化。因此，运输环节越简单，越能避免不必要的运输开支，有利于节约成本。

(3) 运输工具。各种运输工具都具有不同的特性与优点。根据物品货物的不同属性对运输工具的要求，选择合适装运的运输工具，最大限度地发挥运输工具的优越性和作用，是运输合理化的重要一环。

(4) 运输时间。运输时间在全部物流时间中占比大，因此运输时间的缩短对整个物流时间的缩短有决定性的作用。此外，运输时间的缩短有利于加速运输工具的流通频率，有利于货主资金的周转，有利于运输线路通过能力的提高。缩短运输时间能不同程度地改善不合理运输，避免运力浪费，实现运输工具价值最大化。

(5) 运输成本。运输成本占全部物流费用的比例很大，不仅影响整体物流系统的市场竞争能力，也是判断各种合理化措施是否行之有效的最终依据之一。运输成本作为物流系统总成本的重要组成部分，应尽量将物品装满车船进行长距离运输以降低费用。

2.1.4.2　不合理运输的表现形式

不合理运输是在现有条件下可以达到的运输水平而未达到，不注重经济效果，从而造成了运力浪费、运费超支或增加、货物流通速度降低、货物损耗增加等问题的运输形式。常见的不合理运输形式如下。

1) 空驶

空驶指因调运不当、货源计划不周、不采用运输社会化而形成的空车无货载行驶，可以说是不合理运输最严重的形式。造成空驶的不合理运输主要有以下3种原因：

(1) 能使用却不使用社会化的运输体系，仅靠自备车送货提货，往往形成单程重车、单程空驶的不合理运输。

(2) 运输工作规划不当或操作失误，造成虚假取货点，导致车辆空去空回，形成双程空驶。

(3) 车辆使用缺乏机动性，过分追求专车专用，禁止搭运回程货，只能单程重车，单程回空周转。

2）对流运输

对流运输亦称“相向运输”“交错运输”，指同一种货物，或彼此间可以互相代用而又不影响管理、技术及效益的货物，在同一线路上或平行线路上作相对方向的运送，而与对方运程的全部或一部分发生重叠交错的运输称对流运输。此外对于已经制定了合理流向图的产品，实际运输与合理流向图指定的方向相反，也属对流运输。有的对流运输是不明显的隐蔽对流，例如不同时间的相向运输，从发生运输的时间看，并没有出现对流。

3）迂回运输

迂回运输是舍近取远的一种运输，指可以选取短距离进行运输，却选择路程较长路线进行运输的一种不合理形式。并非所有迂回运输均为不合理运输。只有当计划不周、地理不熟、组织不当而发生的迂回，才属于不合理运输。如果最短距离有交通阻塞、路况不好或对噪声、排气等特殊限制而不能行驶时发生的迂回，不能称为不合理运输。

4）重复运输

重复运输通常有2种形式：一种是可以直接将货物运到目的地，但是在未到目的地之处或目的地之外的其他场所将货物卸下，再重复装运送达目的地；另一种形式是同品种货物在同一地点一边运进的同时又向外运出。重复运输的最大特点是增加了非必要的中间环节，延缓了流通速度，增加了费用，增大了货损。

5）倒流运输

倒流运输是指货物从销地或中转地向产地或起运地回流的一种运输现象。其不合理程度要超过对流运输，原因在于倒流运输往返两程的运输都是不必要的，形成了双程浪费。倒流运输也可以看成是隐蔽对流的一种特殊形式。

6）过远运输

过远运输是指调运物资舍近求远，近处有资源不调而从远处调，这就造成可采取近程运输而未采取，拉长了货物运距的浪费现象。过远运输占用运力时间长、运输工具周转慢、物资占压资金时间长，远距离自然条件相差大，又易出现货损，增加了费用支出。

7）运力选择不当

未根据各种运输工具优势进行运力选择，从而造成不正确利用运输工具的不合理现象，常见有以下几种形式：

（1）弃水走陆。在同时可以利用水运及陆运时，不利用成本较低的水运或水陆联运，而选择成本较高的铁路运输或汽车运输，使水运优势不能发挥。

（2）铁路、大型船舶的过近运输。不是铁路及大型船舶的经济运行里程却利用这些运力进行运输，主要不合理之处在于火车及大型船舶起运及到达目的地的准备、装卸时间长，且机动灵活性不足，在过近距离中使用，发挥不了运速快的优势。相反，由于装卸时间长，反而会延长运输时间。另外，与小型运输设备相比，火车及大型船舶装卸难度

大、费用也较高。

(3) 运输工具承载能力选择不当。不根据承运货物数量及重量选择，而盲目决定运输工具，造成过分超载、损坏车辆，以及货物不满载、浪费运力的现象。

8) 托运方式选择不当

对于货主而言，未选择较佳的托运方式，造成运力浪费及加大费用支出的一种不合理运输。例如，应选择整车运输，实际采取零担托运；应当直达，实际选择中转运输等。

2.1.4.3　合理运输的有效途径

1) 提高运输工具的实载率

实载率一是指单车实际载重与运输距离的乘积和标准核定载重与行驶里程之乘积的比率，这在安排单车、单船等运输工具时可以作为判断装载是否合理的重要指标。二是指车船的统计指标，即一定时期内车船实际完成的货物周转量(以吨公里计算)占车船标准载重吨位与其行驶距离之乘积的百分比。提高实载率就是要充分利用车船等运输工具的额定能力，缩短车船空驶和不满载行驶的时间。

2) 合理规划运量与路线

(1) 分区产销合理运输。它是指对某种货物，使其一定的生产区固定于一定的消费区。根据产销的分布情况和交通运输条件，在产销平衡的基础上，按照近产近销的原则，使货物走最少的里程，组织货物运输。合理控制产销率，仔细考察周边地理环境与运输线路，遵循就近生产、就近销售的宗旨，最大限度地缩短运输距离，节约运力，实现最佳运输。

(2) 直达运输。它是指在组织货物运输过程中，越过商业、物资仓库环节或交通中转环节，把货物从产地或起运地直接运到销售地或用户所在地，以减少中间环节，如在对外贸易中出现较频繁的大宗原材料直达运输。

(3) 配载运输。它是指充分利用运输工具载重量和容积，合理安排装载的货物及载运方法以求得合理化的一种运输方式，也是提高运输工具实载率的一种有效形式。配载运输往往是轻重商品的混合配载，在以重质货物运输为主的情况下，同时搭载一些轻泡货物，如铁路运矿石、钢材等重物上面搭运轻泡农、副产品等，在基本不增加运力投入的情况下，在基本不减少重质货物运输的情况下，解决了轻泡货物的搭运，因而效果显著。

(4) “四就”直拨运输。指商业、物资批发企业在组织货物调运过程中，对当地生产或外地到达的货物，不运进流通批发仓库，采取直拨的办法，把货物直接分拨给市内基层批发、零售店或用户，从而减少一道中间环节。具体表现有就厂直拨、就车站(码头)直拨、就库直拨、就车(船)过载等。“四就”直拨与直达运输的关系为：“四就”直拨运输一般是小型城市批发点提供的小批量短距离运输服务。

(5) 合装整车运输。也称“零担拼整车中转分运”，指托运单位在铁路货运中，将多品种的零担货物合并装入一个车皮，以整车的方式从发站直接运送到目的地或一个适当车站，然后再中转分运。对于具有同一运输方向、不同目的地的托运物，可以先进行集中运输，待到达某个具体合理的中转站，再进行分散运输。

3）发展社会化运输体系

社会化运输是运输业发展的一大社会趋势。社会化运输对外进行开放式服务，打破一家一户自成运输体系的状况，可以统一安排运输工具，避免对流、倒流、空驶、运力不当等不合理形式，同时实现运输的规模经济效益，有效提高整个社会的运输效率。

4）开展中短距离铁路公路分流，“以公代铁”的运输

这一措施的要点，是在公路运输经济里程范围内，或者经过论证，超出通常平均经济里程范围，也尽量利用公路运输。这种运输合理化的表现主要有：一是对于较紧张的铁路运输，用公路运输分流后，可以得到一定程度的缓解，从而加大这一区段的运输通过能力；二是充分利用公路运输从门到门和在中短途运输中速度快且灵活机动的优势，实现铁路运输服务难以达到的水平。

5）发展特殊运输技术和运输工具

依靠科技进步是运输合理化的重要途径。例如，专用散装及罐车，解决了粉状、液状物运输损耗大、安全性差等问题；大型半挂车解决了大型设备整体运输问题；“滚装船”解决了车载货的运输问题，集装箱船比一般船能容纳更多的箱体等，都是通过采用先进的科学技术实现合理化。

6）适当对货物进行流通加工

有不少产品，由于产品本身形态及特性问题，很难实现运输的合理化，如果进行适当加工，就能够有效解决合理运输问题。例如，将造纸材料在产地预先加工成干纸浆，然后压缩体积运输，就能解决造纸材料运输不满载的问题；水产品及肉类预先冷冻，就可提高车辆装载率并降低运输损耗。

案例2-1：某物流运输公司运输问题

A地盛产钢铁制品，B地盛产小麦。某物流运输公司调度员接到运输任务，在不清楚货物产地与销售地的情况下，将一批重达50 t的钢铁制品从B地运到A地，将一批5 t的小麦从A地运到B地。有若干核载10 t的卡车和核载30 t的卡车可供选择，前者单次运输固定成本为5 000元，后者单次运输固定成本为10 000元。在运输钢铁的过程中，选择5辆核载10 t的小型卡车进行运输。在运输小麦的路途中，因遇到道路维护而放弃直达运输，从C地绕行。

思考：

（1）结合你的理解谈谈上述运输过程中存在的不合理运输现象。

（2）若有一批5 t重的沙子和50 t重的大型钢铁制品需从A地运往B地，从实载率和运输成本的角度谈谈选择什么样的运输工具，如何规划运量，可达到合理运输的要求。

2.2　仓储

仓储这个概念在我国历史上出现已久，人类社会自有剩余产品以来，就产生了储存。在古籍中常看到“仓廪”“邸阁”“窦窖”这样的词语，便是当时专门用于储存谷物、米等粮食以及一般物品的场所，“库”在古代特指存放兵器的地方，后来人们渐渐把这些场所统称为“仓库”。现代社会，仓储依然是十分重要的物流活动，其存储货物的基本功能对维系人们的日常生活以及预防自然灾害等突发事件具有重要的保障作用。

2.2.1　仓储的概念与分类

2.2.1.1　仓储的概念

仓储与运输不同，运输用于连接物流节点，仓储主要发生在仓库这个物流节点。仓库即储存保管货物的建筑物和场所的总称，如地下室、洞穴、大型容器、油仓、粮仓、场站、堆场等特定的房屋建筑或者场所。在国家标准《物流术语》（GB/T 18354—2021）与仓储相关的概念有以下4个。

（1）仓储（Warehousing）：利用仓库及相关设施设备进行物品的入库、存贮、出库的作业。

（2）储存（Storing）：贮藏、保护、管理物品。

（3）库存（Inventory）：储存作为今后按预定的目的使用而处于闲置或非生产状态的物品。广义的库存还包括处于制造加工状态和运输状态的物品。

（4）保管（Storage）：对物品进行储存，并对其进行保护和管理的活动。

现代仓储是在供应链一体化与经济全球化背景下的仓储，是现代物流系统中的重要活动，以满足供应链上下游客户的需求为目的，保证储存货物的质量，确保生产、生活的连续性。从物流管理的角度看，可以将仓储定义为：根据市场和供应链上下游客户的要求，为了确保货物没有损耗、变质或丢失，为了调节生产、销售和消费活动以及确保社会生产、生活的连续性，依据货物的性质选择相应的储存方式，从而对生产资料、生活资料等货物进行储存、保管、管理、供给的作业活动。

2.2.1.2　仓储的分类

由于仓储营运形态不同、仓储功能的不同、仓储对象的不同，不同的仓储活动具有不同的特点。

1）根据营运形态分类

（1）自营仓储。自营仓储具有从属性和服务性特征，规模较小、数量众多，专用性强、仓储专业化程度低，一般很少对外开展商业性仓储经营，附属于企业、机关、团体，是专门为这些单位储备自用物资的仓库。这类仓储具有较强的控制能力,低成本,可以充分利用单位自有人力资源,但缺乏柔性,投资回报率低。

(2) 营业仓储。营业仓储指拥有仓储设施向社会提供商业性仓储服务的仓储行为。仓储经营者与存货人通过订立仓储合同的方式建立仓储关系,并且依据合同约定提供服务和收取仓储费。目的是在仓储活动中获得经济回报,追求目标是使经营利润最大化。经营内容包括提供货物仓储服务、场地服务、仓储信息服务等。

(3) 公共仓储。公共仓储是公用事业的配套服务设施,为车站、码头提供仓储配套服务,具有内部服务的性质,处于从属地位。公共仓储将仓储关系列在作业合同、运输合同之中,结合了自营仓储和营业仓储的优势。合同经营使双方容易沟通和协调,提供较大的灵活性并可进行信息资源共享。

2) 根据仓储职能分类

(1) 生产仓储。生产仓储指对生产使用的原材料、半成品和最终产品实施储存保管的行为,以满足生产需要为原则。生产仓储常用于企业生产或经营储存原材料、燃料及生产成品。

(2) 流通仓储。流通仓储指专门从事中转、代存等流通业务的仓储行为,以物流中转为主要职能。在运输网点中,也以转运、换载为主要职能。这种仓储行为除具有保管功能外,还能进行流通加工、装配、包装、理货以及配送,具有周转快、附加值高、时间性强的特点,从而可减少在连接生产和消费的流通过程中货物因停滞而花费的费用。

(3) 储备仓储。储备仓储指物资较长时期存放的仓储行为,一般设在较为偏远的但具备较好交通运输条件的地区。管理注重2个方面:一是仓储费用的尽可能降低;二是对物资的质量保管和养护。储存物资存期长、品种少,但存量大。

(4) 配送仓储。配送仓储指商品在配送交付消费者之前所进行的短期仓储,是商品在销售或者供生产使用前的最后储存,并在该环节进行销售或使用前的简单加工与包装等前期处理。注重配送作业的时效性与经济合理性和物品存量的有效控制。储存物品种类繁多、批量小、操作环节多,主要目的是支持销售和消费。

(5) 保税仓储。保税仓储是指使用海关核准的保税仓库存放保税货物的仓储行为,受到海关直接监控,入库或者出库单据均需要由海关签署。保税仓库是为适应国际贸易中的时间和空间差异的需要而设置的特殊库区,一般设置在进出境口岸附近,物品进出该库区可免交关税。自由贸易试验区(Free Trade Zone)是指签订自由贸易协定的成员国相互彻底取消商品贸易中的关税和数量限制,使商品在各成员国之间可以自由流动的一片区域,保税仓储常发生在该区域内。

3) 根据仓储对象分类

(1) 普通物品仓储。普通物品仓储指不需要特殊保管条件的物品仓储。例如一般的生产物资、普通生活用品、普通工具等物品,它们不需要针对货物设置特殊的保管条件,

就可以视为普通物品。这类仓储采取无特殊装备的通用仓库或货场来存放。

(2) 特殊物品仓储。特殊物品仓储物流指有特殊要求和需要满足特殊条件的物品仓储。例如粮食仓储、危险物品仓储、冷链仓储等。这类仓储采用适合特殊物品仓储的专用仓库,按照物品的物理、化学、生物特性,以及有关法规规定进行专门的仓储管理。

2.2.2 仓储的作用与功能

2.2.2.1 仓储的作用

1) 积极作用

(1) 仓储是物流系统中不可或缺的环节。仓储是物流的主要功能要素之一,在物流系统中承担改变"物"的时间状态的任务。首先,在物流系统中,仓储既是物流与供应链的库存控制中心,减少库存、控制库存成本是仓储在供应链框架下减少供应链成本的主要任务;其次,仓储是调度中心,通过产品整合提高物流效率和供应链的反应速度,配送也成为仓储中主要的业务方式;再次,仓储是增值中心,现代仓储业提供多样化服务,包括辅助企业的市场营销活动等,提高供应链服务水平;最后,仓储是现代物流技术的应用中心,通过应用现代的管理技术和科技手段改善企业流程和质量管理。

(2) 仓储是社会生产的必要条件。仓储可以克服生产领域中生产者与生产者、生产者与消费者时间上的不一致。仓储在生产领域最突出的作用是缓解供需矛盾。仓储这一作用被形象地称为"蓄水池"。在供过于求时,仓储起着蓄积供应货物、延缓供应时间的作用;在供不应求时,仓储起着调剂供应不足的作用。仓储可以储存保护一定量的商品以应对未来不确定的需求,有利于妥善处理供需在时间与地域上的矛盾。例如,通过粮食储存缓解农业生产强季节性与农产品需求稳定性的矛盾。企业可通过仓储满足营销的需要。为了减少缺货,企业常需要更接近客户的仓储。仓储还可以起到协调各运输方式间运输能力差距的作用。当不同运输方式之间需要进行转运时,运输能力的差异往往要通过仓库或货场的仓储进行调节和衔接。

(3) 仓储是确保国家安全的重要手段。从国家战略角度出发,仓储是满足国家急需特需的保障。国家要对一些关系国计民生的重要产品(粮、棉、油、药、军用物资及战备物资等)进行战略性储备,以保证国民经济可持续发展,防止战争、自然灾害给国民经济带来重大损失。同时,国家进行战略性储备对应对国际政治经济形势的变化,确保国家安全具有十分重要的战略意义。

2) 消极作用

(1) 降低物流收益。仓储是物流系统中必要的活动,但仓储代价高的特点注定会增加物流成本,降低物流收益。一方面,库存会引起仓库建设、仓库管理、仓库员工福利等费用开支增加,增加固定费用支出;另一方面,仓储货物占用资金所付之利息,以及这部分资金如果用于另外项目可能会有更高的收益,所以利息损失和机会损失较大。此外,还有陈旧损失与跌价损失、保险费支出、进货、验收、保管、发货、搬运等可变费用。

(2) 增加经营风险。仓储管理不仅会增加各项成本,如果管理不当还会增加企业经营风险。一方面,会占用流动资金,在非常时期有的企业库存竟然占用了全部流动资金,使得企业无法正常运作,企业运转受到严重影响;另一方面,货物过度积压将出现有形损耗与无形损耗,如计算机等电子产品会迅速贬值,食品类货物存在变质风险。因此,有些经济学家和企业家将其看成是“洪水猛兽”,看成是企业的负担或包袱。

2.2.2.2 仓储的功能

1) 经济功能

(1) 存储。对物资进行存储是仓储的最基本功能,在物流活动中属于非常重要的一个步骤。存储的对象必须是有价值的商品,在储存过程中要保证商品的质量、数量、特性不发生变化。储存的环境包括温度、湿度、通风环境、压力、气味等必须适当,要做到最大限度地维持物品的品质,不能降低物资价值。按照先进先出或先进后出的原则对物资进行存储,实现科学有效的仓储管理。

(2) 整合。整合就是把不同的货物结合在一起进行集合运输、储存,通过整合仓库接收的来自一系列制造工厂指定送往某一特定顾客处的材料,然后把它们整合成单一的一票装运,以实现满载运输和最低的运输费率。

(3) 分类。分类作业与整合作业相类似。分类作业接收来自制造商的顾客组合订货,并把它们装运到个别的顾客处去。配送分类仓库可以使顾客减少其必须与之打交道的供应商数目,并因此改善仓储服务。此外,配送分类还可以对产品进行拼装以形成更大的装运批量,从而降低运输成本。

(4) 加工。流通加工是仓储中的一种特殊形式,目的是提高物流速度和物品的利用率、降低生产及物流的成本。包装加工包括销售包装和物流包装2种形式。销售包装是将生产出来的产品包装成具有统一数量标准和规格的单元,是生产过程的一部分。物流包装则是为便于物流过程中的运输、储存、装卸、堆码、发货、收货、销售等作业,将一定数量以销售包装存在的商品再包装成一定的数量单元,或者对物流包装进行加固、分装、重新包装等操作。有时为了保证流通过程的顺利进行,需要在存储中心对物资进行喷码、贴标签加工。

2) 增值功能

(1) 配送功能。配送是物流中一种特殊的、综合的活动形式。提供配送分类服务的仓库为制造商、批发商或零售商所使用,根据客户要求,对物品进行拣选、加工、包装、分割、组配等作业,并按时送达指定地点的物流活动。

(2) 生产支持。越来越多企业努力为顾客提供多样化的增值服务,以提升竞争力。

生产企业往往将产品的定型、包装等工序留到最接近销售的仓储环节进行，以及时发现产品质量问题并进行优化，仓库具备进行相关生产活动的能力。

2.2.3 仓储作业

仓储作业是指在物品储存过程中所发生的所有作业活动的总称。仓储作业主要包括接收、验收、入库、保管、保养、出库、发运等环节。不同形式的储存，其作业内容也有所不同。

2.2.3.1 入库作业

商品的入库作业是指从接到调拨单开始，到货物接运，把货物卸下，检查商品数量、质量，并完成货物的上架、登账、立卡，之后将有关进货信息进行处理等作业，其中物流信息活动伴随着物流活动的始终。

2.2.3.2 保管养护作业

保管作业是仓储作业过程中重要的作业环节，也是作业时间持续最长、作业量最大的环节之一，货物保管与养护的质量好坏对仓储管理质量有直接影响。保管作业包括制定储存计划、合理使用存储空间、合理码放货物，以及针对不同货物特征和属性实施相应养护措施，为货物的出库做好准备。

2.2.3.3 出库作业

商品出库作业是商品储存阶段的终止，也是仓储作业的最后一个环节。商品出库作业是仓库根据业务部门或存货单位开出的提货单、调拨单等商品出库凭证，按其所列商品名称、规格、型号、数量等项目，组织商品出库等一系列工作的总称。出库作业程序包括：核单备货、复核、包装、点交、登账、清理等过程。

2.2.4 仓储合理化

2.2.4.1 仓储合理化含义

仓储合理化就是用最经济的办法实现仓储的功能。仓储的功能是满足现实需求，实现被储物的“时间价值”。功能实现的前提需要有一定的储备量，而仓储的不合理往往表现在对储存功能实现的过分强调，比如过分投入储存力量和其他储存劳动。因此，仓储合理化实质就是在保证储存功能实现的前提下尽量减少资源的投入。基于此，仓储合理化的核心要求就是减少仓储设施投资，提高仓容利用率，降低成本，减少土地占用等。

2.2.4.2 仓储合理化的有效途径

仓储合理化的实施要点可以归纳如下：进行仓储货物的ABC分析；在ABC分析基础

上实施重点管理;适度集中库存。

(1) 实行ABC分类控制法。ABC分类控制法是指将库存货物按重要程度细分为特别重要的库存(A类货物)、一般重要的库存(B类货物)和不重要的库存(C类货物)3个等级,针对不同类型级别的货物进行分别管理和控制的方法。

(2) 适度集中库存。所谓适度集中库存是利用储存规模优势,以适度集中储存代替分散的小规模储存来实现合理化。

(3) 加速物资总周转。储存现代化的重要课题是将静态储存变为动态储存,物资周转速度一快,会带来一系列的合理化好处,如资金周转快、资本效益高、货损小、仓库吞吐能力增加、成本下降等。加速物资总周转的具体做法有采用单元集装存储,建立快速分拣系统等。

(4) 采用合理进出方式。"先进先出"是一种有效的合理进出方式,可以保证每个被储物的储存期不致过长。有效的先进先出方式主要有贯通式货架系统储存、计算机存取系统储存等。

(5) 提高仓容利用率。可以通过采取高垛的方法、减少库内通道数量、缩小库内通道宽度等方法增加储存有效面积,提高仓容利用率。

(6) 采用有效的储存定位系统。仓储定位的含义是被储物位置的确定。仓储定位系统可采取先进的计算机管理,也可采取一般人工管理,行之有效的方式主要有:"四号定位"方式和计算机定位系统。如果定位系统有效,能大大节约寻找、存放、取出的时间,节约不少物化劳动及活劳动,而且防止出错,便于清点。

案例2-2:ABC库存分类法

在库存管理中常用ABC分类法对物品进行分类,比如对库存物品的平均资金占用额进行分析,以了解哪些物品占用资金多,以便对库存货物实行重点管理。ABC分析的一般步骤如下。

1. 收集数据

收集的数据一般包括库存物资的种类、每种库存物资的平均库存量、每种物资的单价等。

2. 处理数据

对收集来的数据资料进行整理,按要求计算和汇总。比如以平均库存乘以单价,求算各种物品的平均资金占用额。

3. 制ABC分析表

ABC分析表栏一般包括物品名称、品目数累计、品目数累计百分数、物品单价、平均库存、各种物品平均资金占用额、平均资金占用额累计、平均资金占用额累计百分数、分类结果等。

4. 根据ABC分析表确定分类

按ABC分析表,观察第3栏品目数累计百分数和第8栏平均资金占用额累计百分数,将品目数累计百分数为5%~15%,而平均资金占用额累计百分数为60%~80%的前几个物品,确定为A类;将品目数累计百分数为20%~30%,而平均资金占用额累计百分数也为20%~30%的物品,确定为B类;将品目数累计百分数为60%~80%,而平均资金占用额累计百分数仅为5%~15%的

物品,确定为C类。

5. 绘ABC分析图

以品目数累计百分数为横坐标,以平均资金占用额累计百分数为纵坐标,按ABC分析表第3栏和第8栏所提供的数据,在坐标图上取点,并联结各点曲线,则绘成ABC曲线。

小张父母开了家文具店,最近想对文具店库存进行盘点,了解哪类货物占用资金多,以便对该类库存货物实行重点管理。小张父母对库存管理知识不了解,寻求小张的帮忙。文具店库存状况如案例2-2表1所示。

案例2-2表1 某文具店库存数据

物品序号	物品名称	库存数量/个	单价/元
1	铅笔	1 000	5
2	文具盒	500	18
3	橡皮	1 500	2
4	钢笔	200	150
5	软皮笔记本	2 000	6
6	硬皮笔记本	800	10

思考:

如果你是小张,请用ABC分类法对这些库存物品进行分类,画出ABC分析图,并指出哪些物品需实行重点管理。

2.3 装卸搬运

装卸搬运尤其是搬运重物技术已有几千年的历史。古埃及在公元前2400年就曾运用圆木滚动运输巨型石头来兴建金字塔,中国在公元前1500年就出现了车轮。《两宫鼎建记》曾记载故宫里使用的最大的一块石雕,重约300 t,是隆冬时节在人工冰道上被拖运来的。虽然这个拖运过程没有详尽的记载和科学论证,但也足以让人感慨先人在装卸搬运方面的智慧。在无数前人的努力下,如今,现代物流已经具备更加科学的装卸搬运方式,更先进的装卸搬运技术,更多样的装卸搬运设备,更完善的装卸搬运体系。

2.3.1 装卸搬运的概念与分类

2.3.1.1 装卸搬运的概念

在国家标准《物流术语》(GB/T 18354—2021)中装卸(Loading and Unloading)的定义为:在运输工具间或运输工具与存放场地(仓库)间,以人力或机械方式对物品进行载上载入或卸下卸出的作业过程。搬运(Handling Carrying)的定义为:在同一场所内,以人力或机械方式对物品进行空间移动的作业过程。装卸是货物的装载与卸载,主要改变物品上下方位的状态或位置;搬运是物品的小位移,主要改变物品水平方向的状态和位置,使货物的空间距离发生改变。装卸和搬运经常相伴并交替操作,在物流科学中并不特别强调两者的差别，而是作为同一种活动来对待，全称为“装卸搬运”。

装卸搬运是物流的基本功能之一，是整个物流环节不可或缺的一环。在物流活动中，运输产生“空间效用”，仓储产生“时间效用”。作为物流各项活动中出现频率最高的一项作业活动，装卸搬运附属于货物的运输和仓储的物流作业活动，虽然不能创造出新的效用，但无论是商品的运输、储存和保管，还是商品的配送、包装和流通加工，都离不开装卸搬运。

2.3.1.2 装卸搬运的分类

1）根据装卸搬运的物流设施设备划分

根据装卸搬运的物流设施设备可分为仓储装卸、汽车装卸、铁路装卸、飞机装卸、港口装卸，各装卸搬运的特点如表2–3所示。

表2–3 根据装卸搬运的物流设施设备划分的分类

装卸搬运活动	定义	特点
仓储装卸	指在仓库、堆场、物流中心等处所进行的装卸搬运。	配合出库、入库及维护等活动，主要作业是堆垛、上架、拣选等。
汽车装卸	指对汽车进行的装卸搬运作业。	一次的装卸批量不大，且汽车具有灵活性，可减少或者消除搬运活动，直接利用装卸作业达到车与其他物流设备之间货物过渡的目的。
铁路装卸	指在铁路车站进行的装卸搬运作业。	一般以整装整卸为主，整装零卸或零装整卸的情况在铁路装卸中相对少见。
飞机装卸	指在机场对飞机进行的装卸作业。	一次装卸批量不大，且装卸货物价值通常较高。
港口装卸	指在港口进行的各种装卸搬运作业，包括码头前沿的装卸船作业，也包括后方的支持性装卸搬运。	主要货物形态有：集装箱、液体固体散货、件杂货等。

2）根据装卸搬运的作业形式划分

根据装卸搬运的作业形式可分为吊上吊下方式、叉上叉下方式、滚上滚下方式、移上移下方式、散装散卸方式，各装卸搬运的特点如表2–4所示。

表2–4 根据装卸搬运的作业形式划分的分类

装卸搬运形式	定义	特点
吊上吊下方式	利用起重机械吊起货物，依靠起吊装置的垂直移动完成装卸，然后在吊车行动范围内完成搬运或依靠搬运车辆进行小范围搬运。	由于吊上或吊下是垂直运动，这种装卸方式属于垂直装卸。

续表（表2-4）

装卸搬运形式	定义	特点
叉上叉下方式	叉车从底部抬起货物，通过叉车的移动来实现货物的位移，将货物放置在目的地完成搬运。	因为这种方法主要依赖于水平运动，所以属于水平装卸。
滚上滚下方式	通过叉车、半挂车或汽车运输货物，与车辆一同上船，抵达目的地后下船。首先用拖车将半挂车或平板车拖到船上，拖车下船。然后船舶将运载车辆和货物送到目的地。最后由拖车上船将半挂车和平板车从船上拖走。	属于港口装卸中的水平装卸方法。需要专门的滚装船舶，对码头也有一定的要求，即所谓的滚装船和滚装码头。在铁路运输领域由货车或集装箱直接开上火车行驶的车厢，当抵达目的地时，再从车皮上开下，称为“驮背运输”。
移上移下方式	将两辆车连接起来，货物通过水平运动从一辆车推移到另一辆车。	因为移上移下方式要求两辆车水平连接，所以需要对站台或车辆货台进行改造，将其与移动工具结合才能实现这种装卸。
散装散卸方式	指对散装物进行装卸。散装货物装卸时，通常是从装载点直接到卸货点，中途不着陆，这是集装卸与搬运于一体的装卸方式。	这种装卸常采用一些特殊的装卸搬运设备，如皮带输送机、管道、气力输送装置、螺旋输送机和斗式提升机等，利用机械、气力等原理对煤炭、粮食、化肥、水泥、石油、天然气等散装货物进行作业。

3）根据装卸搬运对象划分

根据装卸搬运的对象可分为散装货物、单件货物、集装货物、危险品，各装卸搬运的特点如表2-5所示。

表2-5　根据装卸搬运对象划分的分类

装卸搬运对象	定义	特点
散装货物	指对煤炭、矿石、粮食、化肥、水泥、石油、天然气等块状、粒状、粉状、液体、气体货物进行的装卸搬运。	其特点是一般从装点直到卸点，中间不再落地，物品直接向运输设备、商品装运设备或存储设备装卸与出入库，是集装卸与搬运于一体的装卸搬运作业。这种作业常采用重力法、倾翻法、机械法、气力法等方法。
单件货物	指对以箱、袋等包装形态名称的货物进行单件、逐件的装卸搬运。	目前，对长、大、笨、重的货物，或者集装会增加危险的货物等，仍采用这种传统的装卸搬运作业。
集装货物	指先将货物集零为整，形成集合包装或托盘、集装箱等集装货物，再进行的装卸搬运。	其特点是有利于机械操作，可以提高装卸搬运效率，减少装卸搬运损失，节省包装费用，提高顾客服务水平，便于达到储存、装卸搬运、运输、包装一体化，实现物流作业机械化、标准化。

续表（表2-5）

装卸搬运对象	定义	特点
危险品	指对易燃易爆有强烈腐蚀性的物品进行装卸搬运，如苯、甲苯、汽油等易燃液体，硝酸、硫酸、高氯酸等强腐蚀性化学品。	此类型货物往往采用单件货物装卸搬运方式。

4）按装卸搬运的内容分类

根据装卸搬运的内容可分为堆垛作业、拆垛作业、分拣作业、配货作业、搬送作业、移送作业，各装卸搬运的特点如表2-6所示。

表2-6　根据装卸搬运内容划分的分类

装卸搬运活动	定义
堆垛作业	堆垛作业是把货物从预先放置的场所，移动到卡车等运输工具或仓库等保管设施的指定场所，再按要求的位置和形状，将货物整齐、规则地摆放成货垛的作业活动。
拆垛作业	拆垛作业就是堆垛作业的逆向作业。
分拣作业	分拣作业是在堆垛、拆垛作业前后或配货作业之前发生的作业，是把货物按品种、出入库先后顺序进行分拣分类整理，再分别放到规定位置的作业活动。
配货作业	配货作业是指向卡车等运输工具装货作业前和从仓库等保管设施出库装卸前发生的作业，是按照不同客户的要求，把货物从所定位置，按品种、规格、作业先后顺序、发货对象等进行分类、配货、集中，并分别送到指定位置的作业。
搬送作业	搬送作业是为了进行装卸、分拣、配送活动而发生的货物移动的作业，包括水平、垂直、斜行搬送以及几种组合的搬送。
移送作业	移送作业是指用传送带对货物进行运送的作业。

5）其他分类方式

除了上述分类方式外，还可根据装卸搬运的作业特征分为连续装卸和间歇装卸。前者用于装卸量较大、装卸对象固定、物品对象不易形成大包装的情况；后者用于装卸不固定的各种货物，尤其是包装货物和大件货物。按物流设施属性可分为自用物流设施装卸和公用物流设施装卸。前者指在工厂、自用仓库和配送中心等商品的发货、进货设施场所中进行的装卸搬运；后者指在仓库、车站、铁路、港口及机场等进行的装卸搬运。

2.3.2　装卸搬运的作用与特点

2.3.2.1　装卸搬运的作用

（1）连接生产与流通等环节的重要桥梁。装卸搬运是衔接生产过程和物流过程各环节之间的重要桥梁，是物流活动各功能之间能否形成有机联系和紧密衔接的关键，是整

个物流的“瓶颈”。在流通领域中物流过程各环节之间的衔接依赖装卸搬运活动把它们有机地结合起来,从而使物品能在各环节之间形成“物流”,同时依赖装卸搬运活动,才能形成联合运输。如果装卸搬运被忽视,轻则造成生产、流通秩序的混乱,重则造成生产、流通活动的停顿。

(2) 实施生产和流通等环节的必要条件。装卸搬运是生产和流通等环节实施的必要条件。装卸搬运质量的好坏、效率的高低都会对生产和流通等环节产生很大的影响,装卸搬运作业到位可保障生产过程和流通过程各环节顺利进行,若装卸搬运作业不到位将造成生产过程不能如期进行或者流通过程不畅。如车、船的装卸不当,会导致运输途中货损增加,甚至造成翻车、翻船等重大事故,而且卸货不当,会造成下一步物流活动的困难,或者使得劳动强度、作业工作量大幅度增加。

(3) 物流活动不可或缺的关键环节。装卸搬运是伴随着生产过程和流通过程各环节所发生的活动,是不可缺少的组成部分,是整个物流过程的关键所在。装卸搬运控制着其他活动,也是加快物流发展的关键。从整个过程看,装卸搬运占有很大比例,制约了物流过程各个环节的活动。如流通过程中的“汽车运输”实际包含了附属的装卸搬运;仓储中的保管活动也包含了装卸搬运活动。如果没有附属性的装卸搬运活动,运输、保管等物流活动都无法完成。此外,装卸搬运作业也是导致货物损坏的重要原因之一。因此,改进装卸搬运作业不仅有利于加速车船周转,发挥港口、站台的作用,同时还可以减少物流成本,提升物流服务质量及发挥物流系统整体功能。

2.3.2.2　装卸搬运的特点

(1) 均衡性与被动性。装卸搬运的均衡性主要是针对生产领域而言的。因为均衡性是生产的基本原则,所以生产领域的装卸搬运基本上也是均衡的、平稳的、连续的。而装卸搬运的被动性主要是针对流通领域而言的。因为流通领域的装卸搬运是随车、船的到发和货物的出入库而进行的,作业常常是突击的、波动的、间歇的。所以,对波动作业的适应能力是装卸搬运的特点之一。

(2) 稳定性与多变性。装卸搬运的稳定性主要是针对生产领域而言的。因为生产领域的装卸搬运作业对象是稳定的,或略有变化,但也有一定的规律,所以生产领域的装卸搬运具有稳定性。而装卸搬运的多变性主要是针对流通领域而言的。因为流通领域的装卸搬运作业的对象是随机的,货物的品种、形状、尺寸、重量、体积、包装、性质等千差万别,输送工具类型又各不相同,这就决定了装卸搬运作业的多变性。所以,对多变作业的适应能力是装卸搬运的又一特点。

(3) 局部性与社会性。装卸搬运的局部性主要是针对生产领域而言的。因为生产领域的装卸搬运作业的设备、设施、工艺、管理等涉及的面一般限于企业内部,所以具有局部性。而装卸搬运的社会性主要是针对流通领域而言的。因为流通领域的装卸搬运作业涉及的面和因素是整个社会的，如装卸搬运的收货、发货、车站、港口、货主、收货人等都在变动。所以，所有装卸作业点的装备、设施、工艺、管理方式、作业标准都必须相互协调，才能发挥整体效益。这也是装卸搬运的一个特点。

(4) 单纯性和复杂性。装卸搬运的单纯性主要是针对生产领域而言的。因为生产领域的装卸搬运作业大多数是只单纯改变物料的存放状态或空间位置，作业比较单纯。然而装卸搬运的复杂性主要是针对流通领域而言的。因为流通领域中的装卸搬运作业是与运输、储存紧密衔接的，为了安全和输送的经济性原则，基本上都要进行堆码、满载、加固、计量、取样、检验、分拣等作业，比较复杂。所以，对复杂作业的适应能力也是装卸搬运的特点之一。

2.3.3 装卸搬运的合理化

装卸搬运合理化是指以尽可能少的人力和物力消耗，高质量、高效率地完成仓库的装卸搬运任务，保证供应任务的完成。其主要目标是节省时间，节约劳动力，降低装卸搬运成本。

2.3.3.1 不合理的装卸搬运

(1) 过多的装卸搬运次数。在整个物流过程中，装卸搬运是反复进行、发生频率最多的活动，又是发生货损的主要环节，所以，过多的不必要的装卸搬运必然会导致损失的增加。同时，从发生的费用来看，一次装卸的费用相当于几十公里的运输费用，所以，每增加一次装卸搬运，费用也就会有较大比例的增加。此外，过多的装卸搬运次数，还会大大减缓整个物流的速度，影响物流效率。

(2) 过大包装的装卸搬运。包装过大过重，在装卸搬运作业中，实际上就会反复在包装上消耗过多不必要的劳动，因而形成无效装卸，造成损失。

(3) 无效物质的装卸搬运。进入物流过程的货物，有时混杂着没有使用价值或对用户来讲使用价值不对路的各种掺杂物，如煤炭中的矸石、矿石中的水分杂质、石灰中的未烧熟石灰及过烧石灰等。在反复装卸搬运时，实际上也是在对这些无效物质反复消耗过多不必要的劳动，因而形成无效装卸，造成损失。

2.3.3.2 合理装卸搬运的有效途径

1) 避免和消除无效装卸搬运

无效装卸搬运即不合理的装卸搬运，指在装卸作业活动中超出必要的装卸、搬运量的作业。预防和消除无效装卸搬运对提高装卸操作的经济效益有着重要作用，可以采取多种措施。一方面，尽量减少装卸搬运的次数，这是因为装卸过程中操作的次数越多，事故和货物破坏的程度就越高，成本也越高；另一方面，尽可能缩短搬运距离，实现装卸搬运的短距化，以减少人力、物力的浪费和货物损坏的可能性。此外，包装的轻型化、简单

化和实用化在不同程度上都会降低包装中的无效劳动,要避免过度包装,减少无效负荷。最后,可努力提高被装卸货物的纯度。材料的纯度受物料中含有水分、杂质与物料本身使用无关的物质的多少影响。材料纯度越高,进行的有效装卸操作程度越高;当材料纯度较低时,反复装卸时实际无效材料会反复消耗劳动,最终会导致装卸无效。

2) 提高装卸搬运活性

装卸搬运活性是指把货物从静止状态转变为装卸搬运运动状态的难易程度,提高装卸搬运活性是装卸搬运合理化的一项重要内容。货物所处状态不同,装卸搬运难度也就有所不同。比如货物具备5种基本的可搬运状态,即散放态、集放态、集装态、装载态和运动态。处于随意分散状态的货物比搁置在托盘上的货物活性要低。在组织装卸搬运作业时,应该灵活运用各种装卸搬运机械设备,合理设计作业工序,前道作业要为后道作业着想,货物放置时要有利于下次搬运,不断改善装卸搬运作业。例如在装上时要考虑便于卸下,在入库时要考虑便于出库,创造易于搬运的环境和使用易于托运的包装。总之,要提高装卸搬运活性,从而使装卸搬运作业合理化,节省劳力、降低消耗、提高效率。

3) 利用或弱化重力影响

在装卸搬运作业中,货物的重力影响是不可避免的,所以要尽可能利用或弱化重力影响。一方面,利用货物本身的重量,进行有一定落差的装卸,以节省劳力和能耗。比如高站台、低货位、滑溜化的作业方法。另一方面,尽可能消除或弱化重力的不利影响,从而确保体力耗损和其他劳动耗用是合理的。比如进行2种运输工具的换装时,不落地搬运优于落地搬运;在进行人力装卸时,尽可能做到“持物不步行”。此外,在保证货物搬运、装卸和堆存安全的前提下,尽可能减少附加工具的自重和货物的包装物重量,也是降低重力影响的一个重要措施。比如某货运中心在装卸搬运桶装沥青时,原先专用吊具自重约30 kg。通过对吊具进行改进,使得吊具自重降低,从而使起重机的起货能力得到了提高,装卸效率也得到了提高。

4) 提升装卸搬运顺畅度

货物装卸搬运的顺利进行是确保作业安全、操作效率提高的重要保障。装卸搬运最为理想的情况是保持装卸搬运作业连续不断地进行,使货物顺畅地流动,将运输、保管、包装和流通加工等物流活动有序地连接起来,保持整个物流过程的均衡顺畅。保证装卸搬运操作顺畅和安全运行的做法有很多,比如仓库中的叉车操作需要足够的安全操作空间,以便于叉车拐弯、倒退等不受限制;在机械化和自动化作业的过程中,需保持电路通畅、线路安全、防止作业事故等。确保装卸搬运作业顺利进行可以采取以下措施:①合理连接作业现场和装卸搬运机械;②在结合不同的装卸搬运作业时,要使装卸搬运速度相同或相互接近;③合理利用装卸搬运调度人员,如果作业停止或遇到阻碍,应该马上进行补救。

5）合理选择装卸机械、方式和方法

（1）推广组合化装卸搬运。组合化装卸搬运也称单元化或成组化装卸搬运，是一种提高有效装卸搬运效率的方法。组合化装卸搬运的优势是多方面的：①不仅装卸单位大、操作效率高，同时减少了大量的装卸操作时间；②可以使物料装卸搬运的灵活性增强；③有利于规范相同的作业单元；④避免手触摸各种物料，能够起到保护物料的作用。

（2）提高装卸搬运作业的机械化水平。装卸搬运的机械化可以有效减轻工人繁重的体力劳动。此外，机械化装卸搬运还能够保障工人和货物的安全，特别是危险品的装卸操作，提高作业效率。装卸搬运机械的选择必须根据装卸搬运货物的性质来决定。对以箱、袋或集装包装的货物，可以采用叉车、吊车、货车装卸；对散装粉粒体货物，可以利用传送带装卸；对散装液体货物，可以直接向装运设备或存储设备装取。

（3）合理规划装卸搬运操作流程。装卸搬运操作流程是指对整个装卸作业的连续性进行合理的安排，以减少运距和装卸次数。合理分解规划装卸搬运活动，改进装卸搬运各项作业，提高装卸搬运效率有着重要的意义。装卸搬运作业现场的平面布置是直接关系到装卸、搬运距离的关键因素，装卸搬运机械还应该与货场的长度、货位面积等相协调。应尽量采用现代化管理方法和手段，如排队论、网络技术、人机系统的应用等，以改善作业方法，从而实现装卸作业的连贯、顺畅、均衡和装卸搬运的合理化以及高效化。

案例2-3：集装箱码头装卸作业问题

集装箱码头的装卸作业（案例2-3图1）从其业务流程和主要装卸作业资源角度可以分为3个主要作业活动：海测作业（岸桥）、水平作业（集卡）、堆场作业（堆场机械）。为了达到相关生产服务目标，码头的每项生产活动（作业）对应消耗相应的资源，可以用单位集装箱的成本消耗来衡量集装箱码头装卸作业的管理水平。

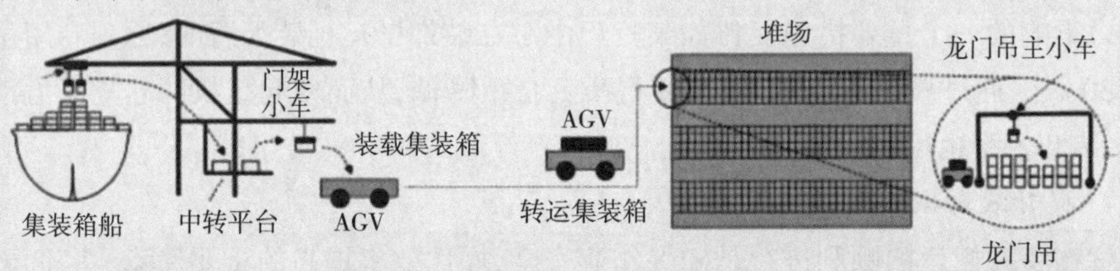

案例2-3图1　集装箱码头自动化装卸作业

我国上海A制药公司签订一份合同，向韩国釜山的Z进口公司提供2件40英尺货柜的胰岛素，由承运人C海运物流有限公司负责运输。这批货物由于性质特殊，需采用冷藏集装箱运输。A制药公司通过集卡将集装箱运抵上海港后，港口起重机吊起并堆放集装箱以备发货。在堆场存储过程中，港口技术人员需对这些冷藏箱定期监控，确保箱内保持理想温度且发电机组正常运作，直到集装箱准备装载到C海运物流有限公司的船舶上为止。此时，船舶运营商需支付以下的码头装卸作业费：①从A制药公司卡车上卸货的费用；②在港口存放集装箱的费用；③监控冷藏集装箱的费用；④港务局后续将货物装船的费用。一般情况下，集装箱到港的2天内可被装载到C海运物流有限公司的船舶上。这次由某些意外原因导致集装箱滞留堆场，6天后才被装载到C海运物流有限

公司的船舶上。

案例2-3表1　上海港国际集装箱通关环节部分收费项目和标准

收费项目		20英尺		40英尺	
		重箱	空箱	重箱	空箱
装卸包干费(元/箱)	普通箱	425.5	294.1	638.3	441.1
	危冷箱	467.9	324.1	702.0	486.1
堆存费(元/(箱·天))	普通箱	4.0		8.0	
	危烈箱	4.8		9.6	
喷淋费(元/(箱·天))	危烈箱	40.0		80.0	
制冷费(元/(箱·天))	冷藏箱	75.0		150.0	
汽车装卸费及搬移、翻装费(元/每箱次)	普通箱	49.5		74.3	
	危冷箱	53.7		82.5	

思考：

上海港国际集装箱通关环节部分收费项目和标准如案例2-3表1所示。此次船舶运营商需向码头支付的装卸作业费为多少？从集装箱码头的装卸作业业务流程分析可能造成集装箱滞留堆场的原因，并提出应对措施。

2.4　包装

在生活中有没有遇到过这样的情况：因为一盒泡面的包装判定它味道不错而买回家，或是因为一家电商的产品包装精美且保护到位而再次选择。“包装”这个词对于我们来说并不陌生，但是包装的功能不仅仅是促进消费。不同的物品又需要怎样的包装呢？通过本节的学习能对包装进行更全面的了解。

2.4.1　包装的基本概念

2.4.1.1　包装的定义

在我国国家标准《包装术语》(GB/T 4122— 2008)中对包装明确定义为：包装是指在流通过程中保护产品、方便储存、促进销售，按一定技术方法而采用的容器、材料及辅助物等的总体名称，包括为了达到上述目的而进行的操作活动。

2.4.1.2　包装的基本功能

1) 保护功能

包装的保护功能，即保护物品不受损伤的功能，它是包装的主要目的，主要体现在4

个方面:

(1) 防止物资破损变形。为了防止物资的破损变形,物资包装必须能承受在装卸、运输、保管等过程中的各种冲击、振动、颠簸、压缩、摩擦等外力的作用,形成对外力的防护,并且具有一定的强度。

(2) 防止物资发生化学变化。为了防止物资受潮、发霉、变质、生锈等化学变化,物资包装必须能在一定程度上起到阻隔水分、潮气、光线以及空气中各种有害气体的作用,避免外界不良因素的影响。

(3) 防止有害生物对物资的影响。鼠、虫以及其他有害生物对物资有很大的破坏性。包装封闭不严,会给细菌、虫类造成侵入机会,导致变质、腐败,特别是对食品危害性更大。

(4) 防止异物混入、污物污染、丢失、散失。

2) 便利功能

物资包装具有方便流通、方便消费的功能。在物流的全过程,物资所经过的流转环节,合理的包装会提供巨大的方便,从而提高物流的效果。物资包装的便利功能可以体现在以下3个方面:

(1) 方便物资的储存。从搬运、装卸角度上看,物资出、入库时,在包装的规格尺寸、重量、形态上适合仓库内的作业,为仓库提供了搬运、装卸的方便;从物资保管角度上看,物资的包装为保管工作提供了方便条件,便于维护物资本身的原有使用价值。包装物的各种标志,使仓库的管理者易于识别、易于存取、易于盘点,有特殊要求的物资易于引起注意;从物资的验收角度上看,易于开包、便于重新打包的包装方式为验收提供了方便性。包装的集合方法、定量性,对节约验收时间、加快验收速度也会起到十分重要的作用。

(2) 方便物资的装卸。物资经适当的包装后为装卸作业提供了方便。物资的包装便于各种装卸、搬运机械的使用,有利于提高装卸、搬运机械的生产效率。包装规格尺寸标准化后为集合包装提供了条件,从而能提高装载效率。

(3) 方便运输。包装规格、形状、重量等与货物运输关系密切。包装尺寸与运输车辆、船、飞机等运输工具箱、仓容的吻合方便了运输,提高了运输效率。

3) 销售功能

销售功能是促进物资销售的包装功能。在商业交易中促进物资销售的手段很多,其中包装的装潢设计占有重要地位。优美的包装能唤起人们的购买欲望。包装的外部形体是商品很好的宣传品,对顾客的购买起着刺激的作用。

2.4.1.3 包装在物流中的地位

综上所述,包装的保护功能和方便功能是与物流密切相关的两大功能。销售功能是

与商流相关的。改进包装的不合理性，发挥包装的作用，是促进物流合理化的重要方面，是日益被物流工作者重视的一个十分重要的领域。

2.4.2　包装的分类

2.4.2.1　按包装功能分类

按包装功能分类可以把包装划分为工业包装和商业包装两类。

(1) 工业包装也称为运输包装，目的是保证商品在运输、保管、装卸搬运过程中不散包、不破损、不受潮、不污染、不变质、不变味、不变形、不腐蚀、不生锈、不生虫，即保持商品数量和质量不变。工业包装主要发挥包装的保护产品和便于储运的作用，还要注意包装标志。包装标志就是指在运输包装外部采用特殊的图形、符号和文字，以赋予运输包装件传达各种信息的功能。其作用有三点：一是识别货物，实现货物的收发管理；二是明示物流中应采用的防护措施；三是识别危险货物，暗示应采用的防护措施，以保证物流安全。

(2) 商业包装又称为销售包装，它主要是指根据零售业的需要，作为商品的一部分或为方便携带所做的包装。销售包装的设计是为了方便顾客、增强市场吸引力以及保护商品的安全。商业包装的功能包括定量功能、标志功能、便利功能和促销功能，目的在于促销或者便于商品在柜台上零售，或者为了提高作业效率。商业包装主要发挥包装的促销作用。

2.4.2.2　按包装材料分类

按包装材料分类可以把包装划分为纸品包装、塑料包装、金属包装、玻璃包装和其他包装。

(1) 纸品包装。物流过程中的纸品包装主要是箱纸板、瓦楞纸板等。从全球纸品生产情况来看，有50%的纸品被用于包装中。

(2) 塑料包装。塑料包装又可分为软塑料包装和硬塑料包装。软塑料包装主要指塑料袋、塑料薄膜等；硬塑料包括聚乙烯(Polyethylene, PE)、聚丙烯(Polypropylene, PP)、聚氯乙烯(Polyvinyl Chloride, PVC)、聚酯(Polyethylene Terephthalate, PET)、聚苯乙烯等，硬塑料包装主要用于食品，尤其是饮料包装工业。

(3) 金属包装。金属包装材料主要是钢和铝，主要形式有集装箱、钢桶、钢箱、钢托盘、铝罐、铝盒、铝瓶及易开瓶罐等。

(4) 玻璃包装。玻璃包装容器是将熔融的玻璃料经吹制、模具成型制成的一种透明容器。玻璃包装容器的形式主要是玻璃瓶、玻璃罐。玻璃包装容器主要用于包装液体、固体药物及液体饮料类商品。依据其制造原料的种类可分为钙钠玻璃、含铅玻璃、颜色玻璃等。玻璃包装容器具有光亮透明、化学稳定性好、不透气等特点，但加工时能耗大，容器自重量大，易破碎，运输费用高。

(5) 其他包装。主要包括木制容器和托盘、纤维包装等。

2.4.2.3 按包装在流通过程中的作用分类

按包装在流通过程中的作用分类,包装也可以分为单个包装、内包装和外包装。

(1) 单个包装也称为小包装,是物品送到使用者手中的最小单位,用袋或其他容器将物体的一部分或全部包裹起来,并且印有作为商品的标记或说明等信息资料。这种包装一般属于商业包装,应注意美观,以起到促进销售的作用。小包装主要发挥包装的促销作用和便于使用的作用。

(2) 内包装是将物品或单个包装,或数个归整包装,或置于中间容器中,目的是为了对物品及单个包装起保护作用。

(3) 外包装基于物品输送的目的,要起到保护作用并且考虑输送搬运作业方便,一般置于箱袋之中,并根据实际需要采取技术措施,如缓冲防震、固定、防温、防水等,以确保物品在输送过程中的安全性和完整性。一般外包装有密封、增强功能,并且有相应的标志说明。常见的外包装有集装袋或集装包、托盘、集装箱。内包装和外包装属于工业包装,更着重于对物品的保护,其包装作业过程可以认为是物流领域内的活动。

2.4.2.4 按其他标志分类

(1) 按产品经营方式分,有内销产品包装、出口产品包装和特殊产品(如珍贵文物、工艺美术品等)包装等。

(2) 按包装使用次数分,有一次用包装、多次用包装和周转包装等。

(3) 按包装容器(或制品)的软硬程度分,有硬包装、半硬包装和软包装等。

(4) 按产品种类分,有食品包装、药品包装、机电产品设备(或仪器)包装、危险品包装等。

(5) 按包装技术方法分,有防震包装、防湿包装、防锈包装、防霉包装等。

2.4.3 包装的合理化与标准化

2.4.3.1 包装合理化

包装合理化,是指在包装过程中使用适当的材料和适当的技术,制成与物品相适应的容器,节约包装费用,降低包装成本,既满足包装保护商品、方便储运、有利销售的要求,又要提高包装的经济效益的包装综合管理活动。

1) 包装的合理化的主要表现

(1) 包装的轻薄化。由于包装只是起保护作用,对产品使用价值没有任何意义,因此在强度、寿命、成本相同的条件下,更轻、更薄、更短、更小的包装,可以提高装卸搬运的效率,更节约运输空间和成本。

(2) 包装的单纯化。为了提高包装作业的效率,包装材料及规格应力求单纯化,包装

规格还应标准化,包装形状和种类也应单纯化。

(3) 符合集装单元化和标准化的要求。包装的规格与托盘、集装箱关系密切,应考虑到与运输车辆、搬运机械的匹配,从系统的观点制定包装的尺寸标准。

(4) 包装的机械化与自动化。为了提高作业效率和包装现代化水平,对各种包装机械的开发和应用是很重要的。

(5) 注意与其他环节的配合。包装是物流系统组成的一部分,需要和装卸搬运、运输、仓储等环节一起综合考虑、全面协调。

(6) 有利于环保。包装是产生大量废弃物的环节,处理不好可能造成环境污染。包装材料最好可反复多次使用并能回收再生利用;在包装材料的选择上,还需要关注其对人体健康和环境的影响,以保证所选择的包装材料符合绿色包装的标准,既不会对人体健康带来影响,也不会对环境造成污染。

2) 实现包装合理化的技术措施

(1) 广泛采用先进包装技术。包装技术的改进是实现包装合理化的关键。要推广诸如缓冲包装、防锈包装、防湿包装等包装方法,使用不同的包装技法,以适应不同商品的包装、装卸、储存、运输的要求。

(2) 由一次性包装向反复使用的周转包装发展。

(3) 采用组合单元装载技术,即采用托盘、集装箱进行组合运输。托盘、集装箱是包装-输送-储存三位一体的物流设备,是实现物流现代化的基础。

(4) 采用无包装的物流形态。对需要大量输送的商品(如水泥、煤炭、粮食等)来说,包装所消耗的人力、物力、资金、材料是非常大的,若采用专门的散装设备,则可获得较高的技术经济效果。散装并不是不要包装,它是一种变革了的包装,即由单件小包装向集合大包装的转变。

(5) 推行包装标准化。

2.4.3.2　包装标准化

包装标准化是以包装的有关事项(如包装尺寸、包装设备、包装材料、包装工艺及其他相关活动等)为对象,通过制订和实施标准,以保障物品在贮藏、运输和销售中的安全便利和节约,从而提高社会综合经济效益的工作过程。包装一般与运输和贮存条件紧密相连,因此,包装标准化中最重要的内容是包装尺寸标准化。包装尺寸标准化就是将货物流通中的各种包装货物的尺寸用标准化手段简化、统一起来。

包装标准可分为以下6类:

(1) 包装基础标准。主要包括包装术语、包装尺寸、包装标志、包装基本试验、包装管理标准。

(2) 包装材料标准。包括各类包装材料的标准和包装材料试验方法。

(3) 包装容器标准。包括各类容器的标准和容器试验方法。

(4) 包装技术标准。包括包装专用技术、包装专用机械、防毒包装技术方法、防锈包装等标准。

(5) 产品包装标准。

(6) 相关标准。主要指与包装关系密切的标准,诸如集装箱技术条件、尺寸,托盘技术条件、尺寸,叉车规格等。

2.4.4 典型包装场景

包装类型繁多,种类多样,下面以快递行业为例,介绍一些典型的包装场景。

2.4.4.1 书籍包装

为避免书籍在运输过程中发生褶皱、被水浸湿导致损毁或被拒收,达到提高物流服务水平的目的,快递行业对书籍的包装一般采用:①硬纸板包裹,起到固定和保护书籍的作用,防止褶皱;②带气泡膜的密封快递袋,起到二次防褶皱以及防水的作用。

2.4.4.2 食品包装

食品配送可分为生鲜和熟食,2种食品的包装方式也不相同。首先是生鲜包装,为保证其新鲜,保鲜膜常被用来作为内包装;为保证其形状完整,盒(箱)子等有固定形状的容器常被用来作为外包装,以防止过度挤压。相对生鲜来说,熟食更注重风味的新鲜,因此经常采用真空包装的形式,隔绝空气,为熟食进行“贴合”的内包装。此外,熟食相对不那么脆弱,采取普通的快递防摔减震的方式进行外包装即可。

2.4.4.3 冷链包装

冷链物流的包装与普通包装相比有一些比较特殊的要求:①包装容器耐低温性能优越,很多产品要求在-18 ℃的环境下运输贮存,更有些肉制品以及药品需要在-35 ℃的深冷库储存,普通材质无法耐受;②食品级材料要求,因为有些直接接触或者间接接触食品与药品,所以对包装容器的材质要求也比较严格,一般要求达到食品级;③部分容器为网目形,利于空气流通、生鲜品呼吸作用顺利进行等。

2.4.4.4 易碎品包装

易碎品和普通产品不一样,在运输的过程中要更加注重安全保护。在通常情况下,易碎品的运输要做好内外两方面的保护。①外保护,是在易碎品产品的外部进行的保护包装,这也是避免易碎品在运输途中损坏最常用的方法。用于保护易碎品的外包装纸箱应具有较强的抗压、不易变形的能力,能够有效地保护易碎品在正常的仓储、堆叠、运输过程中不受损害。②内保护,易碎品在运输的过程中难免会遇到颠簸、摇晃等各种各样的情况,需要做好易碎品产品的内部保护包装,隔绝易碎品与包装纸箱的直接接触,并将

其固定好,避免它在箱内晃动。

案例2-4:包装方案设计

某电商平台的经营优势在于其拥有自营物流,与多家品牌合作,实现多仓就近发货,消费者对其的评价为:物流速度快、物流包装好。同时,该平台在仓库所在地经营线上超市,其"半日达""一日达"服务广受好评。

小李是该电商平台的仓库工作人员,主要工作为根据订单需求对物品进行包装。举个简单的例子,订单需求为1 kg的苹果发往邻省。根据平台规定,非本市订单都默认使用普通物流(即不可"半日达""一日达")。因此,选择大小合适的纸箱作为外包装方便装车运输,内包装有两层:一是选用水果泡沫套将苹果一一套上;二是使用泡沫板作为底垫,固定苹果的位置,双重保护减少运输造成的磕碰。

这天,小李的上游工作人员都已经完成拣货,他需要根据以下订单需求进行包装设计:

(1) 购买一盒草莓,要求"半日达"送到本市某区。

包装方案:外包装使用镂空带盖塑料筐,透气,防止草莓因不透气而腐坏。内包装使用纸巾垫底,一是避免草莓和外筐接触发生摩擦,导致损坏;二是纸巾吸水性强,保持草莓表面干燥,防止草莓因湿度过高而腐坏。

(2) 购买2瓶葡萄酒,发往A市(与仓库距离较远,一般情况下普通物流2日送达)。

包装方案:外包装使用定制瓦楞箱并喷刷"易碎品"标识;内包装使用定制泡沫包裹酒瓶,起到固定和减震效果;内外包装间不留空隙。

思考:

小李还有一个订单,需求如下:购买蛋挞皮(冷冻食品),要求"一日达"送到本市某区。请帮他进行包装设计,并说明理由。

2.5 配送

配送的出现是现代社会化大分工的产物,有助于满足客户多品种、小批量、高频率的订货需求,使物流服务更加贴近市场,更加贴近消费者。合理地进行配送中心的选址与规划,组织配货作业,开展车辆配装,设计配送路线,有助于提高配送作业效率,降低配送费用。

2.5.1 配送的基本概念与作用

2.5.1.1 配送的含义

根据国家标准《物流术语》(GB/T 18354—2021),配送是指根据客户要求,对物品进行分类、拣选、集货、包装、组配等作业,并按时送达指定地点的物流活动。

2.5.1.2 配送的作用

配送与运输、储存、装卸搬运、流通加工、包装、物流信息等一起构成了物流系统的功

能体系,它有以下6个方面的作用:

(1) 完善了输送过程及整个物流系统。大吨位、高效率运输工具的出现,使干线运输在铁路、海运或公路方面都达到了较高水平,长距离、大批量的运输实现了低成本化。但在干线运输之后,支线运输及小搬运成了物流过程中的一个薄弱环节。这个环节与干线运输相比有特殊要求:灵活性、适应性、服务性。采用配送方式,从范围来讲,将支线运输、小搬运统一起来,使输送过程得以优化和完善。

(2) 提高了末端物流的经济效益。采用配送方式,通过将各种商品集中在一起,用一次性发货代替分别向不同用户小批量发货的方式来实现经济发货,这种方式的目的是提高物流末端的经济效益。

(3) 通过集中库存使企业实现低库存或零库存。配送通过集中库存,在同样的满足水平上,可使系统总库存水平降低,既降低了储存成本,也节约运力和其他物流费用。尤其是采用准时制配送方式后,生产企业可以依靠配送中心准时送货而无须保持自己的库存,或者只需保持少量的安全储备,就可以实现生产企业的"零库存"或"低库存",减少资金占用,改善企业的财务状况。

(4) 简化订货程序,方便用户。由于配送可提供全方位的物流服务,采用配送方式后,用户只需向服务商进行一次委托,就可以得到全过程、多功能的物流服务,从而简化了委托手续和减少了工作量,也节省了开支。

(5) 提高企业保证供应的程度。配送中心的储备量大,比任何单独供货企业有更强的物流能力,可使用户降低缺货风险。因而对每个企业而言,中断供应、影响生产的风险便相对缩小,使顾客免去短缺之忧。

(6) 提高社会的经济效益。随着互联网的发展,网购量呈急剧上升的趋势。从社会角度而言,电子商务的发展必须有商品配送和货款支付这2个重要条件。因此,如果商品的配送不能与市场上的销量相匹配,必定会对网购这一新兴购物方式的快速发展产生不小的影响,甚至会影响整个社会的经济效益。

2.5.2 配送的类型

配送作为综合性最强的物流活动,具有众多形式,根据不同的标准有不同的配送形式。

2.5.2.1 按配送组织方式分类

(1) 配送中心配送。配送中心的规模和存储量相对较大,可以根据客户的需求进行商品储备。配送中心专业性强,与用户建立固定的配送关系,一般实行计划配送。配送中心的建设及工艺流程是根据配送需要专门设计的,所以配送能力大、配送距离较远、配送品种多、配送数量大,可以承担工业企业生产中主要物资的配送、零售商店补充商品的

配送。配送中心配送是配送的重要形式。

(2) 仓库配送。它是以仓库为据点进行的配送,也可以是以原仓库在保持仓储保管功能的前提下,增加一部分配送职能,或经对原仓库的改造,使其成为专业的配送中心。

(3) 商店配送。商店配送的组织者是商业或物资的门市网点。一般情况下,规模都不大,但是品种多,都是小批量地配送。它比较灵活,主要是对用户个人或生产企业的次要货物进行配送,是对配送中心配送的一种辅助和补充。

(4) 生产企业配送。生产企业配送即由生产企业直接把生产的产品配送到零售网点。这类生产企业一般生产具有极强地方特性的产品,同时还有较为完善的配送网络和较高的配送管理水平。

2.5.2.2 按配送商品种类及数量分类

(1) 单品种大批量配送。当生产企业所需的物资品种较少或只需某个品种物资,而需要量较大、较稳定时,可实施此种配送形式。此种配送常采用整车运输,内部组织工作简单、成本低。例如,煤炭配送。

(2) 多品种少批量配送。由于这种配送的特点是用户所需的物品数量不大、品种多,因此在配送时,要按用户的要求,将所需的各种货物配备齐全,凑整装车后送达用户。例如,超市配送。

(3) 配套成套配送。配套成套配送是按企业生产需要,尤其是装配型企业生产需要,将生产所需全部零件配齐,按生产节奏定时送达生产企业。采取这种配送方式,配送企业实际承担了生产企业大部分的供应工作,使生产企业专注于生产,期望得到和多品种少批量配送一样的效果。

2.5.2.3 按配送时间及数量分类

(1) 定时配送。定时配送指按规定的时间和时间间隔进行配送。定时配送的时间可长可短,可以是数天,也可以是几个小时。定时配送的品种和数量一般在配送前通过电话、传真或计算机网络等方式确定。

定时配送由于时间固定,便于制定配送计划、安排配送车辆及送货人员,也便于安排接货人员及设备。但如果配送订单下达较晚,在配送品种和数量变化较大时,配货时间很短,给配货工作造成较大的难度,也容易出错。

日配(当日配送)是定时配送中较常见的一种方式。一般来说,如果是上午下达的订单,当天下午可送达;如果是下午下达的订单,第二天上午可送达。日配的开展可以使客户维持较低的库存,甚至实现零库存。日配特别适合主营生鲜食品及商品周转快、缺乏仓储场地或特定设备(如冷冻设备)的小型零售商。牛奶生产厂商大多采用日配方式。

(2) 定量配送。定量配送是指在一定的时间范围内,按规定的品种和数量进行货物配送。这一配送方式由于每次配送的品种和数量都是固定的,因此,不但可以实现提前配货，而且可以按托盘、集装箱及车辆的装载能力有效地提高配送效率，降低配送费用。同时，每次接货的品种和数量也是固定的，有利于提前准备好接货所需的人力、设备。

但定量配送方式较容易与客户对货物的实际需求相脱节，既可能造成缺货损失的现象，也可能由于货物库存过大而出现仓位紧张的现象。

(3) 定时定量配送。定时定量配送是上述2种方式的综合，即按规定的时间及数量进行配送。它结合了定时配送和定量配送的优点，但组织工作的难度大，适合采用的用户不多。这种方式大多应用于大量而且生产相对稳定的汽车制造、家电产品的物料供应领域。

(4) 定时定路线配送。定时定路线配送是指在规定的运行路线上按照所要求的运行时间表进行货物配送。邮政部门的普通邮件投递就是采用的这种配送方式。

当客户相对较为集中时，常采用这种配送方式。定时定路线配送有利于安排配送车辆及人员，但同时也易出现运输车辆配载不满和对用户适应性差的情况。对客户而言，有利于安排接货力量，但一般配送的品种、数量不宜太多。

(5) 即时配送。即时配送是完全按用户突然提出的配送时间和数量，随时进行配送的配送方式。它是一种灵活性高的应急配送方式，采用这种方式用户可以实现真正意义上的“零库存”，但是，由于缺乏计划性，这种配送方式的组织相对来说比较困难。

2.5.2.4 按经营形式分类

(1) 销售配送。销售配送的主体是销售企业，配送的对象和客户取决于市场的占有情况，并不是固定的。因此，这种配送的随机性较强，大部分商店配送属于这一类。

(2) 供应配送。供应配送是指企业为了满足自己的供应需要而采取的配送方式。由企业建立配送据点，集中组织大批量地进货，然后分配给企业内的若干成员。这种方式可以提高企业的供应能力，同时通过大批量进货，也可以降低供应成本。

(3) 销售供应一体化配送。销售企业销售商品给需求基本固定的客户的同时，还承担了客户有计划的供应职能，所以具有销售者和供应代理人的双重身份。它在销售者和客户之间形成一个稳定的供需关系并保持了流通渠道稳定。

(4) 代存代供配送。代存代供配送是客户把货物委托给配送企业代存、代供或代订，然后进行配送的方式。这种配送的特点是货物的所有权不变化，仅仅只是将货物的位置进行移动，而配送企业的收益是从代存代供中得到的，并不能得到商品销售的利润。

2.5.3 配送的环节与流程

2.5.3.1 配送的基本环节

一般情况下，配送由备货、储存、理货、配装、送货5个基本环节的活动组成。

(1) 备货。备货是指准备货物的一系列活动，它是配送的准备工作和基础环节。如

果备货不及时或不合理，则会增加配送成本，降低配送的整体效益。备货的具体活动内容是筹集货物和储存货物。

(2) 储存。配送中的储存有暂存和储备2种形态。而暂存也有2种形式：一种是在理货现场进行的少量货物储存，其目的是适应日配货、计时配送的需要，一般在数量上未做严格控制；另一种形式的暂存是货物分拣货、组配好后在配装之前的暂时存放，其目的是调节配货与送货的节奏。而储备主要是对配送的持续运作形成资源保障，一般数量较充足、结构较完善，通常在配送中心的库房和货场中进行。

(3) 理货。理货是配送活动不可或缺的重要环节，是不同于一般送货的重要标志，也是配送企业在送货时进行竞争和提高自身经济效益的重要手段。理货通常包括分类货、拣选货、流通加工货、包装货、配货货、粘贴货运标识货、出库货、补货等作业。

(4) 配装。即将不同客户的货物搭配装载，以充分利用运载工具的运能运力。配装也是配送不可或缺的重要环节，是现代配送区别于传统送货的重要标志之一。通过配装可以大大提高送货水平及降低送货成本，同时能缓解交通流量过大造成的交通堵塞，减少运次，降低空气污染。

(5) 送货。即将配装后的货物按规划好的路线送交各个客户。一般采用汽车、货车等小型车辆作运输工具，并需要进行运输线路的规划，力求运距最短，经济合理。

2.5.3.2 配送的流程

一般而言，通用、标准的配送流程是指具有典型性的多品种、小批量、多批次、多用户的货物配送流程(如图2-9所示)。

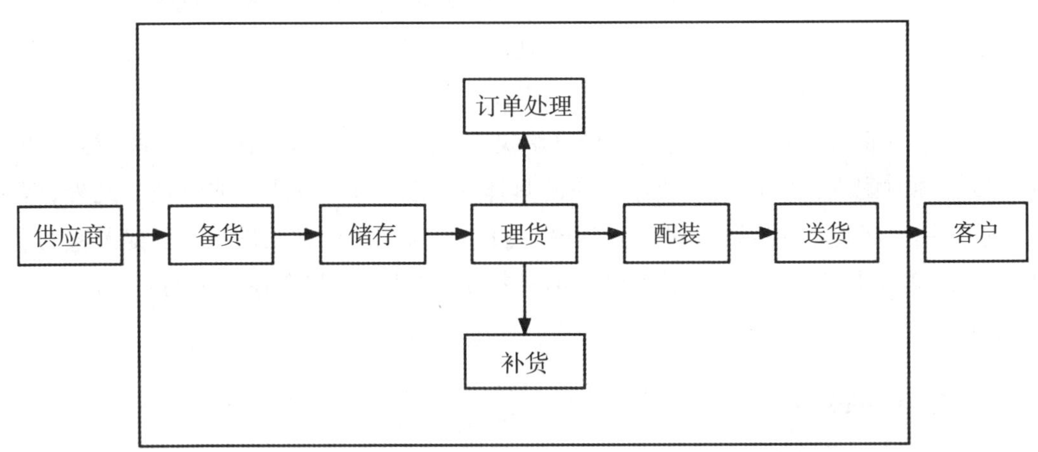

图2-9 配送的基本作业流程

2.5.4 配送合理化

一般来讲，配送合理化会有一定的标准。比如，库存总量与经营能力是否相匹配，库存周转与供应能力的协调；配送是否降低了对资金的占用；配送对总效益、宏观效益、微观效益的提升,对资源筹措成本的降低;配送对供应的保障力度,有没有缺货情况,能否完成即时配送;配送有没有使资源得到充分利用。

在确定了配送优化的标准之后,就要考虑该怎么落实了。那需要采取哪些方法让配送合理化呢?

(1) 推行一定综合程度的专业化配送。通过采用专业设备、设施及操作程序,可以降低因配送过分综合化造成的复杂程度及难度,有利于提高配送效率和服务水平,从而实现配送合理化。例如,在北京的云鸟公司开发的鸟眼系统里,配送信息可随时传递给收发货人、仓库调度及管理人员,货主可在云鸟系统上发布货物运输线路,该系统会主动帮助货主找车辆。通过互联网管理,整个配送过程都可以实现透明化、可视化,让收发货人享受到更加优质的服务体验。

(2) 推行加工配送。在配送中心开展流通加工作业,有利于满足客户的个性化需求,实现商品增值,并提高流通加工、运输和配送效率,降低物流成本,实现配送合理化。

(3) 推行共同配送。共同配送是指对某一地区的用户进行配送不是由一个企业独自完成,而是由若干个配送企业联合在一起共同去完成。共同配送是在核心组织(配送中心)的同一计划、同一调度下展开的。通过共同配送,可以以最近的路程、最低的配送成本去完成配送,从而达到配送合理化效果。

(4) 推行送取结合配送。送取结合的配送就是在向用户配送所需要的货物的同时,再将该用户生产的产品使用同一车辆运回,这种送取结合的方式可以实现运力的充分利用。

(5) 推行准时配送。准时配送是配送合理化的重要内容。只有实现了准时配送,客户才能放心地实施低库存或零库存,并高效地安排接货的人力、物力,从而提高工作效率。另外,准时配送还有利于提高供应保障能力。

(6) 推行即时配送。即时配送是最终解决企业断供之忧、大幅度提高供应能力的重要手段。即时配送是配送企业快速反应的具体化,是配送企业能力的体现。此外,即时配送也是用户实行零库存的一种重要保障手段。即时配送最常见的例子就是外卖行业,如饿了么、美团等外卖平台,只要用户下单,平台的配送人员就会在规定的时间内将食物送达用户。

2.5.5 配送中心

2.5.5.1 配送中心的概念

根据国家标准《物流术语》(GB/T 18354—2021)的定义,配送中心是指具有完善的配送基础设施和信息网络,可便捷地连接对外交通运输网络,并向末端客户提供短距离、小批量、多批次配送服务的专业化配送场所。配送中心应符合如下要求:

(1) 主要为特定客户或末端客户提供服务。

(2) 配送功能健全。

(3) 辐射范围小。

(4) 多品种、小批量、多批次、短周期。

2.5.5.2　配送中心的功能和分类

1) 配送中心的功能

(1)基本功能。

① 货物集散功能。可以把分散在各生产企业的产品集中起来,再经过分拣、配装向众多客户送货。与此同时,还可以把各个客户所需的多种货物组合在一起,形成经济、合理的货运批量,集中送给分散的客户。其作用是提高运输效率,降低物流成本。

② 储存功能。可使配送的资源得到保证,可以有效组织货源,并调节商品的生产与消费、采购与销售之间的时间差。

③ 分拣、配货功能。配送成功的一项重要的支持性工作,是完善送货、支持送货的准备性工作,是不同配送企业在送货时进行竞争和提高自身经济效益的必然延伸。

④ 装卸、搬运功能。配送中心的集货、理货、装货、加工都需要辅之以装卸、搬运。有效的装卸、搬运能减少作业对商品造成的损坏,提高配送中心作业水平。

⑤ 倒装、分装功能。通过对不同规模货物的重新分解或组合,可达到有效的载运负荷,从而提高装载效率,减少配送次数,降低送货成本。

⑥ 流通加工功能。可以按客户要求并根据合理配送的原则对商品进行下料、打孔、解体、分装、贴标签、组装等初加工活动,从而提高配送中心的经营和服务水平。

⑦ 信息处理功能。能有效地为流通过程的控制、决策和运转提供依据。

(2) 增值功能。

① 结算功能。现代配送中心不仅能进行物流费用的结算,在从事代理或营销活动的情况下,也能进行货款的结算。

② 需求预测功能。自有配送中心可根据商品进货量及发货量的大小来预测未来某一段时间内的商品进出库量,进而预测市场对商品的需求量。

③ 物流咨询功能。有些配送中心可以利用自己的行业经验和专业知识为货主提供方案策划、系统设计等物流方面的咨询服务,代替货主选择和评价运输商、仓储商及其他物流服务供应商,为货主提供系统的咨询服务。

2) 配送中心的分类

配送中心的分类如图2-10所示。

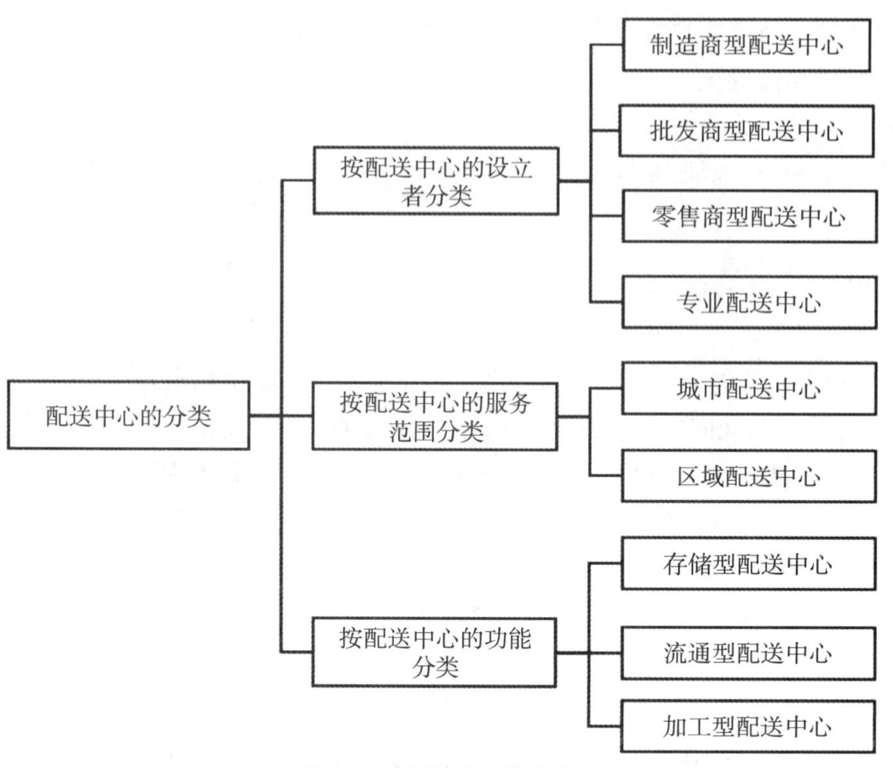

图2-10 配送中心的分类

案例2-5:大型配送中心

1. 什么是“亚洲一号”?

“亚洲一号”(见案例2-5图1)可以说是电商仓储领域建筑规模最大、自动化程度较高的现代化运营中心,一般设有立体库区、多层阁楼拣货区、生产作业区和出货分拣区等不同功能区。上海“亚洲一号”是京东的第一座具备较高自动化水平的运营中心,在此之后,京东便将其新建的、自营的运营中心统称为“亚洲一号”。而根据其自动化程度的不同,“亚洲一号”可以划分为高度自动化项目、适度自动化项目、普通园区3种类型。

案例2-5图1 “亚洲一号”

2.“亚洲一号”基础数据

以位于上海嘉定的京东“亚洲一号”上海物流中心为例，其作为亚洲范围B2C行业内建筑规模最大、自动化程度最高的现代化物流中心之一，完美调度了自动存取系统(Automated Storage and Retrieval System, AS/RS)、输送线、分拣机、提升机等自动化设备，极大支撑和推动了京东大平台的物流运营。“亚洲一号”分两期建设，规划建筑面积20万m^2，一期定位为中件商品仓库，总建筑面积约为10万m^2。其运营支撑能力优秀：普通客户订单处理能力日均值10万单；库容量方面，最大可支持10万中件SKU(SKU全称为Stock Keeping Unit，库存量单位)，可支持约430万件商品存储需求。其主要分4个区域—立体仓库区、多层阁楼拣货区、生产作业区和出货分拣区：

(1) 立体仓库区(见案例2-5图2)：库高24 m，利用AR/RS，实现自动化高密度的储存和高速拣货能力。

案例2-5图2　立体仓库区

(2) 多层阁楼拣货区(见案例2-5图3)：采用各种现代化设备，实现了自动补货、快速拣货、多重复核手段、多层阁楼自动输送能力，实现巨量SKU的高密度存储和快速准确的拣货和输送能力。

案例2-5图3　多层阁楼拣货区

(3) 生产作业区(见案例2-5图4)：采用京东自主开发的任务分配系统和自动化输送设备，实现每个生产工位任务分配自动化和合理化，保证每一个生产岗位满负荷运转，避免任务分配不均的情况，提高了劳动效率。

案例2–5图4　生产作业区

(4) 出货分拣区：采用自动化输送系统和高水平的分拣系统，分拣处理能力超20 000件/h，分拣准确率高达99.99%，解决了原先人工分拣效率差和分拣准确率低的问题。

3. 库内操作关键策略

“亚洲一号”收货入库、分拣出库的主流程与普通仓库没有太大的区别，主要差异在于其应用机器设备、算法规划之后，改变了一些操作细节，提升运作效率，从而减少了人力的投入。

“亚洲一号”收到货物之后，借用AS/RS实现高效入库，并存放到立体仓库区；收到订单后，由机器设备拣选出相应货物，并经由传送带运送到生产作业区进行复核打包，实现货到人的拣选，最大化降低人员投入，提高分拣效率，在打包区甚至可能使用打包机器人实现自动打包；打包好的包裹通过自动化的输送系统从出货分拣区流出，装上货车；同时利用多种设备、策略控制，实现主动补货、背靠背补货、拆零补货等多种补货操作。

2.6　流通加工

现代生产发展趋势之一就是生产规模大型化、专业化，依靠单品种、大批量的生产方法降低生产成本获取规模经济效益，这样就出现了生产相对集中的趋势。这种规模的大型化、生产的专业化程度越高，生产相对集中的程度也就越高。生产的集中化进一步引起产需之间的分离。产需分离的表现有：第1种，人们认识的是空间、时间及人的分离，即生产和消费不在同一个地点，而是有一定的空间距离；第2种，生产和消费在时间上不能同步，而是存在着一定的“时间差”；第3种，生产者和消费者不是处于一个封闭的圈内，某些人生产的产品供给成千上万人消费，而某些人消费的产品又来自其他许多生产者。弥补上述分离的方法则是运输、储存及交换。

到了21世纪，产业结构不断调整，消费者也进一步认识到，现代生产引起的产需分离并不局限于上述3个方面，这种分离是深刻而广泛的。第4种，重大的分离就是生产及需求在产品功能上分离。尽管“用户第一”等口号成了许多生产者的主导思想，但毕竟生产有生产的规律，尤其在强调大生产的工业化社会，大生产的特点之一就是“少品种、大批量、专业化”，产品的功能（规格、品种、性能）往往不能和消费需要密切衔接。而弥补这一分离的流通加工流程方法就是流通加工，因此流通加工的诞生是现代生产发展的一种必然结果。

2.6.1 流通加工概述

2.6.1.1 流通加工的概念

流通加工是物流中具有一定特殊意义的形式。一般来说，生产是通过改变物的形式和性质创造产品的价值和使用价值，而流通则是保持物资的原有形式和性质，以完成其所有权的转移和空间的位移。物流的包装、储存、运输、装卸等功能虽然具备生产的性质，但往往并不去改变物流的对象。但是为了提高物流速度和物资的利用率，在物资进入流通领域后，还需按用户的要求进行一定的加工活动，即在物品从生产者向消费者流动的过程中，为了促进销售、维护产品质量、实现物流的高效率所采取的使物品发生物理和化学变化的功能，这就是流通加工。

国家标准《物流术语》（GB/T 18354—2021）将流通加工定义为：根据顾客的需要，在流通过程中对产品实施的简单加工作业活动的总称。其中的简单加工作业活动包括：包装、分割、计量、分拣、刷标志、拴标签、组装、组配等。

流通加工是在流通领域中进行的简单生产活动，具有生产制造的一般性质，但有着根本上的区别。生产加工改变的是加工对象的基本形态和功能，是一种创造使用价值的活动。而流通加工一般并不改变商品的基本形态和功能，是一种完善商品使用功能，提高商品附加价值的活动。

关于流通加工的具体应用，下面列举了一些经典的应用场景：

（1）钢卷剪切流通加工。

汽车、冰箱、冰柜、洗衣机等生产制造企业每天需要大量的钢板，除了大型汽车制造企业外，一般规模的生产企业如若自己单独剪切，难以解决因用料高峰和低谷的差异引起的设备忙闲不均和人员浪费问题，如果委托专业钢板剪切加工企业，可以解决这个矛盾。

专业钢板剪切加工企业能够利用专业剪切设备，按照用户设计的规格尺寸和形状进行套裁加工，精度高、速度快、废料少、成本低；专业钢板剪切加工企业在国外数量很多，大部分由流通企业经营。这种流通加工企业不仅提供剪切加工服务和配送服务，还出售加工原材料和加工后的成品。

(2) 水泥流通加工。

在水泥流通服务中心,将水泥、沙石、水以及添加剂按比例进行初步搅拌,然后装进水泥搅拌车,事先计算好时间,水泥搅拌车一边行走一边搅拌,到达工地后,搅拌均匀的混凝土直接进行浇注。

(3) 玻璃流通加工。

平板玻璃的运输货损率较高,玻璃运输的难度比较大。在消费比较集中的地区建玻璃流通加工中心,按照用户的需要对平板玻璃进行套裁和开片,可使玻璃的利用率从62%~65%,提高到90%以上。大大降低了玻璃破损率,增加了玻璃的附加价值。

(4) 自行车、助力车流通加工。

自行车和助力车整车运输、保管和包装,费用多、难度大、装载率低,但这类产品装配简单,不必进行精密调试和检测,所以,可以将同类部件装箱,批量运输和存放,在商店出售前现组装。这样做大大提高运载率,有效地衔接批量生产和分散消费。这是一种只改变商品状态,不改变商品功能和性质的流通加工形式。

(5) 服装、书籍流通加工。

这里的服装流通加工,主要指的不是材料的套裁和批量缝制,而是在批发商的仓库或配送中心进行缝商标、拴价签、改换包装等简单的加工作业。近年来,因消费者要求的苛刻化,退货大量增加。从商场退回来的衣服,一般在仓库或配送中心重新分类、整理、改换价签和包装。书籍的流通加工作业主要有:简单的装帧、套书壳、拴书签以及退书的重新整理、复原等。

(6) 水产品、肉类、蔬菜、水果等食品流通加工。

鱼等海产品的开膛、去鳞,猪肉、鸡肉等肉类食品的分割、去骨,再运到商店后进行并分类出售。只要我们留意超市里的货柜,便不难明白,那里摆放的各类洗净的蔬菜、水果、肉末、鸡翅、香肠、咸菜等无一不是流通加工的产物。这些商品在摆进货柜之前,已经进行了流通加工作业,包括分类、清洗、贴商标和条形码、包装、装袋等多种作业工序。这些流通加工都不在产地,而且已经脱离了生产领域,进入了流通领域。这种加工形式,节约了运输等物流成本,保护了商品质量,增加了商品的附加价值。

(7) 酒类、茶类流通加工。

葡萄酒是液体,从产地批量地将原液运至消费地配制、装瓶、贴商标,包装后出售,既节约运费,又安全保险,以较低的成本,卖出较高的价格,附加值大幅度增加。

2.6.1.2 流通加工的地位

(1) 流通加工有效地完善了流通。流通加工在实现时间和场所上的效用方面,确实不能与运输和仓储相比,因而,流通加工不是物流的主要功能要素。但这绝不是说流通加工不重要,实际上它也是不可轻视的。流通加工具有补充、完善、提高与增强产品价值

的作用，能起到运输、仓储等其他功能要素无法起到的作用。所以流通加工的地位可以描述为：提高物流水平，促进物流向现代化发展。

(2) 流通加工是物流的重要利润来源。流通加工是一种低投入、高产出的加工方式，往往以简单的加工解决大问题。实践中，有的流通加工通过改变商品包装，使商品档次升级而充分实现其价值；有的流通加工可将产品利用率大幅度提高。这些都是采取一般方法以期提高生产率所难以做到的。事实证明，流通加工提供的利润并不亚于从运输和仓储中挖掘的利润，因此我们说流通加工是物流的重要利润来源。

(3) 流通加工是重要的加工形式。流通加工在整个国民经济的组织和运行中是一种重要的加工形式。对推动国民经济的发展、完善国民经济的产业结构具有一定的意义。目前，在世界许多国家和地区的物流中心中都大量存在流通加工业务，有的规模还比较大。

2.6.1.3　流通加工的作用

(1) 提高原材料利用率。通过流通加工进行集中下料，指将简单规格产品按用户的要求进行下料。例如，将板材进行剪板、切裁；将板材加工成各种长度及大小的板、方等。集中下料可以优材优用、小材大用、合理套裁，明显地提高原材料的利用率，有很好的技术经济效果。

(2) 方便用户。对于用量小，满足临时需要的用户，不具备进行高效率初级加工的能力。通过流通加工可以为用户省去进行初级加工的投资、设备、人力，方便了用户。目前发展较快的初级加工有将原木或板、方材加工成门；钢板预处理、整形等加工。

(3) 提高加工效率及设备利用率。在分散加工的情况下，加工设备因为生产周期和生产节奏的限制，设备利用率时高时低，所以加工过程不均，从而影响加工效率。而流通加工面向全社会，加工数量大，加工范围广，加工任务多。通过建立集中加工点，采用效率高、技术先进、加工量大的专用设备和机器，可以提高加工效率和加工质量，同时提高设备利用率。

2.6.2　流通加工的类型与方式

2.6.2.1　流通加工的类型

由于目的和作用的不同，流通加工也呈现了多样化，主要有以下5种类型：

(1) 为保护产品所进行的加工。如水产品、肉类、蛋类的保鲜、保质的冷冻加工、防腐加工等，这种加工主要采取稳固、改装、冷冻、保鲜、涂油等方式。

(2) 为提高物流效率，降低物流损失的加工。如鲜鱼的装卸、储存操作困难；过大设备搬运、装卸困难；气体物运输、装卸困难等。进行流通加工，可以使物流各环节易于操作。

(3) 为方便消费,促进销售的流通加工。流通加工可以从若干方面起到促进销售的作用。如对贝类挑选、除杂,使用粮食加工除杂机除杂;将过大包装或散装物分装成适合依次销售的小包装的分装加工。

(4) 为提高原材料利用率的流通加工。流通加工利用其综合性强、用户多的特点,可以实行合理规划、合理套裁、集中下料的办法,能有效提高原材料利用率,减少损失浪费。

(5) 为适应多样化的流通加工。对钢材卷板的舒展、剪切加工;平板玻璃按需要规格的开片加工等。

2.6.2.2 流通加工的方式

常见的流通加工的作业方式有6种,具体如下:

(1) 钢材的流通加工。剪板加工是一种常见的方式。通过在固定地点设置剪板机对钢板进行下料加工,或通过设置各种切割设备将大规格钢板裁成小块或毛坯,从而降低销售起点,方便用户使用。此外,还有薄板的切断、型钢的熔断、厚钢板的切割、线材切断等集中下料,线材冷拉加工等。

(2) 木材的流通加工。磨制木屑、压缩输送;集中开工下料,按用户要求供应规格,原木利用率可提高到95%,出材率可提高到约72%。

(3) 煤炭的流通加工。以提高煤炭纯度为目的的除矸加工。将煤炭磨成细粉,再用水调和成浆状,像其他液体一样进行管道输送的煤浆加工。将各种煤及一些其他发热物质,按不同配方进行掺配加工,生产出各种不同发热量的燃料,也称为配煤加工。

(4) 水泥的流通加工。①水泥熟料的流通加工。按照当地的实际需要量掺加混合材料,更好地衔接产需,方便用户;容易以较低的成本实现大批量、高效率的输送,大大降低水泥的输送损失。②集中搅拌混凝土。将水泥的使用从小规模的分散形态改变为大规模的集中加工形态,在相同的生产条件下,能大幅度降低设备、设施、电力、人力等费用;可以采取准确的计量手段,选择最佳的工艺,提高混凝土的质量和生产效率,节约水泥;可以减少加工据点,形成固定的供应渠道,实现大批量运输,使水泥的物流更加合理;有利于新技术的采用,简化工地的材料管理,节约施工用地等。

(5) 食品的流通加工。①冷冻加工。肉、鲜鱼为了在流通中保鲜及易于装卸搬运,采取低温冻结方式。②分选加工。农副产品规格、质量离散情况较大,为获得一定规格的产品,采取人工或机械分选的方式加工。③精制加工。农、牧、副、渔等产品的精制加工是在产地或销售地设置加工点,去除无用部分,甚至可以进行切分、洗净、分装等加工,以便分类销售。④分装加工。大包装改小包装、适合运输的包装改成适合销售的包装。

(6) 其他形式的流通加工。①组装加工。如自行车、摩托车、汽车的组装。②定制加工。如快速消费品的定制捆绑促销装。

2.6.3 流通加工的合理化

2.6.3.1 流通加工的不合理问题

流通加工是流通领域对生产的辅助性加工，它不仅仅是生产过程的“延续”，其实质是生产本身或生产工艺在流通领域的延续，同时这个延续由于所处环境的不同，产生出不同的效应，在补充完善的同时，也带来了消极的负面作用。

存在于流通加工中的主要不合理问题如下：

(1) 流通加工地点设置不合理。流通加工地点设置即布局状况是影响整个流通加工是否有效的重要因素。一般而言，为衔接单品种大批量生产与多样化需求的流通加工，加工地设置在需求地区，才能实现大批量的干线运输与多品种末端配送的物流优势。即使在产地或需求地设置流通加工的选择是正确的，还存在流通加工在小地域范围的正确选址问题，也会在一定程度上影响物流成本，并表现出交通不便，流通加工与生产企业或用户之间距离较远，流通加工点的投资过高(如受选址的地价影响)，加工点周围社会、环境条件不良等。

(2) 流通加工方式选择不当。流通加工方式包括流通加工对象、流通加工工艺、流通加工技术、流通加工程度等。流通加工方式的确定实际上是与生产加工的合理分工。分工不合理，本来应由生产加工完成的，却错误地由流通加工完成，本来应由流通加工完成的，却错误地由生产过程去完成，都会造成不合理问题。

(3) 流通加工冗余环节增长。有的流通加工过于简单，对生产及消费者作用不大，甚至有时因流通加工的盲目性，不但未能解决品种、规格、质量、包装等问题，还使实际环节增加，不合理措施的采用，使物流成本提高。

(4) 流通加工成本过高。加工之所以能够有生命力，重要优势之一是有较大的产出投入比，因而有效地起着补充完善的作用。如果流通加工成本过高，则不能实现以较低投入实现更高的使用价值的目的，难以实现物流成本的优化。

2.6.3.2 流通加工的合理化措施

流通加工合理化的含义是为避免各种不合理现象，对是否设置流通加工环节，在什么地点设置，选择什么类型的加工，采用什么样的技术装备等，需要做出正确抉择。

根据行业积累的经验，流通加工的合理化已经有了一定的应用模式。

(1) 加工和配送结合。将流通加工设置在配送点中，一方面按配送的需要进行加工，另一方面加工又是配送业务流程中分货、拣货、配货之一环，加工后的产品直接投入配货作业，就无须单独设置一个加工的中间环节，使流通加工有别于独立的生产，而使流通加工与中转流通巧妙结合在一起。同时，由于配送之前有加工，可使配送服务水平大大提高。这是当前对流通加工做合理选择的重要形式，在煤炭、水泥等产品的流通中已表现出较大的优势。

(2) 加工和配套结合。在对配套要求较高的流通中,配套的主体来自各个生产单位。但是,完全配套有时无法全部依靠现有的生产单位,进行适当流通加工,可以有效促成配套,大大提高流通的桥梁与纽带的能力。

(3) 加工和合理运输结合。流通加工能有效衔接干线运输与支线运输,促进2种运输形式的合理化。利用流通加工,在支线运输转干线运输或干线运输转支线运输这本来就必须停顿的环节,不进行一般的支转干或干转支,而是按干线或支线运输合理化的要求进行适当加工,从而大大提高运输及运输转载水平。

(4) 加工和合理商流相结合。通过加工有效促进销售,使商流合理化,也是流通加工合理化的有效措施之一。加工和配送的结合,通过加工,提高了配送水平,强化了销售,是加工与合理商流相结合的一个成功的例证。此外,通过简单地改变包装加工,形成方便的购买量,通过组装加工解除用户使用前进行组装、调试的难处,都是有效促进商流的显著措施。

(5) 加工和节约相结合。节约能源、节约设备、节约人力、节约耗费是流通加工合理化重要的考虑因素,也是目前我国设置流通加工,考虑其合理化的较普遍形式。

2.7 物流信息

物流信息贯穿于物流活动的整个过程中,对物流活动起到支持保证的作用,可被看作物流活动的"中枢神经"。物流企业运用现代信息技术对物流过程中产生的全部或部分信息进行采集、分类、传递、汇总、识别、跟踪、查询等一系列处理活动,以实现对货物流动过程的控制,从而降低成本、提高效益。物流活动伴随着信息流,而信息流又控制着物流活动。物流信息化是现代物流的灵魂,是现代物流发展的必然要求和基石。在计算机没有运用于物流信息管理以前,手工作业不但繁重,而且容易出错,严重影响着物流的顺畅流转。然而,随着计算机技术、网络技术、数据库技术、条形码技术、射频识别(Radio Frequency Identification, RFID)技术、全球定位技术、地理信息技术、电子数据交换(Electronic Data Interchange, EDI)等技术的广泛应用,减少了物流活动中的重复人力劳动和错误,提高了效率,加快了信息流转,使物流管理发生了巨大的变化。

2.7.1 物流信息概述

2.7.1.1 物流信息的概念

物流系统由运输、仓储、包装、装卸搬运、配送、流通加工、物流信息活动等子系统组成。其中物流信息活动伴随着物流活动始终。

物流信息是反映物流各种活动内容的知识、数据、情报、图像、数据、文件的总称。从

狭义角度看，物流信息是指与物流活动(如运输、仓储等)相关的一些信息。在物流活动中，货物的仓储、搬运、装卸、流通加工、运输等活动的进行，都需要详尽准确的信息。物流信息和运输、仓储等环节都有着密切的关系，在物流活动中起着神经系统的作用。只有加强物流信息的管理才能更好地使物流成为一个有机的整体，而不是各个环节孤立的活动。从广义的角度看，物流信息不仅指与物流活动有关的信息，而且还包含与其他流通活动有关的信息，如商品计划预测信息、动态分析信息、商品交换信息、市场信息等。

例如，港口已经成为强大的信息交换中心，采集、分析和应用从航运公司、卡车运输和物流以及码头外仓储服务提供商处获取的数据，以提高整个水上运输生态系统的效率。港口和相关供应链通常涉及数千个独立的公司和个人，这些公司和个人依赖彼此的政策、计划和行动来有效地做出正确的商业决策和运营方案。近年来，智慧港口使用数据流来促进协作、协调活动和做出决策，从而改进整个操作流程的关键步骤。智慧港口、智能船舶、数字铁路、智能集装箱、智能合同以及通过港口的数字信息中心连接起来的许多其他智能系统，将获取巨大的价值收益。新的商业模式和强大的数据分析能力可以使货物、基础设施和资源的状况更加透明。对运输和货物的即时可见性使客户能够更快、更有信心地做出决策。在这一过程中，智慧港口作为不断发展的智能、高度复杂的信息枢纽，正在推动彻底改变全球运输系统。

2.7.1.2　物流信息的分类

按信息在物流活动中所起的作用不同，物流信息可分为订货信息、库存信息、采购指示信息(生产指示信息)、发货信息和物流管理信息等。不同形式的信息在物流活动中发挥的作用不同。

按信息的作用层次不同，物流信息可以分为基础信息、作业信息和决策支持信息。基础信息是物流活动的基础，作为最初的信息源，基础信息包括物品基本信息、货位基本信息等。作业信息是物流作业过程中发生的信息，该信息的波动性大，具有动态性，如库存信息、到货信息等。决策支持信息是指能对物流计划、决策、战略具有影响或有关的统计信息和宏观信息，如科技、产品、法律等方面的信息。

按信息加工程度的不同，物流信息可以分为原始信息和加工信息。原始信息是指未经过任何加工处理的信息，是信息工作的基础，也是最具权威性的凭证性的信息。加工信息是指对原始信息进行各种方式和各个层次处理后得到的信息，这种信息通过对原始信息的提炼、简化和综合，利用各种分析工作在大量数据中发现潜在的、有用的信息和知识。

按信息产生和作用所涉及的功能领域不同，物流信息可分为仓储信息、运输信息、包装信息、装卸信息等。对于某个功能领域还可以进一步进行细化，例如，仓储信息可以进一步分为入库信息、出库信息、库存信息、搬运信息等。

2.7.1.3 物流信息的特点

物流信息不仅包含了信息所具有的一般属性，也具有自己的特点。

(1) 广泛性。由于物流是在大范围内的活动，因此物流信息源也是分布在大范围内，信息来源广、信息量大，涉及生产生活的各个方面。物流信息的广泛性包括物流系统本身信息的广泛性和物流相关信息的广泛性。就物流系统本身信息而言，包括交通运输信息、仓储信息、装卸搬运信息、包装信息、流通加工信息和配送信息。物流相关信息包括商流信息、资金流信息、生产信息、消费信息等。

(2) 联系性。物流活动是多环节、多因素、多角色共同参与的活动，其目的就是实现产品从产地到消费地的顺利移动，因此在该活动中所产生的各种物流信息必然存在十分密切的联系，如生产信息、运输信息、存储信息、装卸信息间都是互相关联、相互影响的。这种相互联系的特性是保证物流系统中的各子系统、供应链各环节以及物流内部系统与物流外部系统相互协调运作的重要因素。为了保证物流系统中的各子系统、供应链各环节以及物流内部系统与物流外部系统的相互协调运作，物流各环节所产生的物流信息之间具有紧密的联系，保证了物流系统的正常运作。

(3) 多样性。物流信息种类繁多，从其作用的范围来看，物流系统内部各个环节有不同种类的信息，如流转信息、作业信息、控制信息、区域信息等；从其稳定程度来看，又有固定信息、流动信息与偶然信息等；从其加工程度看，又有原始信息与加工信息等；从其发生时间来看，又有滞后信息、实时信息和预测信息等。

(4) 动态性。多品种、小批量、多频度的配送技术与销售点终端(Point of Sale, POS)、EDI等数据收集技术的不断应用使各种物流作业频繁发生，因此物流信息的动态性较强。物流信息的及时收集、快速响应、动态处理已成为现代物流经营活动成败的关键。

(5) 复杂性。物流信息的广泛性、联系性、多样性和动态性决定了物流信息的复杂性。在物流活动中，必须对不同来源、不同种类、不同时间和不同联系的物流信息进行反复研究和处理，才能得到具有实际应用价值的信息，以此来指导物流活动。

2.7.1.4 物流信息的作用

物流信息在物流活动中具有十分重要的作用，通过对物流信息的收集、传递、存储、处理、输出等，可为决策提供依据，对整个物流活动起到指挥、协调、支持和保障作用。物流信息的主要作用有以下7点。

(1) 沟通联系的作用。物流互动通过各种指令、计划、文件、数据、报表、凭证、广告、商情等物流信息，建立起各种纵向和横向的联系，并沟通生产厂、批发商、零售商物流服务商和消费者，满足各方的需要。因此，物流信息是沟通物流活动各环节的桥梁。

(2) 引导和协调的作用。物流信息以物资、货币及物流信息当事人的行为等作为信息载体进入物流供应链，同时反馈的信息也随着信息载体反馈给供应链中的各个环节，依靠

物流信息及其反馈可以引导供应链结构的变动和物流布局的优化，协调物资结构，使供需之间趋于平衡；协调人、财、物等物流资源的配置，促进物流资源的整合和合理利用等。

(3) 管理控制作用。通过移动通信、计算机网络、EDI、北斗定位系统等技术实现物流活动的电子化，如货物实时跟踪、车辆实时跟踪、库存自动补货等，用信息化代替传统手工作业，实现物流运行、服务质量和成本等的管理控制。

(4) 辅助决策分析的作用。物流信息是制定决策方案的重要基础和关键依据。物流信息可以协助物流管理者鉴别、评估经过比较物流战略和策略后的可选方案，在物流信息的帮助下，能够对车辆调度、库存管理、设施选址、资源选择、流程设计以及有关作业比较和收益分析等做出科学决策。

(5) 支持战略计划的作用。作为决策分析的延伸，物流战略设计涉及物流活动的长期发展方向和经营方针的制定，如企业战略联盟的形成、以利润为基础的顾客服务分析以及能力和机会的开发和提炼。作为一种抽象、松散的决策，物流战略计划是对物流信息进一步提炼和开发的结果。

(6) 价值增值的作用。物流信息本身具有价值，并具有增值的特征。一方面，物流信息是影响物流的重要因素，它把物流的各个要素以及有关因素有机地组合并联结起来，以形成现实的生产力，并创造出更高的社会生产力。同时，在社会化大生产条件下，生产过程日益复杂，企业只有有效地利用物流信息，才能使生产力中的劳动者、劳动手段和劳动对象得到最佳结合，产生放大效应，使得经济效益出现增值。

(7) 物流系统优化的作用。依靠准确的、实时的物流信息，切合物流系统实际，可以对各个物流环节进行优化，确定其采取的办法、措施，如选用合适的设备、设计最合理的路线、决定最佳的库存储备等。

2.7.2　物流信息技术

物流信息技术，即运用于物流各环节中的信息技术。根据物流的功能以及特点，物流信息技术包括计算机技术、网络技术、数据库技术、条形码技术、RFID技术、EDI技术、北斗定位技术、地理信息技术等。

物流信息技术通过切入物流企业的业务流程来实现对物流企业各生产要素的合理组合和高效利用，降低经营成本，直接产生明显的经营效益。它有效地把各种零散数据变化成商业智慧，赋予了物流企业新型生产要素——信息，大大提高了物流企业的业务预测和管理能力。

2.7.2.1　物流信息技术的构成

从构成要素上看，物流信息技术作为现代信息技术的重要组成部分，本质上属于信息技术范畴，只是因为信息技术应用于物流领域而使其在表现形式和具体内容上存在一些特性，但其基本要素仍然同现代信息技术一样，可以分为4个层次。

(1) 物流信息基础技术。即有关元件、器件的制造技术，它是整个信息技术的基础。例如微电子技术、光子技术、光电子技术等。

(2) 物流信息系统技术。即有关物流信息的获取、传输、处理、控制的设备和系统的技术，它是建立在信息基础技术之上的，是整个信息技术的核心。其内容主要包括物流信息获取技术、物流信息传输技术、物流信息处理技术及物流信息控制技术。

(3) 物流信息应用技术。即基于管理信息系统（Management Information System, MIS）技术、优化技术和计算机集成制造系统（Computer Integrated Manufacturing Systems, CIMS）技术而设计出的各种物流自动化设备和物流信息管理系统，例如自动化分拣与传输设备、自动导引车（Automated Guided Vehicle, AGV）、集装箱自动装卸设备、仓储管理系统（Warehouse Management System, WMS）、运输管理系统（Transportation Management System, TMS）、配送优化系统、北斗定位系统、地理信息系统（Geographic Information System, GIS）等。

(4) 物流信息安全技术。即确保物流信息安全的技术，主要包括密码技术、防火墙技术、病毒防治技术、身份鉴别技术、访问控制技术、备份与恢复技术和数据库安全技术等。

2.7.2.2 物流信息技术应用现状

在国内，各种物流信息应用技术已经广泛应用于物流活动的各个环节，对企业的物流活动产生了重要的影响。

1) 物流自动化设备技术的应用

物流自动化设备技术的集成和应用的热门环节是配送中心，其特点是每天需要拣选的物品品种多、批次多、数量大。因此在国内超市、医药、邮政、快递等行业的配送中心部分地引进了物流自动化拣选设备。一种是拣选设备的自动化应用，如拣选货架（盘）上配有可视的分拣提示设备，这种分拣货架与物流MIS相连，动态地提示被拣选的物品和数量，指导着工作人员的拣选操作，提高了货物拣选的准确性和速度。另一种是物品拣选后的自动分拣设备。用条码或电子标签附在被识别的物体上（一般为组包后的运输单元），由传送带送入分拣口，然后由装有识读设备的分拣机分拣物品，使物品进入各自的组货通道，完成物品的自动分拣。立体仓库和与之配合的巷道堆垛机在国内发展迅速，在机械制造、汽车、纺织、铁路、卷烟等行业都有应用。近年来，国产堆垛机在其行走速度、噪音、定位精度等技术指标上有了很大的改进，运行也比较稳定。但是与国外著名厂家相比，在堆垛机的一些精细指标上，如最低货位极限高度、高速（80 m/s以上）运行时的噪声、电机减速性能等方面还存在差距。

2) 物流设备跟踪和控制技术的应用

目前，物流设备跟踪主要是指对物流的运输载体及物流活动中涉及到的物品所在地

进行跟踪。物流设备跟踪的手段有多种，可以用传统的通信手段如电话等进行被动跟踪，可以用条形码、RFID等手段进行阶段性的跟踪，但目前国内用得最多的还是利用北斗定位系统跟踪。在北斗定位系统支持下，物流监控管理系统可以跟踪货运车辆与货物的运输情况，使货主及车主随时了解车辆与货物的位置与状态，保障整个物流过程的有效监控与快速运转。北斗定位监控管理系统的构成主要包括运输工具上的北斗定位设备、跟踪服务平台（含GIS和相应的软件）、信息通信机制和其他设备（如货物上的电子标签或条码、报警装置等）。

3）物流动态信息采集技术的应用

企业竞争的全球化发展、产品生命周期的缩短和用户交货期的缩短等都对物流服务的可得性与可控性提出了更高的要求，实时物流理念也由此诞生。如何保证对物流过程的完全掌控，物流动态信息采集应用技术是必需的要素。动态的货物或移动载体本身具有很多有用的信息。例如，货物的名称、数量、重量、质量、出产地，或者移动载体（如车辆、轮船等）的名称、牌号、位置、状态等一系列信息。这些信息可能在物流中被反复地使用，因此，正确、快速读取动态货物或载体的信息并加以利用可以明显地提高物流的效率。在目前流行的物流动态信息采集技术应用中，一、二维条码技术应用范围最广，其次还有磁条（卡）、语音识别、便携式数据终端、RFID等技术。

（1）一维条码技术。一维条码是由一组规则排列的条和空、相应的数字组成，这种用条、空组成的数据编码可以供机器识读，而且很容易译成二进制数和十进制数。因此，该技术广泛地应用于物品信息标注中。因为符合条码规范且无污损的条码识读率很高，所以一维条码结合相应的扫描器可以明显地提高物品信息的采集速度。加之条码系统的成本较低，操作简便，又是国内应用最早的识读技术，所以在国内有很大的市场，国内大部分超市都在使用一维条码技术。但一维条码表示的数据有限，条码扫描器读取条码信息的距离也要求很近，而且条码上损污后可读性极差，所以限制了它的进一步推广应用，同时一些其他信息存储容量更大、识读可靠性更好的识读技术开始出现。

（2）二维条码技术。由于一维条码的信息容量很小，如商品上的条码仅能容纳几位或者十几位阿拉伯数字或字母，商品的详细描述只能依赖数据库提供，离开了预先建立的数据库，一维条码的使用就受到了局限。基于这个原因，人们发明一种新的码制，除具备一维条码的优点外，同时还有信息容量大（根据不同的编码技术，容量可以达到一维条码的几倍到几十倍，从而可以存放个人的自然情况及指纹、照片等信息）、可靠性高（比如损污50%的情况下仍可读取完整信息）、保密防伪性强等优点。这就是在水平和垂直方向的二维空间存储信息的二维条码技术。二维条码继承了一维条码的特点，条码系统价格便宜，识读率高且使用方便，所以在国内银行、车辆等MIS上开始应用。

（3）声音识别技术。一种通过识别声音达到转换成文字信息的技术，其最大特点就是不用手工录入信息，这对采集数据同时还要完成手脚并用的工作场合、或键盘上打字能力低的人尤为适用。但声音识别的最大问题是识别率,目前更适合语音句子量集中且反复应用的场合。

(4) 视觉识别技术。视觉识别系统是一种通过对一些有特征的图像分析和识别系统,能够对限定的标志、字符、数字等图像内容进行信息的采集。如今,车牌识别、人脸识别已经在很多场景下得到应用。视觉识别技术的应用障碍也是在一些不规则或不够清晰图像的识别率问题方面。

(5) 便携式数据终端。便携式数据终端一般包括一个扫描器、一个体积小但功能很强并有存储器的计算机、一个显示器和供人工输入的键盘。所以是一种多功能的数据采集设备,是可编程的,允许编入一些应用软件。存储器中的数据也可以随时通过射频通信技术传送到主计算机。

(6) RFID。RFID技术是一种利用射频通信实现的非接触式自动识别技术。RFID标签具有体积小、容量大、寿命长、可重复使用等特点,可支持快速读写、非可视识别、移动识别、多目标识别、定位及长期跟踪管理。RFID技术与互联网、通信等技术相结合,可实现全球范围内物品跟踪与信息共享。

从上述物流信息应用技术的应用情况及全球物流信息化发展趋势来看,物流动态信息采集技术应用正成为全球范围内重点研究的领域。

2.7.3 物流信息系统

2.7.3.1 物流信息系统的概念

物流信息系统是根据物流运作、管理和决策的需要,利用计算机硬件、软件、网络通信及其他设备,进行物流信息收集、传输、加工、储存、更新和维护,以支持物流管理人员、操作人员和客户进行物流管理和运作、协调和控制各作业子系统正常运行的信息系统。它也是现代数据库技术和物流业务紧密结合的MIS。

物流信息系统具有信息传递和处理速度快、准确性高、信息共享的特点,能完全满足现代物流管理需要的严密性、准确性、及时性和经济性要求。物流信息系统将具体的物流运作和物流管理有机地联系在一起,从而发挥重要的作用。

(1) 整合物流系统。物流MIS将传统的、各自分离的物流基本功能——包装、装卸搬运、运输、储存和保管、流通加工、配送和物流信息处理等业务实现有机组合,协调运行,以形成一个完整的系统来管理,从而使各功能节点发挥各自特定功能,最终实现物流系统的总体目标。

(2) 协调物流链各环节。物流信息系统通过信息的网络化,以网络的形式将物流各环节上的成员如生产商、物流服务商、销售商、消费者等联系起来,实现库存信息、订单信息、运输状态等信息的实时共享,使得物流各环节成员能够相互支持,互相配合,从而可达到优化物流过程、缩短物流周期的目的。

(3) 改善物流系统的时空效应。时间效应和空间效应是物流系统的2个主要功用。通过物流MIS,利用计算机的强大功能进行物流数据汇总和分析,可为物流过程的各种决策活动如物资采购计划、销售计划、供应商的选择、顾客分析等提供决策支持,从而使生产商和物流服务商能及时掌握客户的需求状况,生产商按订单生产,物流服务商实时配送,将生产地和流通过程中的库存减少到最低程度,拉近生产商和消费者之间的距离,甚至实现“零库存”或“零距离”,由此可大大降低物流成本,提高生产效率。

2.7.3.2 物流信息系统的分类

物流行业的信息系统广泛指传统三大WTO系统:WMS、TMS以及订单管理系统(Order Management System, OMS),围绕物流企业主要运营过程提供模块化服务。WMS主要服务于仓内货物的出入库、库存盘点、流转控制、拣选、配送、发货等;TMS为物流企业提供车队管理、车货匹配、货物监控、交付及结算等服务;OMS帮助企业建立物流订单全程的计划、执行、监控和关键绩效指标(Key Performance Indicator, KPI)考核,直接对客户的订单进行处理,并跟踪进行动态反馈。

随着信息系统需求更深一步的发展,不同功能模块开始拓展延伸,各类系统服务商开始对信息系统出现不同的定义,还有一些企业专门做集成一体化服务,物流信息系统领域逐渐出现许多细分赛道,可以分成集成类服务商和单功能模块服务商。

集成类服务商主要指的是将各大模块系统组合后进行打包服务,为物流企业提供一整套的系统管理,如软件服务(Software as a Service, SaaS)平台、企业资源计划(Enterprise Resource Planning, ERP)管理系统等。SaaS是一种信息化布局的模型,服务商把自己变成一个信息系统的集成商,做打包服务。企业没有任何IT能力的情况下,SaaS服务商直接为企业搭建个性化的信息化系统,提供所有设施及线上化系统。ERP集成了财务、人力以及物流企业运营相关系统,覆盖客户、订单、资源、结算等一系列环节,形成了企业内部管理系统,目前也作为一种集成类系统存在。

单功能模块服务商主要指围绕特定功能模块,进行系统的服务或接入大型企业自有系统平台中,比如仓库中的仓库执行系统(Warehouse Execution System, WES)效率管理系统、超宽带技术(Ultra-Wideband, UWB)定位系统以及仓储控制系统(Warehouse Control System, WCS);运输环节的机器人操作系统(Robot Operating System, ROS)路径优化系统、GIS可视化系统以及北斗或者全球定位系统(Global Positioning System, GPS);引入计费规则的结算系统电池管理系统(Battery Management System, BMS)、客户关系管理(Customer Relationship Management, CRM)系统等。

2.7.3.3 物流信息系统的发展趋势

一方面,客户对系统服务的适配度、性价比需求十分严苛,希望通过更强的系统工具实现降本增效。系统服务商只有完善自身的服务、发挥更大的商业价值、提供更具备竞争力的产品，才能获得更多的客户，拥有更多市场份额。

另一方面，以跨境电商为代表的增量物流细分市场的需求，会塑造SaaS系统新的增长点。跨境电商市场的增量主要来自不断涌入跨境平台开店的新卖家和独立站卖家群体，以ERP、独立站建站平台为代表的SaaS应用场景，不仅是新卖家运营店铺的必需，更是提升企业未来竞争力的利器。

参考文献

[1] 周野．一本书读懂物流管理[M]．北京：中国华侨出版社，2021.

[2] 王能，王彬．现代物流概论[M]．北京：电子工业出版社，2016.

[3] 汝宜红．物流学[M]．北京：中国铁道出版社，2003.

[4] 刘刚．物流管理[M]．3版．北京：中国人民大学出版社，2014.

[5] 许国银，桑小娟，蒋淑华．物流管理新论[M]．南京：东南大学出版社，2014.

[6] 宋华，于亢亢．物流与供应链管理[M]．3版．北京：中国人民大学出版社，2017.

[7] 李海民，王珊，陈明佳．物流管理基础[M]．北京：北京理工大学出版社，2020.

[8] 宾厚，王欢芳，邹筱．现代物流管理[M]．北京：北京理工大学出版社，2019.

[9] 丁莉，史翠清，高鹏飞．物流运输管理实务[M]．北京：北京理工大学出版社，2020.

[10] 周兴建，冷凯君．现代仓储管理与实务[M]．3版．北京：北京大学出版社，2021.

问题与思考

1. 什么是运输？请简述运输的作用与功能。
2. 运输方式选择是物流合理化的重要内容，请简述影响选择的因素以及如何进行选择。
3. 仓储的分类方式都有哪些？请简述仓储的作用与功能。
4. 装卸搬运的分类方式有哪些？请简述装卸搬运的作用与特点。
5. 配送的分类方式有哪些？请选取其中一种分类方式进行阐述。
6. 什么是商业包装？商业包装和工业包装有什么不同？
7. 什么是流通加工？常见的作业方式有哪些？请简单举例说明。
8. 哪些现代物流基本功能可以进行合理化？请简单说说它们的有效途径。
9. 为什么说物流信息在物流活动中具有十分重要的作用？请简述理由。
10. 物流信息技术的运用给物流企业带来了显著的经济效益，请列举一些物流信息技术的应用现状。

第3章　低成本的现代物流

学习目标

1. 掌握物流成本的概念；
2. 掌握我国社会物流成本的构成；
3. 了解企业物流成本的分类；
4. 了解物流成本计算的方法；
5. 了解物流成本控制的方式。

随着经济的快速发展，我国物流管理水平不断提升，在企业的成本管理过程中，物流成本是一个重要组成部分。合理的物流成本管理，对节省企业成本开支、保障物流行业的健康发展具有重要帮助。因此，本章从物流成本相关概念出发，讨论现代物流成本的计算等内容，为实现低成本的现代物流提供参考。

案例3-1：A公司保持低价策略的秘诀

连锁零售企业A公司的创始人始终坚持"比竞争对手更节约开支"，并把最大可能地向消费者提供最低价位的商品作为A公司的经营宗旨。单就节约的成本来看，经济学家对该国三大零售企业进行比较，商品物流成本占销售额的比例：A公司为1.30%，另外2家企业分别为8.75%和5.00%。这就是说，当A公司以同样的价格零售同样的商品时，比竞争对手要多出惊人的利润。

A公司能够长期保持其成本优势的秘诀是其高效的物流成本管理经验和控制能力，其成本管理方面与同行比较见案例3-1表1。

案例3-1表1　A公司物流成本管理与同行比较表

项目	A公司	行业平均
进货费用（占商品总成本的比例）/%	3.00	4.50~5.00
由分销中心供货比例/%	85.00	50.00~60.00
补货时间（开出订单到得到补货的平均时间间隔）/天	2	5
管理费用（占总销售额比例）/%	2.00	5.00
商品损耗率/%	1.20	3.00~5.00

以其物流配送中心建设为例，A公司物流配送中心一般设立在一百多家零售店的中央位置，也就是配送中心设立在销售主市场。这使一个配送中心可以满足一百多个周边销售网点的需求；

另外运输的半径既比较短又比较均匀，基本上是以320 km为一个商圈建立一个配送中心。

公司分店的订单信息通过公司的高速通信网络传递到配送中心，配送中心整合后正式向供应商订货。供应商可以把商品直接送到订货的分店，也可以送到配送中心。有人这样形容A公司的配送中心：这些巨型建筑的平均面积超过11万m^2，相当于24个足球场那么大；里面装着人们所能想象到的各种各样的商品，从牙膏到电视机，从卫生巾到玩具，应有尽有，商品种类超过8万种。A公司在该国拥有62个以上的配送中心，服务4 000多家商场。这些中心按照各地的贸易区域精心部署，通常情况下，从任何一个中心出发，汽车可在一天内到达它所服务的商店。

企业物流管理水平的高低，将直接影响物流成本水平，进而影响商品的价格。连锁超市经营的商品主要是食品和日用品，这些消费者需要的商品具有用量大，购买十分频繁，价格十分敏感的特点。这就决定了连锁超市必须采取“低成本、低毛利、低价格”的经营方针，因而在经营商品大同小异的情况下，成本控制能力便成为连锁超市吸引消费者、赢得竞争优势的关键。

保持低价策略使A公司在扩大自身顾客流的同时，也需要对自身不断提高要求，A通过使用无纸化信息系统、引入现代化的技术设备、整合信息网络、实施大规模的集中配送与采购等措施来加快商品流通、降低成本。企业的物流活动从表面上看是货物的流动，背后则是有关客户需求、服务水平、库存情况等多方面信息的流动，而根本上也是企业利润的滚动，它可能是企业利润的源泉，也可能会是吞噬企业利润的无底黑洞，这正是物流成本管理需要解决的问题。

要使物流真正成为“第三利润源”，就必须对物流成本进行有效的管理与控制，以达到降低物流成本的目的，由此提高企业的核心竞争力。

思考：

(1) 你认为零售企业的物流成本包括哪些方面？

(2) 降低零售企业物流成本的途径有哪些？

3.1 物流成本概述

要想实现低成本的物流，就要全面了解究竟什么是物流成本，为什么人们如此重视物流成本，只有对物流成本有了深刻的认知后，我们才能对其进行有效管理。

3.1.1 物流成本的概念

作为物流管理人员，要想了解物流成本的概念，开展物流管理工作，则要了解成本的内涵和作用。

3.1.1.1 成本的含义

成本是企业为生产商品和提供劳务等所耗费物化劳动、活劳动中必要劳动的价值的货币表现，是商品价值的重要组成部分。一般来说，成本是商品经济的价值范畴，是商品价值的组成部分。人们要进行生产经营活动或达到一定的目的，就必须耗费一定的资源，其所费资源的货币表现及其对象化称之为成本。随着商品经济的不断发展，成本概

念的内涵和外延都处于不断地变化发展之中。换一个角度看,成本也可以是做出某种选择必须付出的代价:当人们“舍鱼而取熊掌”时“鱼”便是人们的成本;当商家投资时,商家付出的货币等便是商家投资的成本。

成本是一个动态发展的概念。从事经济活动的内容不同,管理的需要不同,相应的成本含义也会随之变动。但是在成本的演化进程中,有2个基本特征始终不变:一是成本的形成是以某种特定目标为对象的,目标满足于管理需要,可以是有形或无形的产品,也可以是某种特殊的服务;二是成本是为实现这种特定的目的而发生的消耗,没有目的的消耗是一种损失,不能称之为成本。另外,基于一个重要的会计特征,即会计的货币计量假设,成本还必须是可以用货币计量的,否则就无法进行成本的核算。

之所以要关注成本,是因为成本在经济生活中具有重要的作用。第一,成本是补偿生产耗费的尺度;第二,成本是制定产品价格的基础;第三,成本是计算企业盈亏的依据;第四,成本是企业进行决策的依据;第五,成本是综合反映企业工作业绩的重要指标。

事实上,成本在不同的领域具有不同的含义,在现实中的应用也是多样化的。了解成本的内涵应从不同领域、不同角度观察,并能根据不同的目的正确地运用相关成本管理手段。

3.1.1.2　物流成本的含义

物流成本的概念是在20世纪50年代提出的。1956年,霍华德·T·莱维斯(Howard T. Lewis)、吉姆斯·W·克里顿(James W. Culliton)和杰克·D·斯蒂勒(Jack D. Steele)三位美国学者研究航空运输在物流配送中的作用时,提出了物流总成本的概念,把物流总成本定义为包括实现物流需求所必需的全部开支,包括仓储、运输、订单处理等成本,并且指出物流总成本是运输成本、存货成本和订单处理成本之间的权衡,而不是某一个或几个局部成本的简单相加。物流总成本概念的提出为了解功能成本的相互关联以及物流成本的构成开辟了道路,也为物流成本分析和成本统计理论的研究奠定了基础。

根据2021年实施的国家标准《物流术语》(GB/T 18354—2021),物流成本可以定义为“物流活动中所消耗的物化劳动和活劳动的货币表现”,即产品在实物运动过程中,如包装、运输、储存、流通加工、物流信息处理等各个环节所支出的人力、物力和财力的总和。物流成本是完成各种物流活动所需的全部费用。

人们可以从不同的角度来对物流成本进行观察和分析,观察和分析的角度不同,对物流成本的认识也就不同,物流成本的含义也就不同。从实体经济角度看,物流经济活动及其衍生出的物流成本几乎无处不在,从而使物流成本核算成为国民经济核算体系中的基本组成部分。物流成本核算不仅越来越重要,而且越来越复杂。同时,对物流状况的客观描述也越来越困难。在这种情形下,物流成本的研究需要区分层次。按照人们对物流成本认识和管理的角度不同,物流成本分为宏观物流成本、中观物流成本和微观物流成本3个层次。

1）宏观物流成本

宏观物流成本又可以称为社会物流成本。站在社会物流的角度，进行社会物流的优化时，就要考虑宏观物流成本问题。人们往往用物流成本占国内生产总值（Gross Domestic Product，GDP）的比例来衡量一个国家物流管理水平的高低，这种物流成本就是指社会物流成本。

按照2006年国家统计局、国家发展改革委发布的《社会物流统计核算与报表制度》中的定义，社会物流成本是指报告期内，国民经济各方面用于社会物流活动的各项费用支出。包括：支付给运输、储存、装卸搬运、包装、流通加工、配送、信息处理等各个物流环节的费用；应承担的物品在物流期间发生的损耗；社会物流活动中因资金占用而应承担的利息支出；社会物流活动中发生的管理费用等。社会物流成本划分为运输费用、保管费用、管理费用三大部分核算。

社会物流成本是指核算一个国家在一定时期内发生的物流总成本，是不同性质企业宏观物流成本的总和。国家和地方政府可以通过制定物流相关政策、进行区域物流规划、设立物流园区等措施来推动物流及相关产业的发展，从而降低宏观物流成本。国家发展改革委数据显示，2020年我国全社会物流总费用与GDP的比值已经下降到14.7%，比2012年下降了3.3%。而美国日本等发达国家该比值稳定在8%~9%左右。这反映出目前我国经济运行中的物流成本依然较高但有相当大的优化空间。《国家物流枢纽布局和建设规划》提出的2025年目标是“推动全社会物流总费用与GDP比率下降至12%左右”。

2）中观物流成本

中观物流成本又称行业物流成本，是指采用标准管理的理念，研究某个行业的“平均物流成本”数据，从而建立分行业的物流成本参考标准。广义的中观物流成本，甚至包括某个产品、某项服务的“平均物流成本”。行业物流成本的确定，其数据来源于对企业的抽样调查或问卷调查，进而通过统计学的分析方法来推断经验性的物流成本参考标准。因此，它的可行性依赖于微观企业物流成本核算的准确程度。

行业物流成本作为一项基准型指标，通常要求一定数量的样本数量和时间跨度，而我国统一微观企业物流成本计算的工作刚刚起步，行业物流成本的确定还需要相当一段时间跨度的积累和大量的微观企业物流成本数据的收集。

3）微观物流成本

微观物流成本又称为企业物流成本。按照2006年发布的国家标准《企业物流成本构成与计算》（GB/T 20523—2006），企业物流成本是指物流活动中所消耗的物化劳动和活劳动的货币表现，即产品在包装、运输、储存、装卸搬运、流通加工、物流信息处理、物流管

理等过程中所耗费的人力、物力和财力的总和以及与存货有关的资金占用成本、物品损耗成本、保险和税收成本。这里与存货有关的资金占用成本包括负债融资所发生的利息支出(显性成本)和占用自有资金所产生的机会成本(隐性成本)两部分内容。

3.1.2 物流成本的构成

了解物流成本构成,要明确是哪个层次的物流成本。宏观物流成本不能用微观物流成本数据简单相加而得,需要有独立的构成与核算体系,而中观物流成本即通常意义上的行业物流成本,其计算依赖于微观物流成本构成与核算体系的健全。所以,探讨物流成本构成,应按照宏观与微观,即社会与企业物流成本2个体系进行。

3.1.2.1 社会物流成本的构成

社会物流成本是一个国家一定时期内发生的物流总成本。各国通常使用物流成本总额占GDP的比例来衡量一国物流发展水平。目前,中国、美国、日本等国家和地区已经形成了非常完整的社会物流成本核算体系,随时掌握国家物流总成本情况。我国对社会物流成本核算的研究起步相对较晚,2004年,国家发展改革委和国家统计局联合印发了《社会物流统计制度及核算表式(试行)》的通知,这意味着相对完善的社会物流成本统计核算体系正式面世。本章节将分别介绍美国、日本及我国社会物流成本构成及计算。

1)美国社会物流成本的构成

美国社会物流成本的计算公式为:社会物流总成本=存货持有成本+运输成本+物流行政管理成本。

存货持有成本是指花费在保存货物上的费用,除了包括仓储成本、残损、人力费用及保险和税收费用,还包括库存占用资金的利息。其中利息是当年美国商业利率乘以全国商业库存总金额得到的。把库存占用资金的利息计入物流成本,是现代物流成本与传统物流成本的最大区别,只有这样,降低物流成本和加速资金周转速度才能从根本利益上统一起来。有关资料显示,美国库存占用资金的利息在美国企业年平均流动资金周转次数达到10次的条件下,约为库存成本的1/4,物流总成本的1/10,数额之大,不可忽视。

运输成本包括公路运输、铁路运输、水路运输、航空运输、货运代理相关费用、油料管道运输与货主费用等。公路运输包括城市内运输费用与区域间卡车运输费用,货主费用包括运输部门运作及装卸费用。

物流行政管理成本应该包括订单处理、IT成本及市场预测、计划制订和相关财务人员发生的管理费用。由于这项费用的实际发生额很难进行真正的统计,在计算物流行政管理成本时,是按照美国的历史情况由专家确定一个固定比例,乘以存货持有成本和运输成本的总和得出的。从《美国物流年度报告》于1973年出版时起,就一直用4%乘以存货持有成本和运输成本之和作为物流行政管理成本数据。

2）日本社会物流成本的构成

日本的社会物流成本计算方法与美国略有区别，其社会物流总成本的计算公式是：社会物流总成本=运输费+保管费+管理费。

在运输费方面，分为货主企业支付给各种运输机构的营业运输费及自家运输费2种。运输费的公式为：运输费=营业运输费+自家运输费。

保管费是将日本经济产业省编制的《国民经济计算年报》中的国民资产、负债余额中原材料库存余额、产品库存余额及流通库存余额的合计数乘以日本资材管理学会调查所得的库存费用比例和原价率得出的。这项保管费不是狭义的保管费，不仅包括仓储业者的保管费或企业自有仓库的保管费，还包括仓库、物流中心的库内作业费用和库存所发生的利息、损耗费用等。保管费的公式为保管费=(原材料库存余额+产品库存余额+流通库存余额)×原价率×库存费用比例。式中，库存费用比例=利率除外的库存费用比例+利率，原价率为成本与售价的比。

物流管理费无法用总体估计的方法求得，所以根据日本《国民经济计划年报》中的《国内各项经济活动生产要素所得分类统计》，将制造业和批发、零售业的产出总额，乘以日本物流协会根据行业分类调查出来的各行业物流管理费用比例0.5%计算得出，即：管理费=(制造业产出额+批发、零售业产出额)×物流管理费用比例。

3）我国社会物流成本的构成

根据国家标准《社会物流统计指标体系》(GB/T 24361—2009)，我国社会物流总成本是指我国全部常驻单位因社会物流经济活动而发生的总费用。我国社会物流总成本的计算公式为：社会物流总成本=运输费用+保管费用+管理费用。

运输费用是指社会物流经济活动中，国民经济各部门由于物品运输而支付的全部费用。包括支付给物品承运方的运费(承运方的货运收入)，支付给装卸搬运、保管代理等辅助服务提供方的费用(辅助服务提供方的货运业务收入)，以及支付给运输管理与投资部门的、由货主方承担的各种交通设施基金、过路费、过桥费、过闸费等运输附加费用。运输费用的计算公式是：运输费用=运费+装卸搬运等辅助费+运输附加费。具体计算时，根据铁路运输、道路运输、水上运输、航空运输和管道运输等不同的运输方式及对应的业务核算办法分别计算。

保管费用是指社会物流经济活动中，物品从最初的资源供应地(生产环节、海关关境)向最终消费地流动过程中所发生的运输费用和管理费用除外的全部费用。包括物流过程中因流动资金的占用而需承担的利息费用，仓储保管方面的费用，流通中配送、加工、包装、信息及相关服务方面的费用，以及物流过程中发生的保险费用和物品损耗费用等。保管费用的计算公式是：保管费用=利息费用+仓储费用+保险费用+货物损耗费用+

信息及相关服务费用+配送费用+流通加工费用+包装费用+其他保管费用。

管理费用是指社会物流经济活动中，物品供需双方的管理部门因组织和管理各项物流活动所发生的费用。主要包括管理人员报酬和福利、办公费用、教育培训、劳动保险、车船使用等各种属于管理费用科目的费用。管理费用的基本计算公式为管理费用=社会物流总额×社会物流平均管理费用率。式中，社会物流平均管理费用率是指报告期内，各物品最初供给部门完成全部物品从供给地流向最终需求地的社会物流活动中，管理费用额占各部门物流总额比例的综合平均数。

3.1.2.2　企业物流成本的构成

按照国家标准《企业物流成本构成与计算》(GB/T 20523—2006)，企业物流成本的构成包括企业物流成本项目构成，企业物流成本范围构成和企业物流成本支付形态构成3种类型。

1）企业物流成本项目构成

按成本项目划分，物流成本由物流功能成本和存货相关成本构成。

其中，物流功能成本包括物流活动过程中所发生的运输成本、仓储成本、包装成本、装卸搬运成本、流通加工成本、物流信息成本和物流管理成本。具体内容如下。

运输成本为一定时期内，企业为完成货物运输业务而发生的全部费用，包括从事货物运输业务的人员费用和车辆(包括其他运输工具)的燃料费、折旧费、维修保养费、租赁费、养路费、过路费、年检费、事故损失费、相关税金等。

仓储成本为一定时期内，企业为完成货物储存业务而发生的全部费用，包括仓储业务人员费用，仓储设施的折旧费、维修保养费，水电费，燃料与动力消耗等。

包装成本为一定时期内，企业为完成货物包装业务而发生的全部费用，包括包装业务人员费用，包装材料消耗，包装设施折旧费、维修保养费，包装技术设计、实施费用以及包装标记的设计、印刷等辅助费用。

装卸搬运成本为一定时期内，企业为完成装卸搬运业务而发生的全部费用，包括装卸搬运业务人员费用，装卸搬运设施折旧费、维修保养费、燃料与动力消耗等。

流通加工成本为一定时期内，企业为完成货物流通加工业务而发生的全部费用，包括流通加工业务人员费用，流通加工材料消耗，加工设施折旧费、维修保养费，燃料与动力消耗费等。

物流信息成本为一定时期内，企业为采集、传输、处理物流信息而发生的全部费用，指与订货处理、储存管理、客户服务有关的费用，具体包括物流信息人员费用，软硬件折旧费、维护保养费，通信费等。

物流管理成本为一定时期内，企业物流管理部门及物流作业现场所发生的管理费用、具体包括管理人员费用、差旅费、办公费、会议费等。

存货相关成本包括企业在物流活动过程中所发生的与存货有关的资金占用成本、物品损耗成本、保险和税收成本。具体内容如下。

资金占用成本为一定时期内,企业在物流活动过程中负债融资所发生的利息支出(显性成本)和占用内部资金所发生的机会成本(隐性成本)。

物品损耗成本为一定时期内,企业在物流活动过程中所发生的物品跌价、损耗、毁损、盘亏等损失。

保险和税收成本为一定时期内,企业支付的与存货相关的财产保险费以及因购进和销售物品应缴纳的税金支出。

2) 企业物流成本范围构成

按物流成本产生的范围划分,物流成本分为供应物流成本、企业内物流成本、销售物流成本、回收物流成本以及废弃物物流成本。具体内容如下。

供应物流成本指经过采购活动,将企业所需原材料从供给者的仓库运回企业仓库为止的物流过程中所发生的物流费用。

企业内物流成本指从原材料进入企业仓库开始,经过出库、制造形成产品以及产品进入成品库,直到产品从成品库出库为止的物流过程中所发生的物流费用。

销售物流成本指为了进行销售,产品从成品仓库运出开始,经过流通环节的加工制造,直到运输至中间商的仓库或消费者手中的物流活动过程中所发生的物流费用。

回收物流成本指退货、返修物品和周转使用的包装容器等从需求方返回供给方的物流活动过程中所发生的物流费用。

废弃物物流成本指将经济活动中失去原有使用价值的物品,根据实际需要进行收集、分类、加工、包装、搬运、储存等,并分送到专门处理场所的物流活动过程中所发生的物流费用。

3) 企业物流成本支付形态构成

按物流成本支付形态划分,企业物流总成本由委托物流成本和企业内部物流成本构成。其中,委托物流成本指企业向外部物流机构所支付的各项费用,企业内部物流成本按支付形态分为材料费、人工费、维护费、一般经费和特别经费。具体内容如下。

材料费包括因物料的耗用而发生的费用。由物料材料费、燃料费、耗用性工具、低值易耗品摊销及其他物料耗用等费用组成。

人工费包括因人力劳务的耗用而发生的费用。包括与物流相关员工的工资、奖金、津贴、福利等。

维护费包括土地、建筑物、机械设备、车辆、船舶、搬运工具等与物流相关固定资产的使用、运转和维修保养所产生的费用。包括维修保养费、折旧费、房产税、土地使用税、车船使用税、租赁费、保险费等。

一般经费包括办公费、差旅费、交通费、会议费、水电费、煤气费、书报资料费、文具费、邮电费等,还包括物资及商品损耗费、物流事故处理及其他杂费等一般支出。

特别经费包括存货资金占用费、物品损耗费、存货保险费和税费。

3.1.3　物流成本的相关理论学说

3.1.3.1　"黑大陆"学说

在以前的财务会计中,由于物流成本在核算过程中经常被分别计入了生产成本、管理费用、营业费用、财务费用,然后再把营业费用按各种支付形态进行分类。这样,在损益表中所能看到的物流成本在整个销售额中只占极少的比重,因此物流的重要性当然不会被认识到,这就是物流被称为"黑大陆"的一个原因。

1962年,管理学家彼得·德鲁克(Peter F. Drucker)在《财富》杂志上发表了题为《经济的黑色大陆》一文,他将物流比作"一块未开垦的处女地",强调应高度重视流通及流通过程中的管理。彼得·德鲁克曾经讲过"流通是经济领域的黑暗大陆"。德鲁克泛指的是流通,但由于流通领域中物流活动的模糊性特别突出,所以"黑大陆"学说主要针对物流而言。

"黑大陆"学说主要是指尚未认识、尚未了解的领域,如果理论研究和实践探索照亮了这块黑大陆,那么摆在人们面前的可能是一片不毛之地,也可能是一片宝藏之地。"黑大陆"学说是对20世纪中经济学界存在愚昧认识的一种批判和反对,指出在市场经济繁荣和发达的情况下,无论是科学技术还是经济发展,都没有止境。"黑大陆"学说也是对物流本身的正确评价,即这个领域未知的东西还很多,理论与实践皆不成熟。

3.1.3.2　物流成本冰山学说

物流成本冰山说是日本早稻田大学教授、物流成本研究学者西泽修先生于1970年首先提出来的。他潜心研究物流成本时发现,当时的财务会计制度和会计核算方法都不可能掌握物流费用的实际情况,因而人们对物流费用的了解是一片空白,甚至有很大的虚假性,他把这种情况比作"物流冰山"。冰山的特点是大部分沉在水面以下,这部分是我们看不到的黑色区域,而我们看到的不过是它的一部分。

其含义是说人们对物流费用的总体内容并不掌握,提起物流费用大家只看到露出海水上面冰山的一角,而潜藏在海水里的冰山却看不见,海水中的冰山才是物流费用的主体部分。一般情况下,企业会计科目中,只把支付给外部运输、仓库企业的费用列入成本,而实际上这些费用在整个物流费用中确实犹如冰山的一角。因为企业内部发生的物流基础设施建设费和企业利用自己的车辆运输、利用自己的库房保管货物、由自己的工人进行包装装卸等费用都计入了原材料、生产成本(制造费用)、销售费用、管理费用和财务费用等科目,而没列入物流费用科目内。但一般来说,企业向外部支付的物流费用是很小的一部分,真正的大头是企业内部发生的物流费用。

3.1.3.3 “第三利润源”学说

“第三利润源”学说最初也是由日本早稻田大学教授西泽修提出的。1970年,西泽修教授在其著作《流通费用——不为人知的第三利润源泉》中,认为物流可以为企业提供大量直接或间接的利润,是形成企业经营利润的主要活动。非但如此,对国民经济而言,物流也是国民经济中创利的主要领域。后来“第三利润源”逐步在其他国家流传开。

“第三利润源”学说是对物流潜力及效益的描述。人类历史上曾经有2个大量提供利润的领域。第1个是资源领域,挖掘对象是生产力中的劳动对象;第2个是人力领域,挖掘对象是生产力中的劳动者;第3个是物流领域,挖掘对象是生产力中的劳动工具的潜力,同时注重劳动对象与劳动者的潜力。

“第三利润源”认为物流领域,随着市场竞争日益激烈,企业能够占有的市场份额也是有一定限度的。当达到一定限度不能再扩大市场份额的时候,如何寻找新的利润增长点?这时候人们发现如果能有效降低在企业成本中占据相当高比例的物流费用,就等于是提高了企业的利润。因此,人们将物流管理称为第三利润源泉。简单地说,在制造成本降低空间不大的情况下,降低物流成本成为企业的“第三利润源”。

3.1.3.4 效益背反理论

效益背反这一术语表明着2个相互排斥而又被认为是同样正确的命题之间的矛盾。“效益背反”是物流领域中很普遍的现象,是物流领域中内部矛盾的反映和表现。物流系统的效益背反包括物流成本与服务水平的效益背反和物流各功能活动的效益背反。

1) 物流成本与服务水平的效益背反

物流成本与服务水平的效益背反是指物流服务的高水平必然带来企业业务量的增加、收入增加,同时也带来企业物流成本的增加,使得企业效益下降。即,高水平的物流服务必然伴随着高水平的物流成本,而且物流服务水平与物流成本之间不呈线性关系,在没有很大技术进步的情况下,企业很难同时做到提高物流服务水平和降低物流成本。

实际上,进行有效物流管理的目标,就是要在保持客户要求的物流服务水平的同时使物流成本达到最低。与处于竞争状态的其他企业相比,要想超过竞争对手,维持更高的服务水平就需要有更多的投入。美国营销专家菲利普·科特勒(Philip Kotler)指出:“物流的目的必须引进系统效率概念,才能得出较好的定义”。即,把物流看成由多个效益背反的要素所构成的系统,避免为了片面达到某单一目的,而损害企业整体利益。

2) 物流功能之间的效益背反

物流功能之间的效益背反是指物流各项功能活动处于一个统一且矛盾的系统中,在同样的物流总需求量和物流执行条件情况下,一种功能成本的降低会使另一种功能成本增加。物流活动中货物的包装、装卸、保管、配送等功能之间就存在着此消彼长的效益

背反。

例如，从配送中心的数量与配送费和保管费的关系来看，一个企业如果在配送范围内建立多个配送中心，因为配送距离变短，配送成本必然下降，但是同时，由于单个配送中心必须配备一定数量的保管人员、车辆，且保持一定的商品库存，必然导致企业整体的工资费用、保管费、库存资金占用利息等大大增加。也就是说，配送成本和保管费用之间存在着二律背反关系，二者交替损益。

另外，在货物年需求量不变的情况下，由于每次订货成本不变，一年内订货次数越少，年总订货费用越低，但是同时，订货次数少意味着每次订货数量多，使得保管费用增加。也就是说，订货费用越少，库存持有成本越高，而总库存费用等于两者之和。但是，订货费用的增减与存货持有成本也并非绝对负相关，企业完全可以通过长期的数据统计，利用相关总库存费用模型，得出企业的最优订货次数和每次订货量。

这些例子说明，要实现物流成本的降低，不能仅仅关注个别物流成本的控制，而要从系统成本的角度来管理，掌握好物流成本各构成项目之间的关系，即物流成本的管理与控制要有全局观念。物流系统就是以成本为核心，按最低成本的要求，使整个物流系统化，它强调的是调整各要素之间的矛盾，把它们有机地结合起来，使物流总成本最小。

企业物流成本的效益背反关系实质上是研究企业物流的经营管理问题，企业物流管理肩负着“降低物流成本”和“提高物流服务水平”两大任务，这是一对相互矛盾的对立关系。整个物流合理化，需要用总成本评价，这反映出企业物流成本管理的效益背反特征及整体概念对企业物流的重要性。

3.1.4　物流成本管理的意义与作用

有专家认为：“物流既是主要成本的产生点，又是降低成本的关注点”“物流是降低成本的宝库”。物流管理对于降低资源消耗、提高生产效率、增进企业经营效果、降低总体费用的作用已经引起了企业的普遍关注，物流管理正在成为企业的经营职能之一。物流成本管理是企业物流管理的核心，为此，企业都在探索降低物流成本的途径。实行物流成本管理，提高效益，对国家与企业都具有重要的现实和长远意义。

3.1.4.1　物流成本管理宏观层面的意义

加强物流成本管理，是保持物价稳定的重要举措。物流成本是商品价格的重要组成部分，通过加强物流成本管理，使用于物流管理领域的人力、物力、财力的耗费不断下降，将对商品价格产生积极的影响，实现社会物价相对下降，从而起到平抑通货膨胀，进而相对提高国民购买力的作用。

加强物流成本管理，是提高国家核心竞争力的重要手段。从全社会来看，物流成本管理的过程是优化和整合全社会商品流通的过程。在优化流通的过程中，会使全社会物流效率普遍提高，物流成本水平不断降低。这不仅意味着创造同等数量的财富所消耗的物化劳动和活劳动得到节约，而且也会吸引外国投资者前来投资，对提高一国的核心竞争力具有重要意义。

加强物流成本管理，也是建设节约型社会的要求。我国提出了建设资源节约、环境友好型社会的目标和要求，而加强物流成本管理工作，不断降低物流领域的各类耗费，节约各类资源，以最少的耗费换取最大的物流收益则是建设节约型社会的具体举措。

3.1.4.2 物流成本管理微观层面的意义

据有关资料统计，我国物流成本占产品成本比重达30%~40%，社会物流成本高昂的问题已为各界关注。因此，在产品成本降低空间越来越小的情况下，降低物流成本意味着企业总成本的大幅下降，在产品定价不变的情况下，企业利润率水平会大幅提升，这也正是"第三利润源"的内涵所在。

加强物流成本管理是提高企业核心竞争力的重要手段。对于物流企业而言，通过不断降低物流成本，在买方市场条件下，可以以更低的服务价格对外提供物流服务，进而不断扩大企业市场占有率；对于生产企业和流通企业而言，物流成本管理带来物流成本下降，从而使产品总成本下降，进而在保证总利润水平的前提下，大幅降低产品价格。低廉的产品价格又会带来销售量的大幅提高，进而使利润总水平大幅提升。如此的良性循环，企业可以拥有更多的资源，用于进一步优化物流系统，实现企业物流管理的战略目标，提高企业核心竞争力。

降低物流成本是企业降本增效的重要源泉，下面通过一个例子来进一步研讨物流成本管理的重要性。

案例3-2：B公司物流成本的控制

在实际工作中，物流成本的控制可以按照不同的对象进行。其一就是以物流成本的形成过程为控制对象，即从物流系统（或企业）投资建立、产品设计（包括包装设计）、物资采购存储和销售，直到售后服务，凡是发生物流成本费用的环节，都要通过各种物流管理方法实施有效的成本控制。这种成本控制就是物流成本的纵向控制，B公司物流成本的控制正帮助其快速发展。B公司是一家以生产方便面为主营业务的食品生产企业。

1）投资阶段的物流成本控制

投资阶段的物流成本控制主要是指企业在厂址选择、物流系统布局规划、设备购置等过程中对物流成本进行的控制。其内容包括以下3个方面。

（1）合理选择厂址。厂址选择合理与否，往往很大程度上决定了以后物流成本的高低。B公司把廉价的土地使用费、廉价的劳动力和良好的外部环境作为选择厂址的第一要素，在远离原料（面粉、纸箱、棕榈油、蔬菜食品等）地点选点建厂，造成物流（配送、运输、采购、设备维护等）成本的上升。同时其竞争对手的存在，使B公司在此方面物流成本上处于劣势。

（2）合理设计物流系统格局。如何选择物流中心和配送中心（分公司）的位置、如何规划运输

和配送系统、如何设计物流的运营流程等，对于整个系统投入运营后的成本耗资有着决定性的影响。位于长春的B公司既是物流中心又是配送中心，配送辐射东北三省及内蒙古自治区。公司设计出了较完备的运营流程，逐渐形成了以资本为纽带的第三方配送和以业务推进为基础的运作机制。

(3) 优化物流设备的购置。物流设备的投资是为了提高物流工作效率和降低物流成本。企业发展到一定阶段往往需要购置一些物流设备，采用一些机械化、自动化的设备(叉车、自动流程传送、托盘等)。但在进行设备投资时，一定要注意投资的经济性，要研究机械化、自动化的经济临界点。B公司在成立初期，因其规模和生产能力的限制，没有购置必要的物流设备，随着企业的进一步发展，公司配置了与其规模和生产能力相匹配的叉车、托盘、网点仓库等物流设备和设施。

2) 产品设计阶段的物流成本控制

物流过程中发生的成本大小，与物流系统中所服务产品的形状、体积和重量等密切相关，同时还与这些产品的组合、包装形式、重量及大小有关。特别是对于制造业来说，产品设计对物流成本的重要性尤为明显。具体地说，产品设计阶段的物流成本控制主要包括以下3个方面的内容。

(1) 产品体积和形态的优化组合。产品体积和形态对物流成本有着直接的影响，如方便面规格和包数的不同，直接影响了纸箱成本的核算。改变了生产的批量，同时对运输工具也提出了相应的要求，进而影响到物流成本控制。因此，在设计产品的形态和体积的时候，必须考虑如何降低纸箱的成本，如何提高生产批量，如何降低运输成本等后续影响。

(2) 产品批量的合理化。当把数个产品集合成一个批量保管或发货的时候，就要考虑到物流过程中合适的容器容量。例如B公司根据产品的批量化要求，采用了符合国家标准和公司需求的托盘(1.2 m×1.2 m)，组织了符合公司要求的集装货车(7.2 m和9.6 m的高栏车以及12 m集装箱车等)。

(3) 成品损耗率。企业在设计产品时，还必须考虑产品的包装材料，耐压力，搬运、装卸、运输途中的损耗等对产品设计的要求。

3) 供应阶段的物流成本控制

供应与销售阶段是物流费用直接发生的阶段，这也是物流成本控制的重要环节。供应物流成本的控制主要包括以下内容。

(1) 优化供应商。企业进货和采购的对象很多，每个供应商的供货价格、服务水平、供货地点、运输距离等都会有所区别，其物流成本也就会受到影响。企业应该在分析多个供应商供货质量、服务水平和供货价格的基础上，充分考虑其供货方式、运输距离等对企业物流成本的综合影响，从多个供货对象中选取综合成本较低的供货厂家，以有效地降低企业的物流成本。

(2) 运用现代化的采购管理方式。比如，及时制(Just in Time，JIT)采购和供应是一种有效的降低物流成本的物流管理方式，它可以减少供应库存量，降低库存的持有成本，而库存持有成本是供应物流成本的一个重要组成部分。另外，物料需求计划(Material Requirement Planning，MRP)采购、供应链采购、招标采购、全球采购等采购管理方式的运用，也可以有效地加强采购供应管理工作。对于B公司来说，集中采购也是一种有效的采购管理模式。例如：有些批量小、使用频次低的物品可以通过总公司的规模化批量采购来降低成本，进而实现分公司的批量低成本调拨。

(3) 控制采购批量和订货点。每次采购批量的大小，对订货成本与库存持有成本有着重要的影响。采购批量大，则采购次数减少，总的订货成本就可以降低，但会引起库存持有成本的增加；反之亦然。因此，在采购管理中，对订货批量和订货点的控制是很重要的。可以通过相关数据分析，计算其主要采购物资的最佳经济订货批量和订货点，从而使得订货成本与库存持有成本之和最小。

例：某企业对某产品的需求量为每周1 500件，交货期为3周，安全库存为200件，若企业使用定量订货法[即预先确定一个最低库存数量（订货点），随时检查库存，当库存下降到订货点时就订货补充]，则订货点应设为多少？如交货期缩短到2周，订货点又是多少？

订货点=平均需求速度×交货期+安全库存量

=1 500×3+200 =4 700（件）

因此，该企业订货点应设为4 700件。

当交货期缩短到2周时，

订货点=平均需求速度×交货期+安全库存量

=1 500×2+200=3 200（件）

因此，该企业订货点应设为3 200件。

(4) 供应物流作业的效率化。企业进货采购对象及其品种很多，接货设施和业务处理讲求效率。例如，B公司的各分公司需采购多种不同物料时，可以分别购买、各自订货，也可由总公司根据各分公司进货要求，由总公司统一负责采购和仓储的集中管理，在各分公司有用料需要时，由总公司仓储部门按照固定的线路把货物集中配送到各分公司。这种有组织的采购、库存管理和配送管理，可使公司物流批量化，减少繁杂的采购流程，提高配送车辆和各分公司进货工作效率。

(5) 采购损耗的最小化。供应采购过程中往往会发生一些途中损耗，运输损耗也是构成企业供应物流成本的一个组成部分。运输中应采取严格的预防保护措施尽量减少途耗，避免损失、浪费，降低物流成本。

(6) 销售、供应物流互补化。销售和供应物流经常发生交叉，可以采取共同装货、集中发货的方式，把销售商品的运输与外地采购的物流结合起来，利用回程车辆运输的方法，提高货物运输车辆的使用效率，降低运输成本。同时，还有利于促使发货、订货业务集中化、简单化，促进搬运工具、物流设施和物流业务的效率化。

4) 生产阶段的物流成本控制

生产物流的组织与企业生产的产品类型、生产业务流程以及生产组织方式等密切相关，因此生产物流成本的控制是与企业的生产管理方式不可分割的。在生产过程中有效控制物流成本的方法主要包括以下4个方面。

(1) 生产工艺流程的合理布局。企业生产工艺流程的合理布局对生产起着非常重要的作用，布局的合理与否直接关系着产品成本的高低，同时对减少工作环节、提高工作效率、增强员工的责任心等方面有重要的作用，对于B公司制作方便面来说，就必须按照制面的工艺流程来工作。

(2) 合理安排生产进度。企业的生产进度与采购、销售、仓库、消费、成品率等密切相关。一般来说，生产进度加快，原材料的采购进度就要提速，成品率就会降低，库存持有成本就会上升，同时要力争销售周期的缩短，消费数量的增加。

(3) 实施物料领用控制。对于B公司制面来说，必须严格地实施物料领用的控制，生产的批量与领用物料的批量相对称，多领用的原材料必须在第一时间内回归仓库，这样降低了原料的损耗，使生产与采购、调拨、销售的信息对称，减少了库存，盘活了公司的流动资金。

(4) 减少半成品和产品库存。产品库存量的大小直接影响着库存持有成本的高低，同时影响着产品的销售风险性。

5) 销售阶段的物流成本控制

销售物流活动作为企业市场销售战略的重要组成部分，不仅要考虑提高物流效率、降低物流

成本,而且还要考虑企业销售策略和服务水平。在保证客户服务质量的前提下,通过有效的措施,推行销售物流的合理化,以降低销售阶段的物流成本。主要的措施包括以下5个方面。

(1) 加强订单管理,与物流相协调。订单的重要特征表现在订单的大小、订单的完成效率等要素上。不同订单的大小和完成效率往往会有很大的区别,在有的企业中,小批量、多批次订单(自提订单)往往会在数量上占订单总数的大部分,它们对物流和整个物流系统的影响有时会很大。因此,为了提高物流效率、降低物流成本,在订单上必须充分考虑商品的特征和订单周期,以及其他经营管理要素的需要。

(2) 销售物流的大量化。主要通过延长备货时间,以增加运输量,提高运输效率,减少运输总成本。例如,公司把产品销售配送从"一日配送"改为"三日配送"或"周指定配送"就属于这一类。这样就可以更好地掌握货物的配送数量,大幅度提高配货满载率。为了鼓励运输大量化,在持续满足货物需求的前提下,可以采取增大一次订购批量折扣或给予更多促销的办法促进销售,降低手续费,节约的成本由双方分享。

(3) 商流与物流相分离。现在,商流与物流分离的做法已经被越来越多的企业所采纳,其具体做法是订货活动与配送活动相分离,由销售系统负责订单的处理,而物流系统负责货物的运输和配送。运输和配送的具体作业,可以由自备车队完成,也可以通过委托运输的方式来实现,这样可以提高运输效率,节省运输费用。此外,还可以把销售设施与物流设施分离开来,如把企业所属的各销售网点(分公司)的库存进行集中统一管理,在最理想的物流地点设立仓库,集中发货,以压缩库存,解决交叉运输问题,减少中转环节。这种"商物分流"的做法,把企业的商品交易从大量的物流活动中分离出来,有利于销售部门集中精力搞销售。而物流部门也可以实现专业化的物流管理,甚至面向社会提供物流服务,以提高物流的整体效率。

(4) 增强销售物流的计划性。以销售计划为基础,通过一定的渠道把一定量的货物送到指定地点。由于节假日、天气等因素的变化可能会出现运输车辆过剩或不足,或装载效率下降等因素。为了调整这种波动性,可事先同客户商定时间和数量,制定运输和配送计划,使公司按计划供货。

(5) 物流共同化。物流已是一个社会化的行业,它的规模效应非常重要,企业的自营物流必须融入社会物流之中,从而享受社会物流带来的规模效益。

思考:

(1) 分析B公司物流成本控制过程中有哪些情况符合效益背反理论?

(2) 从企业物流成本项目构成的角度分析上述各阶段产生的物流成本有哪些?

3.2　物流成本的计算

物流成本计算是物流成本管理的第一步,是收集物流活动经济数据的主要渠道和途径,做好物流成本的计算,才能针对性发挥物流各功能整体效益优势,更好地推动物流业的发展。

3.2.1 物流成本的计算对象

物流成本的计算取决于成本计算对象的选取。成本计算对象的选取方法不同,得出的物流成本的结果也就不同。因此,计算物流成本,明确物流成本计算对象是前提。

一般来说,物流成本计算对象的选取主要取决于物流成本项目、物流范围、物流成本支付形态以及企业物流成本控制的重点。其中前三项是计算物流成本的基础,是最基本的物流成本计算对象,各企业计算物流成本时一般应以物流成本项目、物流范围、物流成本支付形态这3个维度作为物流成本计算对象。

3.2.1.1 以物流成本项目作为成本计算对象

物流成本项目是最基本的物流成本计算对象。以物流成本项目作为物流成本计算对象,是将物流成本按是否属于功能性成本分为物流功能成本和存货相关成本。物流功能成本包括运输成本、仓储成本、包装成本、装卸搬运成本、流通加工成本、物流信息成本和物流管理成本,存货相关成本指企业在物流活动过程中所发生的与存货有关的流动资金占用成本、风险成本和保险成本。

以物流成本项目作为物流成本计算对象具有重要意义。首先,有利于加强各物流功能环节的管理,促进各功能成本的降低;其次,直观地了解与存货有关的物流成本支出数额,有利于加速存货资金周转速度,减少资金风险损失;最后,通过掌握物流功能成本,以及功能成本之外的成本支出,在总成本中所占的份额及其具体构成,有利于提高物流成本控制和管理的针对性。

3.2.1.2 以物流范围作为成本计算对象

以物流活动范围作为成本计算对象,是对物流的起点与终点,以及起点与终点间的物流活动过程作为成本计算对象的选取,具体包括供应物流、企业内物流、销售物流、回收物流和废弃物物流等不同阶段所发生的成本支出。主要包括以下4个方面:

(1) 从材料采购和管理费用等科目中分离出供应物流成本,如材料采购账户中的外地运输费、装卸搬运费,管理费用中的市内运杂费以及列入有关费用科目中的采购环节所发生的企业自行运输的人工费、燃料费,运输工具的折旧费、维修费等属于供应物流成本。

(2) 从生产成本、制造费用、管理费用等科目中分离出企业内物流成本,如与仓储有关的人工费、仓库的折旧费、维修费,企业内的运输成本、企业内的包装成本,以及仓储存货的资金占用成本、风险损失等,属于企业内物流成本。

(3) 从销售费用中分离出销售物流成本,如销售过程中发生的运输、装卸搬运、流通加工等费用属于销售物流成本。

(4) 若企业还发生退货、物品返修、包装容器的周转使用,以及废弃物处理等业务,还

应从销售费用、管理费用以及其他业务支出科目中分离出回收物流成本和废弃物物流成本。

通过上述数据分离和计算，可以得出不同范围物流成本以及物流成本总额，有利于管理者全面了解各范围物流成本的全貌，并据此进行比较分析。

3.2.1.3　以物流成本支付形态作为成本计算对象

以物流成本的支付形态作为物流成本计算对象是将一定时期的物流成本从财务会计数据中予以分离，按照成本支付形态进行分类计算。它将企业的物流成本分为自营物流成本和委托物流成本。自营物流成本指企业在物流活动过程中发生的人工费、材料费、办公费、差旅费、折旧费、维修费、租赁费、利息费、保险费等；委托物流成本指企业委托外单位组织物流活动所支付的运输费、保管费、装卸搬运费等支出。

以支付形态表现的物流成本是企业物流成本发生的最原始状态，可以将上述形式多样的支付形态按其性质归为5类：材料费、人工费、维护费、一般经费和特别经费。其中，材料费和人工费意义较为明确；维护费指物流设施设备的折旧费、维修费、燃料动力消耗费等维护性支出；一般经费指物流功能成本中人工费、材料费和维护费以外的其他费用支出；特别经费仅用于计量与存货有关的费用支出。

以支付形态作为物流成本计算对象，可以得到不同形态的物流成本信息，掌握企业本身发生的物流成本和对外支付的物流成本；同时，可以获取较为详尽的内部支付形态信息，为企业制定标准物流成本和编制物流成本预算提供资料依据。

3.2.2　物流成本的计算方法

实践中，企业物流成本计算主要包括3种方式：会计方式、统计方式以及会计和统计相结合的方式，下面分别予以介绍。

3.2.2.1　会计方式计算物流成本

会计方式计算物流成本就是通过凭证、账户、报表对物流耗费予以连续、系统、全面地记录、计算和报告。具体包括2种形式：一是将物流成本计算与正常的会计核算截然分开，建立独立的物流成本计算体系，会计核算与物流成本计算同步进行，物流成本的内容在物流成本计算体系和会计核算体系中得到双重反映。二是将物流成本计算与会计核算体系相结合，增设“物流成本”科目，对于发生的各项成本费用，若与物流成本无关，直接计入会计核算中相关的成本费用科目；若与物流成本相关，则先计入“物流成本”科目，会计期末，再将各物流成本账户归集的物流成本余额按一定的标准分摊到相关的成本费用账户，以保证成本费用账户的完整性和真实性，有学者分别将这2种方式命名为物流成本计算的双轨制和单轨制。

3.2.2.2 统计方式计算物流成本

统计式的物流成本计算方法是一种简单、易用的计算方法。这种方法利用统计原理,以公司会计核算资料为基础,进行资料搜集、加工和处理,最后汇总出公司的物流成本资料。该种方法不要求设置完整的凭证、账户和报表体系,主要目的在于通过企业现行成本核算资料剖析抽出物流耗费部分(物流成本的主体部分),再加上现行成本核算没有包括进去,但要归入物流成本的费用(如物流信息费、向外部企业支付的物流费等),加工成物流管理所需要的成本信息。

该种计算方法与会计式的计算方法相比,没有对物流成本耗费进行连续、全面、系统的跟踪,所以据此得出的信息,其精确程度受到很大的影响,但正由于它不需要对物流耗费做全面、系统、连续的跟踪,运用起来比较简便。我国许多企业在还未建立物流成本的会计计算体制之前,一般都实施物流成本的统计计算体制,且许多企业不愿意改变其物流成本的统计计算方法。

3.2.2.3 会计和统计相结合的方式计算物流成本

会计和统计相结合的方式计算物流成本,其要点是将物流耗费的一部分内容通过会计方式计算,另一部分内容通过统计方式计算。由于企业物流成本包括显性成本和隐性成本两部分内容,显性成本主要取自会计核算数据,隐性成本主要通过统计方式进行计算,因此,实践中,计算企业物流成本通常要采用会计和统计相结合的方式。

1) 显性物流成本计算

显性物流成本主要指现行会计核算中已经反映,可以从会计信息中分离和计算的物流成本。对于显性物流成本的计算,可根据企业实际情况,选择期中或期末2种方式进行。

若期中收集物流成本信息,企业在按照会计制度的要求编制记账凭证、登记账簿、进行正常产品成本核算的同时,登记相关的物流成本辅助账户,在不影响现行成本费用核算的基础上,通过账外核算得到物流成本资料。

若期末收集物流成本信息,企业平日无须进行额外的处理,按照财务会计制度的要求进行会计核算,期末(月末、季末、年末)通过对有关物流业务的原始凭证和单据进行再次的归类整理,对现行成本核算资料进行解剖分析,从中分离出物流成本的部分,加工成所需的物流成本信息。

2) 隐性物流成本计算

隐性物流成本指现行会计核算中没有反映,需要在企业会计核算体系之外单独计算的那部分物流成本,主要指存货占用自有流动资金所发生的机会成本。这部分物流成本可在期末根据有关存货统计资料按一定的公式计算。

3.2.3　企业物流成本计算

下面,以一家面粉生产企业为例对企业物流成本计算进行介绍。

甲公司是一家小麦加工为主的中外合资面粉生产企业。内部设有会计部(兼做信息工作)、人事部、采购部、生产部、质量部、仓储部和销售部一共7个部门,共有员工145人,其中采购人员5人,生产人员60人,营销人员20人,其余为管理人员。该公司有一个总面积为1万m^2的仓库,用于储存小麦、面粉等存货,而运输业务和装卸搬运业务均由外部企业承包,公司支付运费和装卸搬运费。

以甲公司某年12月有关成本费用资料为依据,计算该年12月的物流成本。甲公司的成本费用科目有生产费用、制造费用、销售费用、管理费用、财务费用、营业外支出和其他业务成本,其中营业外支出在该年12月无发生额。具体计算步骤如下。

步骤1获取甲公司该年12月相关成本费用发生额及明细资料,并逐项分析哪些与物流成本相关。

具体分析结果见表3-1~3-5。

表3-1　管理费用明细

管理费用（明细项目）	发生额/万元	是否与物流成本相关	备注
工资	18.00	是	含物流信息人员工资
折旧费	5.00	是	含物流信息设备折旧
税金	7.00	否	主要为人事部、会计部、总经理办
照明电费	3.00	是	含仓库电费
合计	33.00		

表3-2　制造费用明细

制造费用（明细项目）	发生额/万元	是否与物流成本相关	备注
折旧费	8.80	是	含车间包装设备折旧费
修理费	9.10	是	含车间包装设备修理费
水费	2.00	否	主要为车间制造耗用水费
合计	19.90		

表3-3　销售费用明细

销售费用（明细项目）	发生额/万元	是否与物流成本相关	备注
运输费	45.00	是	对外支付运费
装卸费	6.00	是	对外支付装卸费

续表（表3-3）

销售费用（明细项目）	发生额/万元	是否与物流成本相关	备注
差旅费	1.50	否	主要为业务部门人员发生费用
工资	12.00	是	业务部门（含物流业务）人员费用
合计	64.50		

表3-4　生产费用明细

生产费用（明细项目）	发生额/万元	是否与物流成本相关	备注
直接材料	700.00	否	主要为生产面粉耗用的小麦
辅助材料	50.00	是	含包装材料
燃料及动力	34.00	是	含包装设施耗用电费
工资	22.00	是	含包装工人工资
合计	806.00		

表3-5　财务费用明细

财务费用（明细项目）	发生额/万元	是否与物流成本相关	备注
利息支出	2.00	是	主要为购买原材料所发生的贷款
汇兑损失	-3.00	否	
利息收入	-2.00	否	
合计	-3.00		

步骤2对表3-1~3-5中与物流成本相关的费用内容进行汇总。

物流成本相关费用明细汇总见表3-6。

表3-6　物流成本相关费用明细汇总表

序号	项目	发生额/万元	备注
1	管理费用-折旧费	5.00	含物流信息设备折旧
2	管理费用-工资	18.00	含物流信息人员工资
	销售费用-工资	12.00	业务部门（含物流业务）人员费用
	生产成本-工资	22.00	含包装工人工资
3	管理费用-照明电费	3.00	含仓库电费
4	制造费用-折旧费	8.80	含车间包装设备折旧费
	制造费用-修理费	9.10	含车间包装设备修理费
5	销售费用-运输费	45.00	对外支付运费
	销售费用-装卸费	6.00	对外支付装卸费

续表（表3-6）

序号	项 目	发生额/万元	备注
6	生产成本-辅助材料	50.00	含包装材料
	生产成本-燃料及动力	34.00	含包装设施耗用电费
7	财务费用-利息支出	2.00	主要为购买原材料所发生的贷款
	合计	214.90	

步骤3物流成本资料分析及物流成本计算。

根据会计明细账、记账凭证、原始凭证及其他相关资料，对表3-6中与物流成本有关的费用逐项进行分拆，并设物流成本辅助账户，按3个维度计算物流成本。

(1) 对于表3-6中第1项，经查明细资料，其中微机等信息设备的折旧费为1.20万元。该项费用按微机工作时数进行分配，会计部提供的物流成本计算信息需求表见表3-7。

表3-7　物流成本计算信息需求表

项目	信息
会计部在岗人数/人	15
专职从事物流信息工作人数/人	0
兼职从事物流信息工作人数/人	1
兼职物流信息人员12月份工作总工时/h	186
兼职物流信息人员12月份使用微机从事信息工作时数/h	93
兼职物流信息人员12月份使用微机从事企业内物流信息工作时数/h	15.5

根据上述资料及表3-6所提供信息，物流信息成本计算如下：

先得到物流信息工作时数占全部信息工作时数的比例为

$$15.5 \div 93 = \frac{1}{6} \tag{3-1}$$

然后计算得出物流信息作业维护费为

$$1.20 \times \frac{1}{6} = 0.20(\text{万元}) \tag{3-2}$$

将上述计算结果按照对应维度计入有关物流成本辅助账户：

物流成本项目	物流成本范围	金额/万元	编号
物流信息成本	企业内物流成本	0.20	(1)

(2) 对于表3-6中第2项人工费用，经查明细资料，管理费用-工资18.00万元中含物流信息人员工资，该公司会计部门一名员工兼做信息系统管理员，每月工资为0.60万元，该项费用按物流信息工作时数进行分配；销售费用-工资12.00万元中含仓储人员工资5.80万元，该公司共有仓储人员10人，其中2人从事仓储管理工作，工资为1.00万元，另

外8人从事仓储业务工作,工资为4.80万元;生产成本–工资22.00万元中含包装人员工资9.10万元,该公司共有包装人员15人,其中1人从事包装管理工作,工资为0.70万元,14人从事包装业务工作,工资为8.40万元。根据上述资料及表3–7的信息,相关物流成本计算如下:

先得到物流信息工作时数占全部工作时数的比例为

$$15.5 \div 186 = \frac{1}{12} \tag{3-3}$$

然后计算得出物流信息作业人工费为

$$0.6 \times \frac{1}{12} = 0.05(\text{万元}) \tag{3-4}$$

物流仓储、包装费用由上述信息可得分别为4.80万元和8.40万元,物流管理作业人工费的计算为

$$1 + 0.7 = 1.7(\text{万元}) \tag{3-5}$$

将上述计算结果按照对应维度计入有关物流成本辅助账户:

物流成本项目	物流成本范围	金额/万元	编号
物流信息成本	企业内物流成本	0.05	(2)
仓储成本	企业内物流成本	4.80	(3)
包装成本	企业内物流成本	8.40	(4)
物流管理成本	企业内物流成本	1.70	(5)

(3) 对于表3–6中第3项,经查明细资料,其中含有支付仓库照明电费0.3万元,支付车间照明电费0.8万元。车间共有生产工人60人,其中从事包装作业人数为15人。车间照明电费按从事物流作业的人数进行分配。根据上述资料,相关物流成本计算如下:

先得到包装作业人数占车间生产人数比例为

$$15 \div 60 = \frac{1}{4} \tag{3-6}$$

然后计算得出包装作业消耗的照明电费为

$$0.8 \times \frac{1}{4} = 0.2(\text{万元}) \tag{3-7}$$

将上述计算结果按照对应维度计入有关物流成本辅助账户:

成本项目	成本范围	金额/万元	编号
包装成本	企业内物流成本	0.20	(6)
仓储成本	企业内物流成本	0.30	(7)

(4) 对于表3–6中第4项,经查明细资料,折旧费8.80万元中含包装设备折旧费0.80万元,修理费9.10万元中含有包装设备修理费1.00万元。据此,包装作业的维护费的计算如下:

$$0.8 + 1 = 1.8(\text{万元}) \tag{3-8}$$

将上述计算结果按照对应维度计入有关物流成本辅助账户：

成本项目	成本范围	金额/万元	编号
包装成本	企业内物流成本	1.80	(8)

（5）对于表3–6中第5项，经查明细资料，外部运输队12月行驶里程数为48 000 km，其中材料采购阶段行驶里程数为16 000 km，产品销售阶段行驶里程数为32 000 km，外部装卸队12月共搬运装卸货物1 400 t，其中采购阶段装卸搬运材料400 t，在企业内仓库与车间之间搬运各种材料约200 t，销售阶段装卸搬运产品800 t。运输费用按里程数进行分配，装卸费按货物重量进行分配。据此，相关物流成本计算如下。

根据供应阶段、销售阶段行驶里程数占全部里程数比例，计算得出供应和销售阶段对外支付运输成本为15万元和30万元，见式(3–9)、(3–10)。根据供应阶段、企业内物流阶段和销售阶段装卸货物吨数占全部装卸货物吨数比例，分别得出供应阶段、企业内物流阶段、销售阶段对外支付装卸搬运成本，见式(3–11)、(3–12)、(3–13)。

$$45 \times (16\,000 \div 48\,000) = 15(\text{万元}) \tag{3-9}$$

$$45 \times (32\,000 \div 48\,000) = 30(\text{万元}) \tag{3-10}$$

$$6 \times (400 \div 1\,400) = 1.71(\text{万元}) \tag{3-11}$$

$$6 \times (200 \div 1\,400) = 0.86(\text{万元}) \tag{3-12}$$

$$6 \times (800 \div 1\,400) = 3.43(\text{万元}) \tag{3-13}$$

将上述计算结果按照对应维度计入有关物流成本辅助账户：

成本项目	成本范围及支付形态	金额/万元	编号
运输成本	供应物流成本–委托	15.00	(9)
运输成本	销售物流成本–委托	30.00	(10)
装卸搬运成本	供应物流成本–委托	1.71	(11)
装卸搬运成本	企业内物流成本–委托	0.86	(12)
装卸搬运成本	销售物流成本–委托	3.43	(13)

（6）对于表3–6中第6项，经查明细资料，辅助材料50.00万元中包含包装材料31.50万元，燃料及动力34.00万元按耗用电力度数分配，12月份生产车间耗电力总度数为3 000 kW·h，其中含包装设备耗用电力60 kW·h。据此，相关物流成本计算如下。

根据包装设备耗用电力度数占耗用电力总度数的比例，计算得出包装作业耗用电费为

$$34 \times (60 \div 3\,000) = 0.68(\text{万元}) \tag{3-14}$$

将上述计算结果按照对应维度计入有关物流成本辅助账户：

成本项目	成本范围	金额/万元	编号
包装成本	企业内物流成本	31.50	(14)
包装成本	企业内物流成本	0.68	(15)

(7) 对于表3-6中第7项,经查明细资料,该项费用主要为购买原材料所发生的借款信息支出。

将此结果按照对应维度计入有关物流成本辅助账户:

成本项目	成本范围	金额/万元	编号
流动资金占用成本	供应物流成本	2.00	(16)

(8) 该公司该年12月底仓库存货结余明细如下:小麦结余1 218万kg,面粉结余4 404万kg,副产品结余148万kg,结余价值总额2 970.00万元,月初结余价值总额为2 930.00万元(一年期银行贷款利率为4.35%),据此,存货占用自有资金所产生的机会成本计算为

$$(2\,970 + 2\,930) \div 2 \times 4.35\% \div 12 \approx 10.69(\text{万元}) \tag{3-15}$$

将上述计算结果按照对应维度计入有关物流成本辅助账户:

成本项目	成本范围	金额/万元	编号
流动资金占用成本	供应物流成本	10.69	(17)

步骤4按"企业物流成本主表"的要求汇总计算物流成本。

表3-8为甲公司物流成本汇总分析表。

凡未注明委托字样的,为自营物流成本。

表3-8 甲公司物流成本汇总分析表 单位:万元

物流信息成本-企业内物流成本=(1)+(2)=0.20+0.05=0.25
仓储成本-企业内部成本=(3)+(7)=4.80+0.30=5.10
包装成本-企业内部成本=(4)+(6)+(8)+(14)+(15)=8.40+0.20+1.80+31.50+0.68=42.58
物流管理成本-企业内部物流成本=(5)=1.70
运输成本-供应物流成本-委托=(9)=15.00
运输成本-销售物流成本-委托=(10)=30.00
装卸搬运成本—供应物流成本-委托=(11)=1.71
装卸搬运成本-企业内部物流-委托=(12)=0.86
装卸搬运成本-销售物流成本-委托=(13)=3.43
流动资金占用成本—供应物流成本=(16)=2.00
流动资金占用成本—企业内部物流成本=(17)=10.69

步骤5根据上述计算结果填写"企业物流成本表",内容见表3-9。

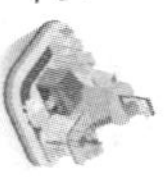

表3-9　企业物流成本表

单位:万元

成本项目		范围及支付形态																	
		供应物流成本			企业内物流成本			销售物流成本			回收物流成本			废弃物流成本			物流总成本		
		自营	委托	小计	自营	委托	小计	自营	委托	小计	自营	委托	小计	自营	委托	小计	自营	委托	合计
物流功能成本	运输成本		15.00	15.00					30.00	30.00								45.00	45.00
	仓储成本				5.10		5.10										5.10		5.10
	包装成本				42.58		42.58										42.58		42.58
	装卸搬运成本		1.71	1.71		0.86	0.86		3.43	3.43								6.00	6.00
	流通加工成本																		
	物流信息成本				0.25		0.25										0.25		0.25
	物流管理成本				1.70		1.70										1.70		1.70
	合计		16.71	16.71	49.63	0.86	50.49		33.43	33.43							49.63	51.00	100.63
存货相关成本	流动资金占用成本	2.00		2.00	10.69		10.69												12.69
	存货风险成本																		
	合计	2.00		2.00	10.69		10.69												12.69
物流总成本		2.00	16.71	18.71	60.32	0.86	61.18		33.43	33.43							49.63	51.00	113.32

3.2.4 物流运输成本计算

举例：假设现在有一批货物需要从S市运往N市，试分别计算这一批货物的铁路运输、公路运输、水路运输和航空运输成本。

1）铁路运输成本

现有一批1 200 t的原煤需要从S市运往N市，请计算这一批货物的铁路运输成本。

(1) 铁路运输整车货物每吨运价=基价1+基价2×运输里程。

其中，基价1指每次发货每吨货物的基本价，与运输里程无关；基价2为运行基价，指每吨货物每运输一公里的价格。

(2) 经查《各类货物铁路运输基准运价率表》，原煤对应的整车发到基价为16.30元/t，运行基价为0.098元/(t·km)。S市到N市的铁路营运里程为1 473 km。

(3) 所以此次运输的运价为16.30+0.098×1 473=160.65(元/t)。

(4) 整车货物运输时，按货物实际重量计费故本批货物的计算重量为1 200 t，运费为(16.30+0.098×1 473)×1 200=192 784.8(元)。

2）公路运输成本

现有一批1 200 t的原煤需要从S市运往N市，请计算这一批货物的公路运输成本。

(1) 公路运输费用标准是按照吨公里计算，实际价格通过托运方和承运方具体协商来确定，在此以0.35元/(t·km)进行计算。

(2) 从S市到N市，其公路货运里程约为1 300 km，因此吨每千米运费为0.35×1 300=455(元/t)。

(3) 运输1 200 t货物需要运费为0.35×1 300×1 200=546 000(元)。

3）水路运输成本

一批箱装货物共100箱，基本运费为每计费单位26美元，计费标准为W/M，每箱体积为2 m^3，每箱毛重为3 t，并加收燃油附加费10%，请计算这一批货物的水路运输成本。

(1) 确定计费标准，计算基本运费。

班轮运输费用的常见计算标准有：按重量吨计收(W)；按货物体积计收(M)；按重量或体积择高计收(W/M)；按货物的FOB价格计收(A.V)(FOB价格又称离岸价格、船上交货价格，是国际贸易中常用术语)；按上述3种标准择高计收(W/M or A.V)。

按重量计算为：100×26×3=7 800(美元)。

按体积计算为：100×26×2=5 200(美元)。

二者比较，按重量计算的运费最高，所以运费为7 800美元。

(2) 计算总运费，总运费=基本运费+附加运费。

故该货物水路运输总成本为7 800+7 800×10%=8 580(美元)。

4）航空运输成本

从S市运往N市的货物，毛重40 kg，包装纸箱的体积为96 000 cm^3，计算货物航空运费。

（1）航空运输成本为计费重量×运价，其中计费重量为货物毛重与体积重量中的较大值，体积重量=货物体积÷（6 000 cm^3/kg）。

（2）货物体积重量为96 000 cm^3÷（6 000 cm^3/kg）=16 kg < 40 kg，因此计费重量为40 kg。

（3）根据公布的运价，40 kg低于45 kg的分界点，适用运价为8.6元/kg，据此得出航空运输费用为40×8.6=344元；但以分界点的起始重量45 kg计算，其适用运价为6.5元/kg，据此得出航空运输费用为45×6.5=292.5元。

（4）根据航空运输运价从低原则，该货物的航空运输成本为292.5元。

3.2.5　物流仓储成本计算

核算某仓储公司本月仓储成本，该公司本月发生的各项费用见表3-10。

表3-10　费用汇总表

序号	项目	费用/元
1	仓库租赁费	10 000
2	材料消耗费	5 300
3	工资津贴	37 000
4	燃料动力费	3 000
5	保险费	1 000
6	维修费	3 000
7	仓储搬运费	2 800
8	仓储保管费	4 000
9	仓储管理费	2 000
10	易耗品消耗	2 000
11	资金占用利息	3 700
12	税金等	5 500
合计		79 300

另有其他资料如下。

该企业总人数150人，仓储人员数量是36人，企业总面积6 000 m^2，仓储设施所占面积3 180 m^2。

仓储成本核算方法为成本项目按支付形态分类，然后将各成本项目费用乘以相应比例得到仓储成本。

工资津贴按人数比例核算，人数比例=仓储人员数量/企业总人数=36÷150=24%。

燃料动力费、保险费、维修费、仓储搬运费、仓储保管费按面积比例核算，面积比例=仓储设施所占面积/企业总面积=3 180÷6 000=53%。

仓储管理费、易耗品消耗、资金占用成本、税金按仓储费比例计算，仓储费比例=已分配的仓储成本合计/相对应的费用合计=37 830÷79 300≈48%。

仓储成本核算情况如表3-11所示。

表3-11　仓储成本明细表

序号	项目	费用/元	仓储成本/元	计算比例	备注
1	仓库租赁费	10 000	10 000	100%	金额
2	材料消耗费	5 300	5 300	100%	金额
3	工资津贴	37 000	8 880	24%	人数比例
4	燃料动力费	3 000	1 590	53%	面积比例
5	保险费	1 000	530	53%	面积比例
6	维修费	3 000	1 590	53%	面积比例
7	仓储搬运费	2 800	1 484	53%	面积比例
8	仓储保管费	4 000	2 120	53%	面积比例
	小计	66 100	31 494		
9	仓储管理费	2 000	960	48%	仓储费比例
10	易耗品消耗	2 000	960	48%	仓储费比例
11	资金占用利息	3 700	1 776	48%	仓储费比例
12	税金等	5 500	2 640	48%	仓储费比例
合计		79 300	37 830		

参考文献

[1] 冯耕中，李雪燕，汪寿阳．物流成本管理[M]. 2版．北京：中国人民大学出版社，2014.

[2] 郑秀恋，温卫娟．物流成本管理[M]. 北京：清华大学出版社，2013.

[3] 鲍新中，崔婧．物流成本管理与控制[M]. 4版．北京：电子工业出版社，2016.

[4] 王欣兰．物流成本管理[M]. 北京：清华大学出版社，2010.

[5] 沃尔玛低成本战略的成功秘诀:快物流体系是这么建立的[EB/OL].[2022-08-12]. https://mp.weixin.qq.com/s/foDPsXjr37JRDrxTlMiwpg.

问题与思考

1. 企业物流成本构成可分为哪些类型，分别包括哪些内容？

2. 物流成本分类的目的是什么?

3. 会计与统计相结合的物流成本核算方式有什么优点?

4. 企业物流成本的控制可以体现在哪些方面?

5. j市与n市之间火车运输里程为663 km,现有一批45 t的新鲜苹果需要从j市运往n市,采用整车运输方式。请计算这一批货物的铁路运输成本。(经查《铁路货物运价率表》,苹果整车运输的基价1=8.5元/t;基价2=0.039 0元/(t·km)。

6. 请对下面案例进行阅读并分析。

案例3-3:C公司物流战略对物流成本的影响

C公司作为一家家居行业跨国企业在进入中国之初以海外传统直销方式开展经营,后来为顺应我国国情,公司主动打破海外营运40多年的传统模式,开始采用"店铺销售+推销人员"的经营方式转型经营。

在国外,C公司的储运成本仅占全部经营成本的4.6%。进入国内并且业务模式转型以后,C公司遇到了物流信息缺乏、物流成本偏高、第三方物流公司资质参差不齐的情况。C公司降低物流成本的秘诀具体表现在以下4个方面。

1)覆盖全国的销售网络,完善的物流系统

C公司先后在26个省、自治区、直辖市开设店铺,分别在北京、上海、广州等地区设有办事处。按照这种销售网络体系,C公司把全国的物流配送网络划分为3个区域,即华南区域,包括广州、成都、重庆、武汉、江西、湖南、贵阳、云南、广东、广西、海南等26家店铺;华东区域,包括山东、河南、浙江、安徽、福建、上海等18家店铺;北方区域,包括东北、华北14家店铺。

C公司有完善的物流系统,在广州设有物流中心,在北京和沈阳设有区域配送中心(Regional Distribution Center, RDC)。系统主要功能是将C公司工厂生产的产品及向其他供应商采购的印刷品、辅销产品等先转运到位于广州的物流中心,然后通过不同的运输方式、作业环节送达各地的RDC暂时储存,再根据需求配送至设在各省市的店铺,通过家居送货或店铺等销售渠道推向市场。与其他公司所不同的是,C公司物流部同时还监管着全国近百家店铺的营运、家居送货及电话订货等服务。物流系统的完善与高效率,在很大程度上影响着整个市场的有效运作。

2)团队+第三方物流模式

C公司的"店铺经营+推销员"销售方式,对物流有非常高的要求。由于当时国内的物流信息还比较缺乏,第三方物流服务供应商的专业化水平还不高,C公司采用了"团队+第三方物流供应商"的运作模式。对核心业务,如库存设计、调配指令及物流中心的主体设施与运作主要由C公司本身的团队统筹管理,实现信息资源最大范围的共享,使企业价值链发挥最大的效益。而对非核心环节,则通过外包形式完成,如以广州为中心的珠江三角地区主要由C公司的自营车队运输,其他绝大部分货物运输都是交由第三方物流公司来承担。另外,全国几乎所有的仓库均为租赁的第三方物流公司仓库。

多家大型第三方物流公司承担了C公司大部分配送业务。公司派人定期监督和进行市场调查,以评估服务供应商是否能够提供具有竞争力的服务价格,达到公司要求的服务标准。这样,既能整合第三方物流的资源优势,与其建立稳固的合作伙伴关系,同时又通过对企业供应链的核心环节——管理体系、核心设施和团队的掌控,保持C公司的自身优势。

3）高效率、低成本的仓库设施

由于发达国家和地区的土地和人工成本非常高，C公司在国外的仓库自动化程度相当高。进入国内以后，C公司发现我国在这方面的成本相对较低。两相权衡，C公司弃高就低。C公司新物流中心占地面积达4 000 m^2，仓库建筑面积达16 000 m^2。这样大的物流中心如果全部自建的话，仅土地和库房等基础设施投资就需要数千万元。C公司采取和国内物流企业合作的模式，由合作方提供场地和仓体房，C公司租用仓体并负责内部设施的投入，用了1年时间，仅投入1 500万元就拥有了一个面积充足，设备先进的新物流中心。反观不少企业在建自己的物流中心时，将主要精力都放在基建上，不仅占用了企业大量的周转资金，而且费时费力，效果并不见得好。

4）在核心环节的高投入

高效低耗的物流MIS已成为企业市场营运成功的关键元素。C公司单在MIS上就投资了9 000多万元，其中主要的部分之一，就是用于物流、库存管理的系统。先进的信息系统使公司的物流配送运作效率得到了极大的提升，同时大大降低了各种成本。C公司先进的计算机系统将全球各个分公司的存货数据联系在一起，各分公司与国外总部直接联机，详细存储每项产品的生产日期、销售数量、库存状态、有效日期、存放位置、销售价值、成本等数据。有关数据通过网络与各批发中心直接联机，使总部及仓库能及时了解各地区、各地店铺的销售和存货状况。并按各店铺的实际情况及时安排补货。在库存不足时，公司的库存及生产系统亦会及时安排生产，并预定补给计划，以避免个别产品出现断货情况。

思考：

（1）C公司（中国）降低物流成本成功的秘诀有哪些？

（2）C公司的这种物流运作模式对我国的生产企业有何启示？

（3）C公司在全国设置多家仓储中心，在满足市场需求的同时无疑增加了企业的运营成本，对这一做法你如何理解？

第4章　高效率的现代物流

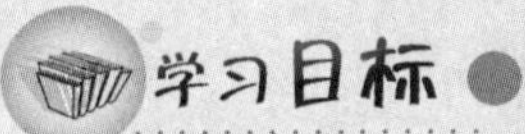

1. 掌握物流效率的概念；
2. 掌握铁路、公路、水路、航空、管道这5种基本运输方式；
3. 了解当前广泛应用的提高运输效率的方式；
4. 掌握3类物流配送方式并分析其异同；
5. 了解运输、仓储、配送、装卸搬运各物流环节的效率管理方法。

随着中国经济的高速发展，社会全面进入“快速”时代。人们的生活节奏快了，商流、信息流、资金流、物流都快了起来，产业链供应链高速运行着。航空、高铁的发展助推了人的快速流动，互联网让信息沟通变得零距离和无界限，电商和快递让贸易和交付变得更快更简单。本章将探讨物流效率的基本概念和本质，研究如何提高物流效率，为管理者追求高效率的现代物流指明方向。

案例4-1：从60天到10天，D公司重新定义国际物流效率

以俄罗斯作为起点，D公司率先开始了对海外物流市场的开拓。

2013年，俄罗斯的物流业就像一台老式机器，在繁琐的通关流程和干线规划下，通往俄罗斯的电商包裹通常需要60天以上才能送达，这里的用户经常在冬天才能收到自己购买的夏装。

同年，国内一家大型B2C跨境电商平台开始在俄首次大促，这次大促一天便产生了17万个包裹，而当地龙头企业俄罗斯邮政的日包裹处理能力只有3万个。一个月后，俄罗斯海关被500 t包裹堵得水泄不通。许多用户收货时间被延至半年，俄罗斯邮政遭到史无前例的抗议。不久，政府撤换了俄罗斯邮政CEO。

同年5月，D公司开始了自己对俄罗斯物流的全面改造。中俄两方完成了冗杂的数据对接过程，D公司与俄罗斯方面开发了定制化的快递面单，用以匹配俄罗斯邮政自动化分拣设备识别的需求，并选择了具有一定实力的航空服务商为货物提供运输。

3年后，俄罗斯用户收到来自中国包裹的平均时间从60天提速到了15天，中国人习以为常的“物流详情”，也通过数据对接走入俄罗斯用户的生活。“现在，俄罗斯邮政日均处理的包裹量已经从3 000万上升到了2.3亿，这些增量几乎都来自中国中小企业的电商销售。”俄罗斯邮政副总裁谢尔盖表示。

同样的故事也在西班牙邮政、英国皇家邮政、芬兰邮政等合作伙伴身上发生，因为与中国物流模式的融合，他们都不同程度地加快了自己的数字化进程，以互联网的方式为古老的机器添上润滑油。"在和D公司合作以前,我们甚至都没有波峰波谷的概念。"新加坡邮政高管表示。

案例4-1图1 西班牙邮政送出的2017年"双11"第一单仅耗时1.5 h

目前,通过中国物流企业的努力,"一带一路"沿线的国家如俄罗斯、英国、法国、德国、荷兰、西班牙等地最快都能在5天内收到包裹,这是全球物流企业都不曾达到的速度,也让中国的中小企业在全球进入了一片新蓝海。

在改变欧洲的同时,中国的物流方案也在南半球开展自己的全球计划,以华人市场为基点,他们在当地提供了另一种生活方式。

在澳大利亚IT行业工作了3年的华人陈思已经习惯了当地"又贵又慢"的电商配送。当地没有"包邮"服务,普通商品的运费一般在10澳元(1澳元约合人民币4.77元)以上,大家电需要收60~100澳元,同城配送如果不加钱,收货至少要等4个工作日。

像陈思一样的华人遍布全球。这是D公司看到的新机会,一年来,D公司相继开通了新加坡、马来西亚、中国台湾、澳大利亚的大件物流海运线路。这些电商专用的海运线路为生产家具家居、大家电、户外器材等大件商品的中小企业带来了新的出海通路,并在节省了三分之一物流成本的背景下,将时效由动辄一个月提升至了15天左右。一家家具电商企业在升级物流服务后,针对海外的销售额增长了10倍以上。

商品到了澳大利亚,D公司还面临着低效的配送难题。澳大利亚从事物流配送的人数有限,D公司便与合作伙伴引进了国内的自提点服务,当地华人已习惯从自提点直接带走包裹,这不仅为他们节省了高昂的配送费用,还能提前2天左右拿到包裹。目前,这类自提点在整个澳大利亚已接近200家。

D公司通过对系统成功整合升级,将国内主要港口的进出口通关速度提升至秒级,中国到全球主要国家端到端的物流时效缩短至10天以内。D公司的目标是创建一张72 h的全球物流网,在72 h全球物流网络上,中国快递物流企业的全球化将变得更加顺畅。在"一带一路"倡议提出后,在D公司搭建的这张全球物流网络上,中国的先进物流方案正不断走向沿线国家,帮助全球中小企业获取通货权,以更快速度走向世界市场。

4.1　物流效率概述

天下武功,唯"快"不破。"快"容易带来高增长,带来规模的突破,饮食有快餐,信息有快讯,交通有快车……在快节奏的影响下,衍生出了很多快概念、快产品。而在物流中,"快"也是体现其效率的重要标志之一。那么物流效率究竟指的是什么?它的本质是在追求什么?追求物流效率的提升又可以为企业带来哪些效益?本节将从物流效率的基本概念出发,从时间和空间的角度来探寻物流效率的本质,分析物流效率为现代物流带来的重要价值,为上述问题一一做出解答。

4.1.1　物流效率的基本概念

随着经济全球化进程的日益加速和科学技术的迅猛发展,物流的效率对经济运行的质量和效益的影响日益凸显,物流的高效率既是客户的要求,也是社会发展进步的要求。

物流效率,对于企业来说,指的是物流系统能否在既定的服务水平下满足客户的要求。对于社会来说,衡量物流效率是一件复杂的事情,因为社会经济活动中的物流过程非常复杂,物流活动内容与形式不同,必须采用不同方法分析物流效率。通常,衡量物流效率的指标可以分为经济性指标、技术性指标和社会性指标。其中,经济性指标主要涉及成本和效益2个方面,即物流活动中所发生的成本以及物流活动所带来的经济效益之间的权衡。技术性指标是从技术上衡量物流的安全性、可靠性、快速性。社会性指标主要从宏观的角度来衡量物流对整个社会的影响程度,可以分为3个方面:物流的整体服务质量、社会综合发展程度、社会节约程度。物流的整体服务质量是指物流的发展对物流行业服务水平的提升程度;社会综合发展程度是指物流发展对社会整体综合发展状况的贡献程度;社会节约程度是指社会全部资源的整体化配置程度。

物流效率也指在物流业的生产活动中,将资源或服务运送到客户手中的速度或服务程度,可以表述成在物流运作过程中,物流业投入要素与产出成果之间的比值,其中的投入要素包括人力、物力、财力、能源等多种要素,产出要素包括运输、产值等要素。物流效率不仅反映了物流资源的配置情况,还反映了资源的利用能力。

4.1.2　物流效率的本质

货物的生产时间和消费时间、生产地和消费地的不统一,是物流生存的重要前提。物流正是为了统一货物的空间和时间,这种统一时空的效率需要从货物附属的价值的角度来评定。那什么样的物流才是有效率的呢?

要讨论物流的效率需要从价值流和货物流2个方面来讨论。对于卖家来说,一件货物如果在生产完成之后,能够立即送到使用者手中,那么从货物流上来讲,是最有效率的。对买家也是如此，如果购买的货物可以立即使用，使自己获得货物的功能，那么也是最有效率的。从价值流的角度来看，由于货物的附属价值在没有恶性竞争的情况下是相对稳定的，所以效率是与时间成反比的，时间越长，效率越低。对物流企业来讲，需要把货物从A地运到B地，只有运到B地签收后，才能取得运费。运输的效率正比于货物附属的价值，而与时间成反比。物流企业运输的货物价值越低，获得的运费就越少，在相同的时间内效率就越低；相同价值的货物，运输的时间越长，效率就越低。

实际中，因为时间在无休止地流动，一旦货物的空间流动停止，那么就降低了运输的效率。理想的状态是物流企业在收到订单之后，立即运输，但考虑到实际运输成本，一般需要均衡配载，即收到一定的订单量之后再运输。这种均衡配载的方式综合了从价值流角度和货物流角度来评定运输的效率。

如果要与时间赛跑，物流就不能停息。时间是不会停止的，而一旦货物在空间上静止，那么运输的效率就降低了。所以物流企业需要保证一旦出现空间位置的静止，就要立即反馈和处理，知道问题究竟出在哪里，并快速找到解决方案，保证货物流的连续性。只有及时反馈，及时处理，才能保证货物流的效率提高。

那么物流企业如何知道货物的空间位置是停止的还是流动的，这就需要物流企业信息的透明化。物流企业必须清楚、准确地知道运输过程中每一个环节的信息，特别是长期以来运输过程盲区的信息，才能做到及时反馈和处理，才能保持物流在空间上的连续性与时间上的连续性统一，才能提高物流的效率。要及时反馈问题，则要知道问题出在哪里，如果对流程中的信息一无所知，那么不可能找到问题出在哪里，或者对系统一知半解显然也找不准问题出在哪里。如果掌握了整个流程的数据，就可以知道流程中哪个地方需要改善，甚至改变整个系统的结构，以保证物流效率。

从时间和空间的角度来看待物流的效率会更加清晰地看到问题的本质，即物流效率包括物流时效和空间利用率两方面的内涵，管理者能清楚地知道日常工作中哪些工作、活动或者制度是阻碍货物空间的流动，也为管理者在追求效率的道路上指明了方向，更是在管理者的头脑中形成系统的概念，从全局进行考虑，了解真正意义上的效率。

4.1.3 物流效率的价值

物流效率是产生物流效益的直接源泉，也是流通行业产生经济效益的直接源泉。比如，某种商品在一段时间内的需求是100件，一种情况是通过有效的物流运作，在不增加物流成本的情况下能全部满足市场需求；另一种情况是只能满足部分市场需求，这2种情况下的企业收益是完全不同的。对于消费者而言，物流时效是影响用户体验的关键环节，直接影响对物流企业服务质量的评价；对于企业而言，物流时效则影响到企业的供应链计划，生产、销售等环节的效率直接受其影响；对于物流服务提供商而言，物流时效则代表企业的运作效率，时效性高的服务商可以为客户提供更加快速的物流服务，在激烈

的市场竞争中具有很强的竞争力。

物流成本和物流效率的共同目标是企业经济效益提升，经济效益的提高要在控制物流成本的前提下通过提高物流效率来实现。物流成本和物流效率是一种"效益背反"的关系，考虑到物流成本对物流效率的影响，物流成本不是越低越好。过低的物流成本可能会影响企业物流效率，进而使得企业的收益受损。企业利润达到最大化才是合理的，这要求企业在制定物流决策时要权衡好物流成本和物流效率的关系。

4.2　物流效率管理

自人类社会存在以来，人与人、国与国的竞争很大程度上就是生产效率的竞争，高效率不断淘汰低效率，物流行业亦是如此。从功能本源的维度分析，可以将企业物流效率拆分为运输效率、仓储效率、配送效率、装卸搬运效率等。追求效率归根结底是提高人的生产力，而科技是人类提高生产力的根本驱动力，因此物流效率的提高需要借助科技来进行变革。

案例4-2:"时效战狼"E速运

E速运集团有限公司（以下简称"E速运"）专业从事航空货运，是一家主营"国内限时"服务的大型现代化综合速运企业。E速运于2007年深圳成立，公司注册资金4.68亿元，主营"国内限时"速运服务，拥有国家5A级物流企业资质。

创建初始，E速运主要进行航空网络的布局，并拓展业务范围。2008年，E速运开通了深圳、上海、北京三大机场操作中心。2009年开通了夜航包机服务。2011年之后，公司开始着重IT系统的建设升级，建设更新了多类系统。2015年公司开始注重品牌推广。目前公司的服务网络遍布全国，拥有夜航全货机11架，员工5万余人，运输车辆1.5万多台及服务网点3 000多家，日均货运处理能力突破万吨。

E速运专注时效产品，率先推出"限时速运"。公司依托自身航空运力优势，在行业中率先推出三大时效产品(航空件)：当天达、次日达、隔日达（从2009年的"夜发晨至"，到2015年跨省最快8 h门到门送达，再到2017年"珠三角—长三角"6 h跨省送达），不断树立行业时效标杆。公司次日达业务量约占70%，隔日达约占20%，当日达约占10%。此后，为满足不同需求，公司推出同城件、陆运件、省内件、生鲜速运等多样产品服务。

案例4-2表1　E速运核心时效产品：当天达、次日达、隔日达

产品名称	产品介绍
当天达	最快8 h，承诺12 h内送达目的地客户手中
次日达	承诺24 h内送达目的地客户手中
隔日达	承诺48 h内送达目的地客户手中
同城件	同一个城市内部开通同城即日达服务，时效可今发今至

续表（案例4-2表1）

产品名称	产品介绍
陆运件	4~5个工作日送达客户手中
省内件	包括省内即日达，省内次日达
生鲜速运	为生鲜客户提供生鲜速运、冷运整车、温控包装等综合生鲜供应链解决方案

E速运自成立以来，坚持全直营模式。E速运总部掌握所有权和经营权，由公司总部直接经营、投资、管理各分子公司，保证管理、运营、服务标准的统一。公司的车辆、航空、人员均实现自营化，这种直营模式管理严格、服务水平高。

公司收派件的形式灵活，采取以车代点模式。公司前后端均为自营的收派网络，没有固定的网点（网点规模小，部分作为司机休息场地），以装卸货物的车辆替代网点工作。公司用自有运输车辆上门取件，取件完成后，送往机场附近的操作中心，由操作中心整理统一送往机场运输，干线运输完成后，卸货到机场附近的操作中心，整理后由运输车辆直接送货上门。

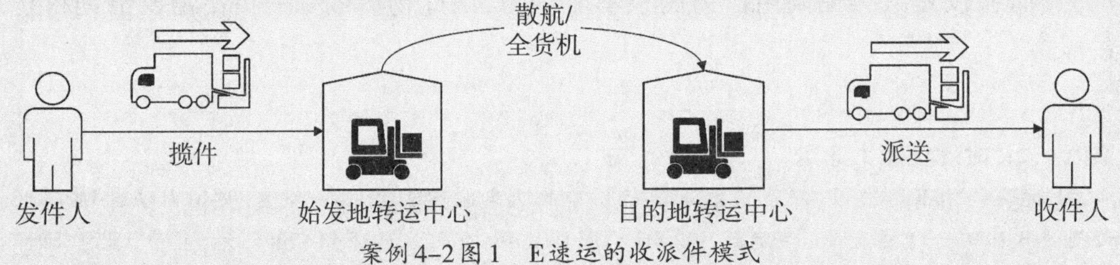

案例4-2图1　E速运的收派件模式

思考：

（1）面对快递物流市场的激烈竞争，E速运是如何脱颖而出成为业内“黑马”，“国内限时速运专家”的？

（2）E速运的核心竞争优势是什么？该如何面对未来激烈的市场竞争格局变化？

4.2.1　运输环节

4.2.1.1　运输效率概述

运输可分为客运和货运，物流运输专指货运，它的主要任务是完成物质资料从供给者到需求者的物理性运动，从而创造时间价值和空间价值。它承担了物品在空间各个环节的位置转移，解决了供给者和需求者之间场所的分离问题，是物流创造“空间效应”的主要功能要素，具有以时间（速度）换取空间的特殊功能，因此运输效率包括运输时效和装载率两方面的内涵。

运输承担了空间转移的主要任务，再配以搬运、配送等活动，就可以圆满完成任务，完成特定的运输所需的时间越短，其效用价值就越高。第一，运输时间缩短实际是单位时间内的运输量增加，与时间有关的固定费用分摊到单位运输量的费用减少，如管理人员的工资、固定资产的使用费、运输工具的租赁费等；第二，由于运输时间短，物品在运输

工具中停滞的时间缩短，从而使到货提前期变短，有利于减少库存、降低储存费用。因此，快速运输是提高运输效用价值的有效途径。快速运输不仅是指提高运输工具的行驶速度，还包括其他辅助作业的速度及相互之间的衔接，如分拣、包装、装卸、搬运以及中途换乘等。快速的运输方式当然是影响快速运输的重要因素，但是运输速度快的运输方式一般运输成本较高，如铁路运输成本高于水路，航空运输成本最高。因此，通过选择高速度的运输方式来实现快速运输时，应权衡运输速度与成本之间的关系，在运输方式一定的情况下，应尽可能加快各环节的速度，并使各环节更好地衔接。

基本运输方式有铁路、公路、水路、航空、管道5种。不同的运输方式适合于不同的运输情况，合理地选择运输方式不仅能提高运输效率，降低运输成本，还会对整个物流系统的合理化产生很大的影响。

公路运输是对外贸易运输和国内货物流通的主要方式之一，既是独立的运输体系，也是车站、港口和机场物资集散的重要手段，具有机动灵活，适应性强的特点。由于公路运输网一般比铁路、水路网的密度要大十几倍，分布面也广，因此公路运输车辆可以"无处不到、无时不有"。公路运输在时间方面的机动性也比较大，车辆可随时调度、装运，各环节之间的衔接时间较短。此外，在中短途运输中，公路运输可以实现"门到门"直达运输，中途不需要倒运、转换，且可以直接将货物快速运达目的地，运送速度较快。但公路运输的运量较小，目前，世界上最大的汽车是美国通用汽车公司生产的矿用自卸车，长约20 m，自重610 t，载重350 t左右，但运量仍比火车、轮船少得多。我国公路货运平均运行时速在50~60 km/h，此行驶速度相比于发达国家75~80 km/h的平均水平仍有差距。车况性能及车况差距、公路拥堵程度、公路路况、收费流程等是导致中国公路货运整体平均速度低于发达国家的关键因素。我国主要城市间干线平均速度与平均用时如表4-1所示。

表4-1 主要城市干线公路运输平均速度与平均用时

干线	平均行驶速度/(km/h)	平均用时/h
广州—北京	65	35.7
哈尔滨—北京	61	20.9
西安—北京	58	21.3
长沙—上海	58	20.8
成都—武汉	57	21.1
武汉—重庆	57	16.8
上海—武汉	55	15.9
广州—上海	53	27.1
北京—上海	53	26.1

资料来源：G7、贝恩分析。

铁路运输主要承担长距离、大数量的货运任务，在干线运输中起主力作用。铁路运输具有承运能力大的优点，适合大批量、低价值物品及长距离运输，且铁路运输基本不受气候和自然条件影响，在运输的准时性方面具有显著优势。但铁路运输的运输时间较长，在运输过程中需要有列车编组、解体和中转改编等作业环节，占用时间较长，因而增加了货物运输时间。

以中欧班列为例（中欧班列是指按照固定车次、线路等条件开行，往来于中国与欧洲及“一带一路”沿线各国的集装箱国际铁路联运班列），在运行时效上，中欧班列比传统国际联运快三分之一，国内段最高运行速度可达1 300 km/天，境外段达到1 000 km/天以上。蓉欧班列从成都城厢站始发，由阿拉山口出境，途经哈萨克斯坦、俄罗斯、白俄罗斯，至波兰罗兹站，全程9 965 km，运行时间约14天。渝新欧班列从重庆团结村站始发，由阿拉山口出境，途经哈萨克斯坦、俄罗斯、白俄罗斯、波兰至德国杜伊斯堡站，全程约11 000 km，运转时间约15天。汉新欧班列从武汉吴家山站始发，由阿拉山口出境，途经哈萨克斯坦、俄罗斯、白俄罗斯到达波兰、捷克斯洛伐克等国家的有关城市，全程约10 700 km，运转时间约15天。苏满欧班列从姑苏始发，由满洲里出境，途经俄罗斯、白俄罗斯至波兰华沙站，全程11 200 km，运转时间约15天。郑欧班列从郑州圃田站始发，由阿拉山口出境，途经哈萨克斯坦、俄罗斯、白俄罗斯、波兰至德国汉堡站，全程10 245 km，运转时间约15天。义新欧班列自义乌铁路西站始发，经过阿拉山口口岸出境，途经哈萨克斯坦、俄罗斯、白俄罗斯、波兰、德国、法国、西班牙，到达西班牙马德里，全程13 052 km，运转时间约21天。湘欧班列始发站在长沙霞凝货场，实施“一主两辅”运转路线。“一主”为长沙至德国杜伊斯堡路线，经过新疆阿拉山口出境，途经哈萨克斯坦、俄罗斯、白俄罗斯、波兰、德国，全程11 808 km，运转时间18天。“两辅”一是经新疆霍尔果斯出境，最终到达乌兹别克斯坦的塔什干，全程6 146 km，运转时间11天；“两辅”另一条经二连浩特（或满洲里）出境后，到达俄罗斯莫斯科，全程8 047km（或10 090 km），运转时间13天（或15天）。

水路运输的重要特点是以天然水道为依托，进行大吨位，长距离的运输，由于运量大、成本低，非常适合于运输大宗货物。与其他运输方式相比，水运对货物的载运和装卸要求不高。水运速度比航空、铁路要慢，但船舶的载运量却远大于飞机和火车。船舶平均航速较低，不能快速将货物运达目的地。水路运输左右受自然条件影响大，特别是受气候条件影响较大，比如断流、台风影响等，因而呈现较大的波动性。现代民航飞机一般运载量为20 t左右，最大100 t；一列火车的载运量是2 000 t，最大可达到万吨。但海洋运输的船舶中，“万吨船”是最基本的运载量，目前最大的集装箱船可装约2.4万个集装箱，即使在内河运输中，只要航道条件允许，通常使用的驳船也可达到1 000 t装载能力，而由它们组成的船队运量都超过万吨。尤其在国际大宗物资运输中，货物规模的巨大决定了必须使用海洋运输方式。

上海港出发到美国长滩的来回航次时间大约为28天，上海港到欧洲基本港的来回航

次时间大约为70天。2006年2月,船公司美森推出了第一条快船航线CLX,从上海到长滩仅需11天。2020年,新冠疫情发生后,全球港口塞港,海运时效变差,快船航线在中美航线服务中脱颖而出。2020年6月以后,船公司以星开通了第一条从深圳盐田港到洛杉矶仅需12天的快船航线ZEX。表4-2为美西快船航线部分汇总。

表4-2 美西快船航线部分汇总

航司	航线	线路	航行时间	船期
美森	CLX	宁波—上海—长滩	上海—长滩11天	每周三开
	CLX+	宁波—上海—长滩	上海—长滩11天	每周四开
	CCX	宁波—上海—奥克兰—长滩	上海—奥克兰12天	周四开船
以星	ZEX	厦门—大铲湾—盐田—洛杉矶	盐田—洛杉矶12天	每周三开
	ZX2	泰国林查班—越南盖梅—盐田—洛杉矶	盐田—洛杉矶12天	每周六开
	ZX3	高雄—上海—宁波—洛杉矶	宁波—洛杉矶12天	每周二开
万海	AA1	上海—青岛—奥克兰	青岛—奥克兰16天	—
	AA2	蛇口—高雄—宁波—奥克兰—西雅图	宁波—奥克兰14天	—
	AA3	海防—香港—蛇口—厦门—高雄—长滩	高雄—长滩15天	—
	AA5	台北—上海—宁波—长滩	宁波—长滩14天	—
马士基	TPX	盐田—宁波—洛杉矶	宁波—洛杉矶15天	—
中联航运	TPX	上海—洛杉矶的点对点直航	上海—洛杉矶15天	每周日开
达飞	EXX	釜山—宁波—上海—洛杉矶	上海—洛杉矶11天	每周四开
长荣	HTW	台北—厦门—香港—盐田—洛杉矶—奥克兰	盐田—洛杉矶15天	每周一开
中远海运	SEA	越南盖梅—南沙—香港—盐田—高雄—长滩	盐田—长滩14天	—
	SEA2	巴生—新加坡—林查班—盖梅—盐田—洛杉矶—奥克兰	盐田—洛杉矶14天	—

航空运输具有快速、高速直达的特点,主要为国际贸易中的贵重物品、鲜活货物和精密仪器提供运输。现代喷气式客机巡航速度为800~900 km/h,比汽车、火车快5~10倍,比轮船快20~30倍,距离越长,航空运输所能节约的时间越多,速度优势越明显。航空运输的高速性使长距离货物运输可在短时间内完成,使降低库存成为可能,库存和保管费用得到节约,提高了资金周转速度。但其缺点是运载成本比地面运输高。由于飞机飞行受到气象条件和航空管制的限制,其准点性难以保证。

4.2.1.2 运输效率管理

在当前的世界经济、贸易格局下,货物的运输往往需要横跨海洋到达内陆地区,因此原有的单一运输方式很难满足企业对于货物运输的需求。加之我国现阶段物流成本偏高，使用集装箱、运用多式联运以及甩挂运输等方式能够在提高效率的同时降低成本，因此发展集装箱运输、多式联运以及甩挂运输方式逐渐成为共识。

集装箱运输，是指以集装箱这种大型容器为载体，将货物集合组装成集装单元，以便在现代流通领域内运用大型装卸机械和大型载运车辆进行装卸、搬运和运输作业，从而更好地实现货物“门到门”运输的一种新型、高效率和高效益的运输方式。传统的运输方式具有装卸环节多、劳动强度大、装卸效率低、船舶周转慢等缺点，而集装箱运输完全改变了这种状况。一方面，装卸效率大幅度提高。普通货船装卸，一般每小时为35 t左右，而集装箱装卸，每小时可达400 t左右。同时，由于集装箱装卸机械化程度很高，因而每班组所需装卸工人数很少，平均每个工人的劳动生产率大大提高。另一方面，船舶周转加快。集装箱装卸效率很高，受气象影响小，船舶在港停留时间大大缩短，因此船舶航次时间缩短。船舶周转加快，航行率大大提高，船舶生产效率随之提高，从而提高了船舶运输能力。在不增加船舶数量的情况下，可完成更多的运量，增加公司收入，因高效率而产生高效益。图4-1为集装箱运输。

图4-1　集装箱运输

国际多式联运是在集装箱运输的基础上发展起来的新型运输方式。国际多式联运一般以集装箱为媒介，把海上运输、铁路运输、公路运输、航空运输和内河运输等传统的单一运输方式有机地结合起来，并加以有效的综合利用，构成一种连贯的过程来完成国际间的运输。多式联运是货物运输的一种组织形式，它集中了各种运输方式的特点，扬长避短，组成连贯运输，达到简化货运环节、加速货运周转、减少货损货差、降低运输成本、实现合理运输的目的，它较传统单一运输方式具有无可比拟的优越性。多式联运通常是以集装箱为媒介的直达连贯运输，货物从发货人仓库装箱验关铅封后接运至收货人仓库交货，中途无须拆箱捣载，减少很多中间环节。各个运输环节和各种运输工具之间，

配合密切，衔接紧凑，货物所到之处，中转迅速及时，减少在途停留时间，能较好地保证货物迅速运抵目的地。图4–2为国际多式联运。

图4–2　国际多式联运

甩挂运输是指用牵引车拖带挂车至目的地，将挂车甩下后，牵引另一挂车继续作业的运输。在甩挂运输实践中，通过牵引车与挂车的合理调度和配置，可以缩短因装卸货物而造成的牵引车停靠时间，提高车辆动力部分利用率。甩挂运输多应用于道路运输和多式联运领域，在道路运输环节，牵引车在适当的站点可以甩掉一个(或多个)挂车、挂上另一个(或多个)挂车继续空间移动；在多式联运环节，由道路甩挂运输牵引车拖挂的挂车经过陆路行驶抵达公铁多式联运场站或水陆多式联运场站后，挂车被接驳到铁路货物列车或滚装船，经过铁路和水运的大容量干线运输过程后，由道路甩挂运输牵引车继续拖挂这些挂车进行运输活动。随着经济的快速发展，传统货车运输的局限性日益显露，采用单体卡车运输时，实载率一般多在70%~75%，采用甩挂运输后，基本能够达到90%以上。图4–3为甩挂运输。

图4–3　甩挂运输

4.2.2 仓储环节

4.2.2.1 仓储效率概述

一般而言,仓储效率主要分为时间上的效率和空间上的效率。时间上的效率一般都有一个达标线,只要在限定时间内能完成所需要的操作,都可以接受。空间上的效率则不一样,储存是仓库的核心功能和关键环节,储存区域规划直接影响到仓库的作业效率和储存能力,储存空间的有效利用率是仓库管理好坏的重要评价因素之一。

与仓储效率有关的指标包括库存周转率、响应速度、入库操作量、出库操作量、仓库面积利用率、仓库容量利用率等。

库存周转率是销售(出货)数量与库存平均数量的比率,一般指在特定周期内的商品周转情况。库存周转周期是库存平均数量与每天平均出货数量的比率,库存周转周期越短,说明在特定周期内商品周转次数越多,商品进出就越频繁。对于制造企业来说,库存周转率是一个表示同额资金的利用效率的指标,周转越快,说明相同存货相同资金产生的销售收入越大。

响应速度是指从接收到操作指令到完成操作所需的时间,主要用于考核出库订单的操作速度。这个指标一般较少统计,这是因为一个出库订单并不是操作完了就结束,对于客户来说,订单上的货物真正拿到手中才算流程的结束。而制约到达时间的,一般不是仓库的操作速度,而是运输派送的速度,因为运输派送往往是按批次处理的,一个订单操作完成后,还要等待下一个配送批次才能装车发出。

入库动作的实际操作量,这个指标在统计方面有一定难度,需要将相关元素提炼出来,主要包括订单数、订单行数(每个订单可能包含的货物品种数不一样,一般来说是每行订单包含一个SKU类别,不同SKU的货物存储方式和库位不一样,品种更多,就意味着操作量更大)、件数(每次入库的货量不一样,件数越多,显然操作压力越大)、重量(同样的件数,重量越重,操作人员、机械的消耗就越大)、时间(假定同一个人以同等努力程度工作,花费时间越多,说明操作量越大,时间数据虽然不太好统计,但方便和仓库中其他操作动作的工作量进行对比)等。不同的仓库,不同的岗位,适用的口径显然是不一样的:对于系统和单证操作岗位,按订单数或者订单行数更能反映这个岗位的操作压力;对于实物操作岗位,则用件数或重量会合适一些,其中对于单件货物操作比较复杂,例如有挑选、包装等附加动作的,用件数进行统计较为合理,而对于单件货物操作比较简单的,一般按重量进行统计。在实际操作中,也并不一定需要使用单一口径来计算操作量。多个参数的对比分析,往往能为我们提供一些意想不到的信息。

出库操作一般是仓库现场关注的主要方面,操作量也是最大的。主要包括订单处理、拣货、复核、打包、装车交接等。统计口径与入库类似:订单数、订单行数、件数、重量、时间等。

在评价仓库空间利用的效率时,用以进行考量的指标一般有2个:仓库面积利用率和仓库容量利用率。仓库面积利用率是仓库可利用面积与仓库建筑总面积的比率,仓库容量利用率是库存商品实际数量或容积与仓库应存放数量或容积的比率。在实际操作中,这两项指标均存在一定的前提。例如,针对特定的库存商品,两项指标可以进行比较并用以考量。但针对不同的库存商品,由于不同商品的存储保管要求(如堆高限制、品种品项的多少)并不相同,指标间的可比性则较低。因此,在讨论仓库面积利用率、仓库容量利用率两项指标时,一般只针对特定客户、特定商品进行比较和考量。

4.2.2.2 仓储效率管理

高效的仓库可以最大限度地利用空间,简化运营并提高工人的生产力。随着仓储物流行业人工成本升高,招工困难等问题不断凸显,对于如何提高仓库管理效率,通常可从以下2个方面入手。

(1) 合理规划仓库布局。仓库整体布局指根据实际操作物流需求,确定各区域的面积及相对位置,最终得到仓库的平面布局。仓库一般划分为3大组成部分:生产作业区、辅助区、行政区。其中,生产作业区是核心区域,通常由装卸站台、出入库区、储存区、通道、分拣区组成。在进行整体规划时,需要着重考虑生产作业区域的布局。合理规划好仓库的布局,使各区域划分明确,叉车在进行搬运作业时更加节省时间和空间,不走多余路线,进而提高运输效率。

(2) 选择合适的装卸搬运设备。第一,叉车是仓储物流中普遍用于搬运物品的设备。选择叉车时需要考虑仓库通道宽度以及搬运物料的尺寸等因素,以确保货物的快速便利进出。第二,搬运设备需要根据仓库物料形状合理设计装卡工具和叉车属具。第三,为减少通道占用空间,需要考虑到叉车大小、类型、转弯半径的限制。

图4-4为智能仓储AGV。图4-5为自动化立体仓库。

图4-4 智能仓储AGV

图4-5　自动化立体仓库

4.2.3　装卸搬运环节

4.2.3.1　装卸搬运效率概述

物流的各环节和同一环节不同活动之间,都必须进行装卸搬运作业。正是装卸搬运活动把物流运动的各个阶段联结起来,使之成为连续的流动过程。在生产企业物流中,装卸搬运成为各生产工序间联结的纽带,它是从原材料、设备等装卸搬运开始,至产品装卸搬运为止的连续作业过程。在流通物流中,装卸搬运成为生产企业、仓储、消费者等各个环节的联结纽带。因此,装卸搬运是影响物流效率的重要环节。

按不同的作业地点,装卸搬运可分为仓库装卸、铁路装卸、港口装卸、汽车车站装卸、机场飞机装卸等。仓库装卸配合出库、入库、维护保养等活动进行,并且以取货、上架、堆垛等操作为主。铁路装卸是对火车车皮的装进及卸出,通常一次作业就实现一车皮的装卸,而仓库装卸有时是零装整卸或整装零卸。港口装卸很复杂,既包括码头前沿的装卸船作业,又包括后方准备性的装卸搬运,有的港口还采用小船在码头和大船之间过驳的办法,须经过几次的装卸搬运才能实现船与陆地上货物的转移过程。汽车装卸一般只需一次装卸就可完成任务且一次装卸批量不大,由于汽车的灵活性,可以很少或完全减去搬运活动。机场飞机装卸至少需两次装卸一次搬运才能完成,即货物从仓库装上搬运车,再从搬运车装上飞机。

装卸搬运的基本动作包括装车(船)、卸车(船)、堆垛、入库、出库以及联结上述各项活动的短程输送,是随运输和保管等活动而产生的必要活动。在物流过程中,装卸搬运活动是不断出现和反复进行的,它出现的频率高于其他各项物流活动,且每次装卸搬运都要花费较长时间,所以往往也是决定物流效率的关键环节。据我国铁路部门的统计,火车货运以500 km为分界点,运距超过500 km时,运输在途时间超过装卸时间;运距低于500 km时,装卸时间则超过实际运输时间。据远洋船公司统计,美国与日本之间的远

洋船运，一次往返需要25天时间，其中运输时间为13天，装卸时间为12天。

装卸搬运的对象是物料，而物料通常可分为：集装箱、干散货、液散货和件杂货四大类。图4-6为集装箱码头平面示意图。

1）集装箱

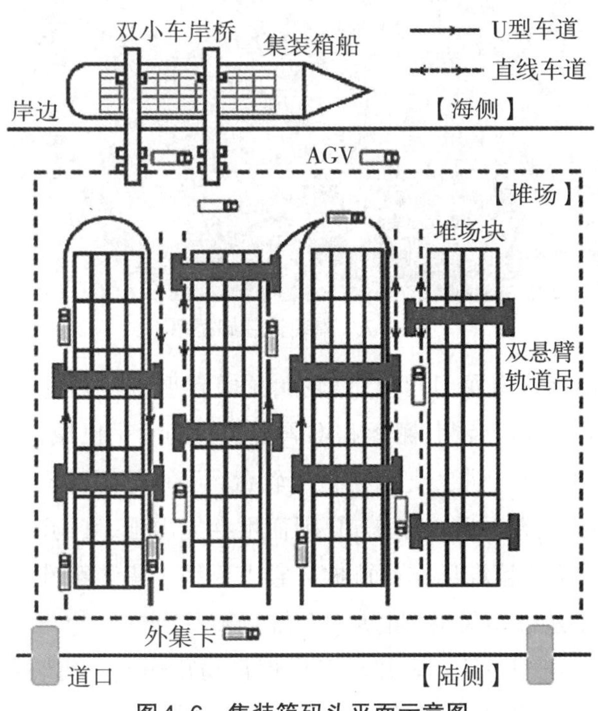

图4-6　集装箱码头平面示意图

小型集装箱一般采用内燃式叉车或电瓶式叉车作业。5 t及5 t以上的集装箱用龙门起重机或旋转起重机装卸，搬运可采用叉车、集装箱跨运车、集装箱牵引车和集装箱搬运车等。

为了有效地提高集装箱码头的装卸效率，加速船、车、箱的周转，缩短其在港停留时间，集装箱码头采用高效专用机械设备，实现装卸搬运作业机械化。整个集装箱码头机械化系统包括码头前沿机械、水平搬运机械、堆场作业机械等。

码头前沿机械包括岸壁集装箱起重机、多用途桥式起重机、高架轮胎式起重机及适用于吞吐量较小的港口的其他机械。岸壁集装箱起重机又称集装箱装卸桥、桥吊，是集装箱码头前沿机械，承担集装箱装、卸船作业的主要任务。该机是适用于大吞吐量集装箱码头的高效专业机械，其装卸效率一般为20标准箱/h，起重量为30~35 t，外伸距为35~38 m，内伸距一般为8~16 m。桥吊是码头上用于将集装箱吊起进行装卸作业的起重机，是码头的心脏。桥吊作业能力决定着一个码头的货物吞吐能力。2022年6月28日，山东港口青岛港自动化码头传来捷报，在“德翔许明”轮作业中，自动化码头桥吊平均单机作业效率，达到了60.18自然箱/h；桥吊最高单机作业效率，达到67.76自然箱/h。效率一举提升14.2%,第9次刷新自动化码头装卸效率世界纪录。图4-7为集装箱装卸桥吊。

图4-7 集装箱装卸桥吊

堆场作业机械包括轨道龙门起重机、轮胎龙门起重机、集装箱叉车等。轨道龙门起重机是集装箱码头堆场进行装卸、搬运和堆码集装箱的专用机械。它由两片双悬臂的门架组成,两侧门腿用下横梁连接,支承在行走轮台,可在轨道上行走。该机通常可堆4~5层集装箱,可跨多列集装箱及跨一个车道,因而堆存能力强,堆场面积利用率高。轮胎龙门起重机是最常见的集装箱堆场作业机械。它主要用于集装箱堆场的装卸、搬运及堆场作业。该机主要特点是机动灵活,可从一个堆场转移到另一个堆场作业,通常可堆3~4层集装箱,提高了堆场面积利用率,并易于实现自动化作业。集装箱叉车是集装箱码头常用的专门机械,其主要优点是机动灵活,可用于集装箱堆场装卸、堆码及搬运作业,也可用于装卸船及拆装箱作业。图4-8为轨道式龙门起重机。

图4-8 轨道式龙门起重机

随着大型现代化集装箱码头的不断发展,对装卸搬运技术的高速化和自动化程度的

要求越来越高，码头的装卸量也越来越大，因此，集装箱码头装卸搬运以及码头布置方面目前正处于不断地创新和发展之中，其目的主要是提高集装箱码头船舶装卸作业的效率。其中主要的新颖工艺有以下2种：

一是底盘车列与轮胎式龙门吊配合：在一般的龙门吊方式中，从码头前沿到堆场的集装箱搬运都是由场地牵引车拖带一节底盘车运行的。但是如果场地面积很大，装卸的集装箱数量很多，或场地离岸壁前沿的距离较远时，就可采用一台牵引车同时牵引2台以上的底盘车（半挂车）组成底盘车列的方式运行。二是AGV系统：AGV系统是目前国际上最先进的集装箱装卸搬运系统。其中自动化程度很高的大型岸边集装箱起重机、AGV、无人驾驶轨道龙门起重机及进出大门的自动识别系统是组成此系统的关键。每辆AGV可装运一个40英尺集装箱或2个20英尺集装箱，运行于码头前沿和堆场之间。堆场通常垂直于码头前沿布置，轨道龙门起重机在其跨距内可堆箱6排4层，根据接收控制中心的指令进行作业。在堆场沿码头一侧，轨道龙门起重机接运由AGV运来的集装箱，堆放在堆场的指定箱位，或把堆场上的指定装船集装箱运送并装到AGV上。在堆场沿陆侧，即堆场靠近进出闸口的一侧，轨道龙门起重机全自动或通过中控室遥控完成装卸集装箱、装卸上下拖挂车的作业。

2）干散货

干散货是指呈松散颗粒（或者粉末）状的、不计件的货物，如煤、矿石、沙子等。干散货一般采用抓斗起重机、装卸机、链斗装车机和连续输送机等装车，采用自动方式卸车。图4-9为码头抓斗起重机。

图4-9　码头抓斗起重机

目前，干散货装卸方法基本上可分为以下4种：倾翻法、重力法、气力输送法、机械法。倾翻法指将运载工具的载货部分倾翻，使货物卸出的方法，主要用于铁路敞车和自卸汽车的卸货。敞车被送入翻车机，夹紧固定后，和翻车机一起翻转，货物倒入翻车机下面的受料槽。带有可旋转车钩的敞车和一次翻两节车的大型翻车机配合作业，可以实现列车不解体卸车，卸车效率可达5 000 t/时。重力法指利用货物的势能来完成装卸作业的方法。主要适用于铁路运输业，汽车也可用这种方法装载，重力法装车设备有筒仓、溜槽、隧洞等3类。筒仓、溜槽装铁路车辆时效率可达5 000~6 000 t/时。以直径6.5m左右的钢管埋入矿石堆或煤堆，制成装车隧洞，洞顶有风动闸刀，列车徐行通过隧洞，风动闸门开启，货物流入车内，每小时可装1.0万~1.2万t。一次可装5辆车的长隧洞斗车效率高达1.5万t/h。重力卸车主要指底开门车或漏斗车在高轴线或卸车坑道上自动开启车门，煤或矿石依靠重力自行流出的卸车方法。列车边走边卸，整列的卸车效率可达1.0万t/h。

3）液散货

液散货是指以液体状运输和储存的货物。主要货物有石油及成品油、液化气和液体化学品。液散货装卸搬运设备主要包括输油泵、管线及附加设备。图4-10为码头输油设备。

图4-10 码头输油设备

液散货的装卸作业包括液散货的装卸船和装卸车等作业。海上大量液散货是用专用液散货船来进行运输的，液散货船都备有高效的油泵。每小时装油或卸油能力多选用船载重量的1/10或稍多。我国液散货装船一般用设在岸上的油泵，比如向10万t级液散货船装油用4台油泵，每台生产率为3 000 m^3/h，用10 h可装满。装原油、重油及轻油多采用离心泵，所装重油的流量较小时，也有用活塞泵，装卸润滑油用齿轮泵。目前我国大部分铁路轻油罐车均无下卸口，故采用鹤管上装为主。罐装方法有泵装和自流装车，其中自流装车是在有条件的地方，利用地形高差自流罐装。原油及重油卸车时，采用密闭自流下卸方式，敞开自流下卸方式与泵抽下卸方式。轻油卸车均采用上卸方式，所以要设卸油台，卸油台与装油台基本相似。

4）件杂货

件杂货是指在运输、装卸和保管中成件的有包装的(或无包装的大件)货物。有包装的货物一般是指怕湿、怕晒、需要在仓库内存放并且多用棚车装运的货物，如日用百货、五金器材等，包装方式很多，有箱装、桶装、筐装、袋装、捆装等。该类货物一般采用叉车，并配以托盘进行装卸作业，采用牵引车、挂车和带式输送机来搬运。无包装的大件如大型钢梁、混凝土构件等采用轨道式起重机和自行式起重机来装卸搬运。

4.2.3.2　装卸搬运效率管理

装卸搬运的效率对整个物流效率会产生重大影响，很多物流企业都在想办法通过改善装卸搬运环节的效率从而提升整体的物流时效。下面介绍7种改善方案。

(1) 合理选择物料装卸搬运的方式。物料/成品装卸搬运过程中，我们需根据不同物料的特点，选用合理的装卸搬运方式。须根据物料的特征，选择集中作业还是散装作业。对同一种物料进行装卸搬运作业时，可采用集中作业方式。

(2) 减少物料的无效装卸搬运。装卸搬运无效作业的表现，主要为物料装卸搬运次数过多。物料装卸搬运的次数过多，会增加成本，使整个企业物料流通的速度变慢，并增加物料被损坏的可能性。因此，在进行物料的装卸搬运时，要尽可能地取消或合并某些作业环节。

(3) 物料装卸搬运操作科学化。是指作业过程中要保证物料完好、不受损坏，杜绝野蛮式作业，同时保证作业人员的人身安全。使用物料搬运装卸设备、设施时，要注意它们的负荷率，应在设备、设施的允许范围之内，严禁超额、超限使用。

(4) 协调装卸搬运作业和其他作业。物料/成品搬运作业与其他作业之间需要统筹兼顾、协调统一，才可能充分发挥物料装卸搬运的纽带作用。要实现装卸搬运作业和其他作业的相互协调，可以通过标准化操作来实现。装卸搬运作业的标准化是指对物料装卸搬运作业的程序、设备、设施及物料单元等制订一个统一的标准。有了统一的标准，在协调装卸搬运作业和其他作业时才会更方便。

(5) 单元载料和系统化操作相结合。装卸搬运过程中，应尽量使用托盘和集装箱进行作业活动。托盘将物料彼此分隔开来，进行分类时更方便、灵活；集装箱将单元化的物料集中起来组成大批量，能采用机械设备装卸搬运，效率更高。

(6) 利用机械设备实现作业规模化。机械设备可以进行大量作业，进而产生规模经济。因此，在条件允许的情况下，用机械设备作业代替人工作业，能有效地提高装卸搬运作业的效率，并降低装卸搬运成本。

(7) 利用重力进行物料装卸搬运。装卸搬运过程中，要考虑重力的因素，并对其加以利用。利用重力就是利用高度差，在装卸搬运过程中使用滑槽、滑板等简单的工具，便可以利用物料自身的重量从高处自动地滑下，以减少劳动力、机械和能源消耗。

总而言之，物流过程中，装卸搬运是必不可少的一环。想要提升物流时效，提高装卸搬运效率是一个非常好的突破口。

4.2.4 配送环节

4.2.4.1 配送效率概述

物流配送是一门比较庞杂的科目，但是它有一个核心理念，即以最低的物流成本，满足客户需求，实现较高的物流配送效率，帮助企业获得最大的利润。

在成熟的电商生态下，根据生产组织形式和对应履约模式特征可将配送划分为3类：网络化快递、仓配一体化和即时配送。依据物流履约的距离将网络化快递和仓配一体化模式概括为非近场物流，而即时配送则为近场物流。3种履约方式在上游商家、时效履约和资产建设方面存在差异。

（1）网络化快递的上游多为小B商家，分布较为分散；仓配一体化更多服务于大B商家，运送产品多为便于预测销量的标准品；即时配送的上游需求多来自同城较为分散化的客户，并且对时效性要求极高。

（2）网络化快递主要服务于点对点的物流需求，依赖收、转、运、派4个环节将物品运送至客户手中，代表公司主要是各大快递公司；仓配一体化主要依赖将商品提前仓储到中心仓及前置仓，待到用户下单之后直接从仓库运送至用户手中，代表公司包括电商物流公司、烟草物流公司、商超配送公司等；即时配送应用于距离更近的点对点运输需求，通常情况下不依赖仓储和转运而直接实现点对点送达。当前即时配送服务的主要场景有外卖、B2C零售、快递及落地末端配送、C2C配送需求等，其中餐饮外卖是即时配送主要需求来源。

对比来看，三者最大的差异在于商品供给距离消费者的距离，并最终反映在运输时效上。快递商品距离消费者较远，更长运输距离导致更慢的运输时效，但“一点发全国”的特征使备货、仓储、运输的综合成本较低。仓配一体化属于快递和即时配送的折中模式，商品距离消费者比快递近、比即时配送远，商家可以在有限的仓库中备货实现快于快递模式的物流时效，但对应的综合成本更高。即时配送模式下商品距离消费者最近，最快的物流时效通常是以大量的备货和更高的配送成本为前提，迎合了消费者的即时需求，提升了社会资源使用率。即时配送即点对点、无中转的快速准时送达服务，时效一般在1 h以内，覆盖范围通常在5 km以内。图4-11为即时配送、仓配、快递配送模式示意图。

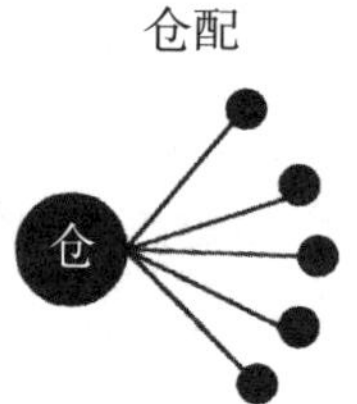

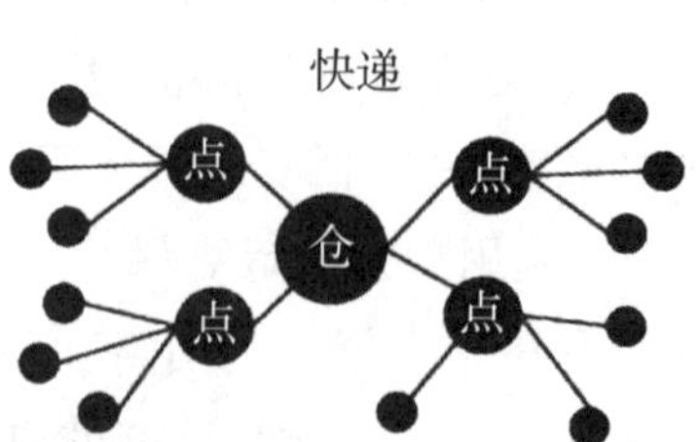

图4-11 即时配送、仓配、快递配送模式示意图

4.2.4.2　配送效率管理

（1）合理规划配送网络。若想提升配送时效，就要从物流底层服务的设计上多方面考虑，比如说路由、时效等。在配送网络规划上，可以结合算法模型设计，从而筛选设计出最优的配送网络。

（2）优化相关配送环节。要想让配送运输环节更加快速便利，在作业批次的控制上可以配合分拨作业批次的时间安排，通过调整配载路由，让一些货物在不能满足直发班车时间的情况下也可以通过其他分拨进行中转，进而将时效偏差降到最低。另外在分拨作业层面，可以通过自动化设备提升作业效率，还可以通过监控的图像识别进行爆仓、堵塞等异常情况的预判，提前做好应对方案。

参考文献

[1] 朱传波. 物流与供应链管理：新商业、新链接、新物流[M]. 北京：机械工业出版社，2018.

[2] 李文斐，苏荣球. 现代物流技术与装备[M]. 北京：中国人民大学出版社，2013.

[3] 刘小玲，刘海东. 物流装卸搬运设备与技术[M]. 杭州：浙江大学出版社，2018.

[4] 金跃跃，刘昌祺，刘康. 现代化智能物流装备与技术[M]. 北京：化学工业出版社，2020.

问题与思考

1. 公路运输、铁路运输、水路运输、航空运输分别有什么优缺点？

2. 什么是甩挂运输？

3. 什么是国际多式联运？

4. 与仓储效率有关的指标有哪些？请简单列举并阐述其含义。

5. 高效的仓库可以最大限度地利用空间，简化运营并提高工人的生产力。请思考如何提高仓库管理效率。

6. 网络化快递、仓配一体化和即时配送都是常见的配送类型，请具体说说它们有何异同。

7. 常见的堆场作业机械有哪些？请分别说说它们的优点。

8. 干散货装卸方法有哪几种？请分别简述其适用场景。

9. 装卸搬运的效率对整个物流效率会产生重大影响，请思考如何通过改善装卸搬运环节的效率提升整体的物流时效。

10. 请对下面案例进行阅读并分析。

案例4-3:自动化立体仓库——化工行业智能化物流仓储解决方案

化工行业是国家的基础产业和支柱产业,其发展速度和规模影响着社会经济的方方面面。化工行业产品多样,产量高,但因生产工艺,普遍存在气味问题,作业的仓储环境并不宜人,常年存在招人难和人工成本高的问题。且化工行业仓储面积需求大,传统的仓库库容按水平横向发展,在寸土寸金的城市里,置地费用和人工成本无疑是化工行业发展道路上的巨大挑战,智能化物流仓储逐渐成为制造企业生存发展的刚需。

F公司自动仓储事业部专业提供一站式智慧物流仓储解决方案,充分应用仓储空间和有效面积,通过软件技术实现设备的联网控制,从而做到高效、集中、立体地处理货物和数据输出。F公司提供的仓储系列产品包括:巷道堆垛机、轻/重型堆垛机、输送机、穿梭车、立体库管理系统、移动小车等。

F公司的客户是一家专业从事电线电缆专用高分子材料—电缆绝缘材料的研发、生产与销售的企业。因生产的成品(电缆料)品种多、包装形式不一,存在仓储人工成本高,作业效率低等存储问题。

F为客户提供了适用于化工行业的智能仓储物流整体解决方案,集成了旗下多款产品:堆垛机、有轨制导车辆(Rail Guided Vehicle, RGV)、自动组盘机等,实现MES、ERP等软件与WMS互联,有效地解决客户痛点问题,实现工厂自动化的升级。

在入库区,叉式提升机和辊式提升机配合货物到达入库区,入库输送机,RGV小车自动将货物规整入库(见案例4-3图1)。同时入库口设有拆盘机,母托盘自动拆盘供应。

案例4-3图1　自动化立体仓库入库区

在货架区,按照产品的不同包装形式,打造多个不同货物规格的货位,采用重型转弯堆垛机设备,承重能力强,载重可达2 t,快速实现仓储货物的存取(见案例4-3图2)。

案例4-3图2　自动化立体仓库货架区

在出库区，2个出库口，设有自动组盘机，多套出库输送机和RGV小车，共同完成产品自动输送（见案例4-3图3）。自动组盘机实现不同规格形状的组盘作业，无须人工对位，精准度提高，人工作业减少，从而节约了时间与人力成本。

案例4-3图3　自动化立体仓库出库区

自动化立体仓库和传统仓库对比，库容纵向拓展，充分利用高层空间，最高可操作高度达40 m，库容增加一倍，有效地提高了仓储空间的利用率。此外，自动化立体仓库实现WMS和生产制造系统MES无缝对接，出入库皆为电脑自动扫描；堆垛机自动取货，RGV小车自动搬运，不易造成事故和货损，数据精准可达99.9%；先进先出，在线更新，及时便捷，有效实现人、货、车、设备的全方位管控，显著提高了仓储作业效率。

思考：

与传统仓库相比，F为客户提供的智能仓储物流整体解决方案优势体现在哪里？有哪些亮点？

第5章 优服务的现代物流

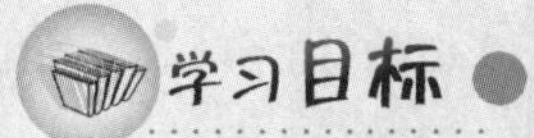

1. 掌握物流服务的概念并了解其重要性；
2. 掌握物流服务按价值创造能力和服务领域分类；
3. 了解3种物流服务的典型类型，并结合相关案例，把握物流服务发展趋势。

企业的任何业务，其产生和发展的基础都是向顾客提供服务，并尽力满足其需要。在当前市场竞争激烈的时代，很多企业都提供了在价格、特性和质量方面类似的产品，这时候，物流服务的差异性成为企业超越竞争对手的关键。竞争日益激烈的国内、国际市场和日益多元化的消费者价值取向，促进了现代物流服务快速发展。

案例5-1：H公司为HP提供的物流服务

H物流公司是HP的第三方物流管理商，负责管理零部件仓库和世界各地供应商货品的进口运输。随着HP减少直接开支，允许低成本服务商接管原来由HP自己管理的一些事务，H公司的作用逐步增大。

现在H公司做的所有工作，过去都是HP自己做的。与使用HP自己的员工相比，和H公司合作可以节省开支40%，而且H公司更多使用临时工和兼职人员，这样可以根据订单的多少灵活招聘。H公司管理着HP的11座仓库，除了管理上千万美元的库存，还从HP手中接过了运输管理业务。

在H公司管理运输之前，HP产品的国际空运通常耗时17天，国内空运需要7~8天，供应商为了赶上配送时间，通常要加班。如今，H公司保证在美国境内的运送时间是1~4天，国外的运送时间是4天，99%的产品都能按时送达。

H公司和HP之间签订了一个颇具激励性的合同，H公司必须在不提价的前提下，达到一系列指标。当H公司成功地把成本减少12%时，其中的4%作为奖励给予H公司。成本得以缩减，很大程度上得益于H公司在200多名员工中进行的交叉培训。

物流服务的生产不再是为企业本身服务，而是为需方提供专门服务。采用专业化的物流服务可以让企业获取竞争优势。如今，越来越多的生产和流通类企业通过物流业务外包方式外购物流服务，以提高自己的核心竞争力。

思考：

(1) 在上述案例中，H公司为HP提供了哪些物流服务？

(2) HP物流外包带来了哪些益处？

5.1　物流服务概述

物流服务是供应链过程管理的产物,物流服务水平是衡量物流系统为顾客创造的时间和地点效用能力的尺度。当今的每一个行业,消费者都有很大的选择空间,物流服务水平直接影响着企业的市场份额和物流总成本,并最终影响其盈利能力。本节内容将从物流服务的概念、重要性及分类方式进行阐述。

5.1.1　物流服务基本概念

物流服务存在于人类社会的一切生产、生活活动之中。有效的物流服务可以使人们及时获得生活资料,使企业高效、连续地开展生产经营活动,甚至是国家安全的重要保证。

许多学者从不同角度对物流服务进行了定义。有的学者认为,物流服务具有一般客户服务的特征,如果能得到有效利用,是能够对创造需求、保持客户忠诚产生重大影响的首要变量。还有的学者将多数企业的物流服务更简单地表述为:使(客户)得到所订购产品的速度和可靠程度。《物流术语》(GB/T 18354—2021)中对物流服务的定义是:为满足客户物流需求所实施的一系列物流活动过程及其产生的结果。

综上所述,物流服务是物流企业或企业的物流部门为了满足客户的物流需求,开展一系列物流活动的结果,包括从接收客户订单开始到商品送到客户手中为止的所有服务活动。

物流服务包含3个方面的基本要素:

(1) 能提供顾客需要的产品或服务;

(2) 能在顾客期望的时间内将产品或服务传递到顾客手中;

(3) 所提供的产品或服务的质量能够符合客户的期望。

5.1.2　物流服务的重要性

(1) 物流是企业生产和销售的重要环节,是保证企业高效经营的重要方面。对于一个制造型企业来说,物流包括从采购、生产到销售这一系列供应链环节中涉及的仓储、运输、搬运、包装等各项物流活动,它是贯穿企业活动始终的。只有物流顺畅,才能保证企业的正常运行。同时,物流服务还是提高企业竞争力的重要方面,及时准确地为客户提供产品和服务,已成为企业之间除了价格以外的重要竞争因素。

(2) 物流服务水平是构建物流系统的前提条件。物流服务水平不同,物流的形式将随之变化,因此,物流服务水平是构建物流系统的前提条件。企业的物流网络如何规划、物流设施如何设置、物流战略怎样制定,都必须建立在一定的物流服务水平之上。不确定一定的物流服务水平而空谈物流,是“无源之水,无本之木”。

(3) 物流服务水平是降低物流成本的依据。物流在降低成本方面起着重要的作用。物流成本的降低必须优先考虑物流服务水平,在保证一定物流服务水平的前提下尽量降低物流成本。从这个意义上说,物流服务水平是降低物流成本的依据。

(4) 物流服务起着连接厂家、批发商和消费者的作用,是国民经济不可缺少的部分。

5.1.3 物流服务的分类

5.1.3.1 按价值创造能力分类

按价值创造能力分类,物流服务可以分为基本物流服务和增值物流服务。

1) 基本物流服务

基本物流服务是指物流企业能够向客户提供的最低限度和基础的服务,如运输、储存、包装、装卸、流通加工、配送、提供物流信息等。基本物流服务可以做到的是满足客户对物流的一般需求。例如,在客户有运输需求时,通过物流企业可以得到公路和铁路等的运输服务;在客户有存货的需求时,可以得到合适的仓库库容。

基本的物流服务水准从可得性、作业绩效及服务可靠性等方面来衡量。可得性是指当顾客需要存货时所拥有的库存能力,这意味着拥有存货,能始终如一地满足顾客对材料和产品的需求。可得性主要通过缺货频率、满足率和发出订单的完成情况3个性能指标来衡量。作业绩效是处理从订货入库到交付的过程,涉及交货速度和服务一致性,主要通过运作速度、持续性、灵活性和故障的补救等4个方面来衡量。服务可靠性涉及物流的质量属性,关系到企业是否具备实施与交货相关的所有业务活动的能力,表现为以下特征:完好无损地到货、结算准确无误、货物准确地运抵目的地、到货货物的数量完全符合订单的要求、企业有能力或有意愿向客户提供有关实际运作以及订购货物的准确信息。

2) 增值物流服务

所谓增值物流服务就是在提供基本物流服务的基础上,满足更多的顾客期望,为客户提供更多的价值和不同于其他企业的优质服务,如市场调查与预测、库存控制决策建议、订货指导、业务运作过程诊断、各种代办业务和物流全过程追踪等服务,即针对特定客户或特定的物流活动,在基本服务基础上提供的定制化服务。

增值服务能力是竞争力强的企业区别于一般企业的重要方面。有时,在基本服务的基础上也能够实现增值服务。例如,丰田汽车公司提出一个星期的交货期,在基本服务的基础上为客户提供了其他公司无法做到的增值服务。

一般的附加增值服务包括订单处理、货物验收、货物的再包装与简单的流通加工、代办货物保险、代办通关、代收货款、安装调试、货物回收和替换等。

高级的物流增值服务包括库存分析与控制、销售预测、分销中心的建立、供应链设计

和管理、经销渠道和采购渠道的设计、供应商和经销商的协调与管理建议、物流系统规划、物流成本核算分析等。

案例5-2:I物流公司为HT提供的物流服务

I物流公司是佛山物流业的旗帜企业。多年来,I物流都锁定食品物流这一市场来经营,为多家企业提供了先进的物流一体化服务,积累了丰富的经验。

其中最为成功的一个案例,就是为HT公司提供的仓储配送业务。I物流是唯一为HT提供物流一体化服务的合作伙伴。HT公司的产成品从生产线下来,直接通过大型拖车进入I物流仓库。I公司通过信息系统跟踪货物库存信息、出入库管理、业务过程管理、运输监控,并能自动生成各种数据报表,与HT公司实时共享信息,满足了HT公司安全、及时、准确的配送要求。确保产品最优流入、保管、流出仓库。通过I物流仓储配送服务,HT可以集中发展主业,将精力集中于生产上,增强了企业在该行业中的核心竞争力。通过I物流先进的物流信息管理系统,HT调味品公司可以快速、正确、简便地下单,确保配送计划、库存计划等的顺利完成。

I物流公司,在产品逐渐趋向无差异化的情形下,最佳做法就是突显服务的差异。物流服务对于物流公司来说至关重要,也正是I物流安身立命之所在。

I物流公司有一套很完整的管理细则和操作规范,并根据每一个客户个性化的要求,制定服务方针。有时候因客户原因造成的责任,他们也会主动去解决问题,不会去推卸,不会去找理由。他们不但关注直接客户的服务,而且也关注客户的客户,这对直接客户的业务会起到很关键的作用,也因为这一点客户都对I物流非常满意,他们的业务量也就多了起来。

思考:

(1)I物流公司是如何为HT公司提供一体化物流服务的?

(2)I物流公司安身立命的法宝是什么?

5.1.3.2　按服务领域分类

按服务领域分类,物流服务可以分为企业物流服务、社会物流服务和生活物流服务。

企业物流服务是指在企业生产经营过程中,物品从原材料采购、生产加工,到产成品和销售,以及伴随生产消费过程所产生的废弃物回收及利用的完整循环活动。《物流术语》(GB/T 18354—2021)中,企业物流(Enterprise Logistics)的定义是生产和流通企业围绕其经营活动所发生的物流活动。它是和社会物流、生活物流相对应的。从企业类型的角度可以分为制造型企业的物流服务和服务型企业的物流服务。

社会物流服务是指超越一家一户,以整个社会为范畴,以面向社会为目的的物流服务。这种社会性较强的物流服务往往是由专门的物流提供者承担的,社会物流的范畴是社会经济大领域。城市物流、区域物流、国际物流等均属于社会物流服务的范畴。

生活物流服务是指从生活的角度、从细小的需求出发的物品流通服务。生活物流主要包括搬家、清洁、采购、运货、安装、家财保管等相关的物流服务。比如搬家服务平台,提供多种搬家套餐且价格透明,包括拆装保护、全程搬运、便捷运输、专属客服等一系列专业服务。

5.2 物流服务的典型类型

在现代企业竞争中，物流服务的作用越来越重要。本节内容将从供应链服务、物流金融服务、外贸综合服务3个典型类型进行介绍。

5.2.1 供应链服务

5.2.1.1 供应链服务内涵

供应链服务与供应链管理是2个不同的概念，但在实际运用中时常被混淆。供应链管理是指公司内部对其自身的供应链进行管理，而《物流术语》(GB/T 18354—2021)中对“供应链服务”的定义是：面向客户上下游业务，应用现代管理和技术手段，对其商流、物流、信息流和资金流进行整合和优化，形成以共享、开放、协同等为特征，为客户创造价值的经济活动。如表5-1所示，供应链服务其实就是将公司供应链管理业务内容外包的一个过程。供应链服务公司通常具备提供物流、商流、信息流和资金流4个方面的服务，就像是一个大超市，客户能够自主选择他所需要的单个或者“四流协同”的整合服务。供应链服务公司打破了地域、行业、企业及上下游之间的屏障，为客户节约成本、提升价值的同时，实现企业自身价值的增值。

表5-1 供应链服务“四流协同”的主要功能及内涵

类别	主要功能	供应链服务公司能提供的服务项目
商流	货物在由供应者向需求者转移时，货物与其他等价物的交换和货物所有权的转移	参与市场调研、做出需求预测、谈判撮合、作为交易对手参与货物的买卖交易
资金流	随着商品实物及其所有权的转移而伴随发生的资金往来	商业信用放大、融通仓、代垫税款、代开信用证、外汇支付便利服务
物流	货物从供应者到最终用户的全程实体形态的流动	运输、仓储、包装、装卸、分拣、供应商库存管理、通关保税、集货、其他增值服务
信息流	物流、资金流、商流的流动影像，分为信息采集、传递和加工处理	条码管理、在途查询、数据报送、供应链管理系统开发

“四流协同”是供应链服务的基本内容，近年来，随着业务的需要，许多供应链服务公司开始提出了“五流协同”的概念。增加了“工作流”这一内容，就是将业务流程自动化，使各环节能够无缝对接；增加了“增值流”，即在完成基本功能基础上，根据客户需求提供各种延伸业务活动，比如融资支持、信息服务及所有相关服务。

从供应链的组成来看，供应链服务的工作流程可分为供应链上游、中游以及下游三段。上游段落的工作主要包含设计、采购及生产。以顾客为中心，先分析顾客需求，设计和开发产品，后选择生产商和供应商，制定生产计划，采购原材料，监控生产和保证品质。

中游段落工作主要是批发与代理，具体可分为合约生产、顾客需求分析、物流、市场营销和销售渠道管理。下游段落主要负责零售，主要是零售商的市场策划、顾客服务的需求分析，以及零售商和供货商之间的直接配送和中央仓配送。在整个上、中、下游的供应链服务工作流程中，配套的物流、信息流及资金流服务是必不可少的。

关于供应链服务内涵，还有一个关键的问题是：供应链服务公司的利润从哪来呢？通过对供应链服务公司的服务项目进行分析，供应链服务的利润主要来源于以下5个渠道：①单纯降低单位成本的运输费用、仓储费用以及其他物流费用；②有效实现物流运作的一体化设计和系统集成服务，减少物流运作过程在时间和空间上的消耗，提高物流运作效率；③通过提高物流全过程的科技信息含量，实现物流作业的增值效益；④为上下游提供增值服务；⑤提供融资、信息等服务。

我们可以将供应链服务的利润来源归纳为服务、管理以及协同3个关键词，供应链服务的利润就是围绕这3个关键词的组合而形成。

（1）服务。包括设计服务、执行服务、反馈服务，成为客户的服务专家，为客户提供定制化的服务解决方案。

（2）管理。帮助生产企业管理其供应链上的采购、生产与分销，成为客户的管理专家，以更高的服务水平和更低的服务成本获得最佳的服务绩效。

（3）协同。让物流与资金流、信息流、商流密切结合，达到增值效果，成为客户的设计专家，实现真正的四流协同。

案例5-3：G空调的供应链物流管理变革

有数据显示，中国制造型企业的产品生产周期中90%以上的时间要花在物流服务活动上。偏低的物流效率和偏高的物流仓储成本是令中国企业苦恼的难题。G公司针对其空调产品供应链的库存问题，应用供应链物流管理的理论和信息化技术，全面改革其供应链上、下游的物资供应和管理模式，取得了较好的效果。

G公司是一家以家电为主要产品的大型综合性现代化企业。尽管其空调产品的销售量多年名列我国空调产业的前茅，然而竞争十分激烈的市场仍让其感到压力。近年来，G公司先后在降低市场费用、降低采购价格等方面频繁变招，为的是优化其运营成本与效率。后来，G公司对其空调产品的供应链物流管理进行了变革。

最初，G公司对供应商管理进行了变革。G公司空调产品的零配件品种数量一共有3万多种，较为稳定的供应商有300多家。原先这些零配件的供应和库存管理工作是由G公司自己承担的。为了保证生产系统的平稳运行，G公司设置了很多仓库，库存量大且库存周转率低。为了降低成本，G公司开始采取供应商库存管理（Vendor Managed Inventory，VMI）策略。在VMI策略下，G公司将原有的100多个仓库精简为8个区域仓库；对8 h内可以运到的零配件全部采取配送的方式供给；对运输距离长（运货时间3~5天）的外地供应商，允许其在G公司的仓库里租赁一个片区（仓库所有权归G公司），并将其零配件放到片区里面储备。当G公司需要用到这些零配件的时候，它会通过ERP系统平台通知供应商，然后再进行资金划拨、取货等工作。这时零配件的所有权才由供应商转移到G公司手上。在此之前,零配件尽管已存放在G公司的仓库内,所有权仍归供应商,因此相应的库存成本也由供应商承担。

实施VMI后,供应商不需要像以前一样疲于应付G公司的订单,而只需在G公司仓库片区中存放适当的库存(一般为满足3天需求的量)。实施这种变革之后,G公司的零部件库存周转率上升到70~80次/年,其零部件库存也由原来的平均5~7天存货水平大幅降低为3天左右。由此,G公司节约成本15%~20%。

在上游原材料供应管理方式变革的同时,G公司也加紧对其下游销售体系的管理进行变革。在经销商管理环节上,G公司为经销商安装了销售管理系统,利用该系统可以统计经销商的销售信息(如分公司、代理商、型号、数量、日期等),并对业务往来进行实时的对账和审核。作为经销商的供应商,G公司为经销商管理库存。即经销商无须备货,当经销商缺货时,G公司就会自动送过去,而不需经销商提醒。这样,G公司就可以有效地削减和精准地控制销售渠道上昂贵的存货,而不是任其堵塞在渠道中,让其占用经销商的大量资金。

经上述变革后,G公司空调成品的年库存周转率(一年内库存货物周转的次数,周转率越大说明销售情况越好)大约接近10次。空调的库存年周转率提高一次,可以直接为G公司节省超过2 000万元人民币的费用。2002年度,G公司的空调销售量比2001年度增长了50%~60%,但年平均成品库存却降低了9万台。

思考:

(1) 在上述案例中,G公司利用了哪些物流服务措施来改善其运营状况?

(2) G公司在对其供应链进行整合后为其带来了哪些好处?

(3) 根据上述案例,结合本章所讲述的内容,你认为G公司还可以通过哪些措施来进一步提高库存周转率及企业竞争力?

5.2.1.2 供应链服务的经典模式

1) 增值经销商供应链服务模式

增值经销是电子及IT行业的一种常见形式。增值经销商为所代理销售的产品附加某些性能或服务,随后将整合后的产品销售给终端用户或完成“交钥匙”方案。从一定程度上来讲,为产品附加服务的过程也就是对供应链资源进行整合的过程,因此,增值经销商业务的发展必然向供应链服务进行延伸。

案例5-4:YG——IT领域的国际分销巨头

YG是IT领域的国际分销巨头,不仅是全球最大的技术分销商,也是全球领先的技术销售、营销和物流公司,为全球范围内的IT行业提供综合服务,因此,具有供应链服务公司的性质。通过为技术伙伴创造需求和开发市场,YG对整个IT供应链起到重要作用。作为技术产品流通渠道的核心环节,YG通过独创性的产品线整合分销、市场支持活动、外包储运服务、技术支持和资金周转服务等途径,为厂商和分销商创造商机和利润空间。

目前,YG为其客户和供应商都提供了多种增值服务,其主要增值服务内容见案例5-4表1。从YG的增值服务内容中可以看出,其服务范围涵盖了从产品采购到终端销售整条IT供应链。YW是

YG旗下主要的供应链服务承担者，其业务范围已从IT行业扩展到非IT行业。YW通过降低成本、提高效率、对客户的供应链进行优化，尤其擅长多渠道的解决方案。

案例5-4表1　YG主要增值服务

服务类型	服务内容
供应链服务	产品采购、库存管理、订单管理与交付、反向物流、运输管理、配送、售后服务、贷款与应收账款管理等
技术支持	实施多厂商支持、技术专家、售前咨询支持等
培训服务	经销商及终端用户培训课程
财务信贷服务	经销商及终端用户信用额度的延伸、终端用户租赁计划等
营销服务	邮寄广告、媒体广告、电话营销、国内及区域内会展、网络营销等
商业智能服务	通过分析工具对数据库中终端用户记录进行分析，得出高度针对性的营销计划
电子商务服务	EDI、XML、互联网为基础的电子交易
经销商联合会服务	主持相关经销商联合会，为其提供业务联系和资源
云服务	信息协同、安全性解决方案、系统恢复

除了在IT领域，增值经销商供应链服务模式还常见于服装等行业。增值服务经销商供应链服务的重要特点就是掌握丰富的供应商和经销商资源，具有一定的规模和整合能力。

2）第三方物流供应链服务模式

一般的供应链服务公司都是由功能型物流服务提供商再转为综合型物流服务集成商，最后发展为供应链服务公司。第三方物流企业作为综合性物流服务集成商逐步将业务范围拓展到整个供应链上的资源整合中，其中UPS（联合包裹）就施行了第三方物流型供应链服务模式。

案例5-5：UPS的第三方物流型供应链服务模式

UPS于1907年作为一家信使公司成立于美国西雅图，2012年收购欧洲快递巨头TNT后，成为营业收入最高的全球第一大快递公司。经过多年的发展，UPS的业务已经不局限于简单的包裹快递业务，而是经过业务结构调整，拥有了3个业务部门：美国国内包裹业务、国际包裹业务、供应链及货运业务。案例5-5表1概括了这三大业务部门的服务内容及发展趋势。

案例5-5表1　UPS三大业务部门的服务内容及发展趋势

业务部门	发展趋势	基本服务	增值服务
美国国内包裹业务	比例逐年下降	国内限时包裹投递、特快加急、特速和快捷服务	网上发货、货款到收、超值保险、运输通知等

续表（案例5-5表1）

业务部门	发展趋势	基本服务	增值服务
国际包裹业务	比例逐步上升	包括在美国与境外之间及美国境外的全球特快加急、特速和快捷服务	国际货到付款、超值保险、国际货物直接运抵目的地国家或地区内的多个地址、全球集中清关、递送证明和通知服务等
供应链及货运业务	新业务在不断扩展，比例在不断上升	包括物流、货运、邮件和金融服务，物流与配给、运输、货运代理、国际贸易惯例和清关代理等	服务零配件物流、技术维修和配置、供应链设计和计划、退货管理和紧急零配件递送等

UPS供应链解决方案公司是在2002年正式成立运作的，正式将UPS的业务从单一的包裹递送扩展到以物流、快递、金融、供应链咨询为核心的全方位“第四方物流”管理，即全程供应链服务。其倡导的“三流合一”即物流、信息流、资金流的统一已经成为供应链服务的最佳实践之一。随着国内市场的逐渐成熟，国内一些领先的第三方物流公司也积极地向供应链服务模式转变，如顺丰速递的供应链金融服务、日日顺物流的居家大件供应链解决方案服务等。不同于增值经销商型供应链服务模式，由第三方物流企业发展而来的供应链服务模式一般都基于其强大的物流网络，以物流活动为中心为客户提供便捷的金融衍生服务或信息服务等，其核心竞争力就是重资产投资的物流服务能力。

3）综合商社供应链服务模式

综合商社发源于日本，并在韩国得以成功复制。它是以贸易为主体，集贸易、金融、信息、综合组织与服务功能于一体的跨国公司组织形式。有经济学家认为：综合商社是指在一定时间和场所中起中介作用的一类市场合作体系。其基本定位是提供交易服务，为出口商开发海外市场，为进口商提供最有效的商业动态、市场行情信息，监督贸易双方的商业信用，帮助筹集资金或安排交易，甚至提供全球范围内的运输服务。经过多年的发展，综合商社已经构筑起庞大的交易网络、信息网络和物流网络，它所提供的服务和功能也越来越全面，总体来说可归纳为五大功能，如表5-2所示。

表5-2　综合商社提供的服务功能

功能类型	服务内容
贸易功能	为合作伙伴提供广泛的贸易渠道，利用其市场推广力帮助匹配新市场的供需关系。
金融功能	提供商社信用、直接融资投资和租赁等服务。
产业功能	为贸易提供配套的仓储物流业、资源开发业、原材料加工业等产业支持。
信息功能	收集、整理、分析加工信息。为合作伙伴提供行业信息、国际市场行情等信息。
其他综合功能	包括物流、咨询、调研等其他服务。

对于综合商社而言，其服务范围不是各领域的“客户”，而是与商社产业相关的“战略合作伙伴”或者综合商社所属财团的相关制造公司。它们一般通过入股的方式，与贸易伙伴保持长期稳定的交易关系。

综合商社的供应链服务能力主要来源于其对“商权”的渗透能力。当企业准备进行海外扩张时，综合商社先一步进入市场为制造业铺路。通常它们先通过低比例持股本地企业，然后再不断追加投资，逐步掌握当地企业的销售网络和资源，学习本地化经营的经验，为之后进入的企业提供一体化的供应链服务。

4）一体化供应链服务模式

供应链服务企业的发展得益于服务全球化以及非核心业务外包的趋势。大多数供应链企业从贸易、物流或报关领域起步，进一步发展成为供应链服务公司。目前，这些企业的经营规模、业务领域和业务模式各不相同，有些着眼于物流环节，有的重点在融资服务，有的优势是品牌效应。

从运营模式上来看，一体化供应链服务企业具有以下共同特点：首先，企业的核心资产主要是信息、人力、网络等“软要素”，是典型的轻资产运作。其次，企业的核心竞争力体现在如何更有效地整合优化现有供应链。最后，它们的主要利润来源均是为企业提供增值服务所收取的佣金。

5）4种经典模式的比较

以上是国内外4种典型的供应链服务企业运营模式，它们的实质都是承接其他企业的非核心业务，并且都具备很强的资源整合能力。但是在资产比重、服务领域、服务功能等方面都各有不同。表5-3从资产比重、服务领域、服务功能、跨国性以及利润来源5个方面对这4种模式进行了比较。

表5-3　4种经典供应链服务模式比较

模式类型	资产比重	服务领域	服务功能	跨国性	利润来源
增值经销商供应链服务模式	轻资产	IT、服装等领域	围绕所代理销售的产品附加某些性能或服务	高度跨国化经营	增值产品
第三方物流供应链服务模式	重资产	市场领域广泛	物流供应链解决方案	高度跨国化经营	服务费
综合商社供应链服务模式	重资产	商社所涉及的领域	贸易功能、金融功能、产业功能、信息功能等	强调本国内管控，同时跨国发展	投资回报
一体化供应链服务模式	轻资产	市场领域广泛	从采购执行到分销执行的一系列非核心业务外包	本国内经营为主	服务费

5.2.1.3 供应链服务发展趋势

(1)制造业向供应链服务转型发展趋势明显。目前我国经济进入转型发展的新阶段,经济结构得以优化,尤其是加快第三产业的发展已经成为我国经济发展的重点领域之一。制造业和服务业两业联动,融合发展成为主流。制造业供应链服务化进程加快,从原来单纯强调生产和制造,转向制造和服务高度融合的供应链运营。比如,上海爱姆意公司从机电产品制造商转型,为装备制造企业、工业品经销商和用户提供供应链服务;海尔公司由传统的制造型企业转型,从供应链角度切入,更注重为客户提供优质的服务。随着政策导向、市场需求和产业环境的改变,制造业逐步向供应链服务转型已经成为必然趋势。

案例5-6:海尔供应链的转型升级

海尔是人们心目中"中国制造"的成功典范。作为一家传统制造企业,海尔的成功得益于海尔的董事局主席张总,他坚信互联网引领了"第三次工业革命",并由此带领海尔在互联网时代进行转型,通过设计和管理其供应链来支撑新的商业模式。

时代的变迁为中国家电市场带来了新的变化:第一,产品更加丰富。以电冰箱为例,以前每家厂商只生产几款不同容积的冰箱,现在的冰箱则动辄拥有数十项功能,款式也差别很大。第二,竞争更加激烈。更多跨国公司加入市场竞争,为客户带来更多款式和功能的产品。第三,营销渠道更加多元。与之前单一的大型百货商场相比,现在的客户可以通过专业渠道商(国美、苏宁)、厂商专卖店、商超、社区店等多种渠道买到家电。在这些因素叠加下,家电厂商所面对的客户需求不再是单一渠道、同质化需求(1×1),而是不同渠道下对不同款式和功能的需求($n\times n$)。

为了保持市场竞争力,海尔逐渐从传统制造向供应链服务型制造转型,具体如下。

(1)个性化和服务化的用户需求

服务型制造的核心是产品和服务的一体化,即产品是服务的载体,服务是产品的延伸,二者合二为一构成完整的用户体验。在此战略下,海尔不仅要为满足个性化用户需求而进行更深度的产品定制,而且要提供服务。然而,具体到审美、使用习惯、产品功能方面,用户的需求几乎是"千人千面"。作为厂商,事先预测这些需求所对应的产品、服务种类和数量是不可能完成的任务,这意味着海尔不能再走基于需求预测的推式生产的老路。

(2)建立CTO能力

通过以互联网为代表的新型工具,海尔初步实现了对用户真实需求的获取,但如何将这些个性化的需求以符合规模经济的形式生产出来?海尔仍需要建立与之相匹配的供应链能力。张总的做法是建立按订单配置能力(Configuration to Order, CTO)。所谓CTO是指企业针对个性化定制订单做出有效的拆解,将其转化为设计、制造、物流、采购等供应链中不同环节去做的子任务,供应链中各环节之间共享订单信息,共同完成订单。为提升CTO能力,海尔一方面持续改进自身的模块化供应链。以模块化设计环节为例,海尔通过与瑞典MM公司合作等方式将模块化拆分与用户个性化需求相结合。之前的模块拆分只是出于提高效率、降低成本的目的,而改进后的模块拆分还增加了用户个性化定制模块,如滚筒洗衣机中可自由变换色彩的门模块。

更大的创新在于对信息技术和"四新"(新材料、新技术、新工艺、新装备)制造技术的应用。信息技术的应用体现在打通用户下单界面与前后端流程(采购系统、制造系统和物流系统等)。

(3) 服务创新

对于用户体验中的服务部分,海尔同样做了很多文章。海尔旗下的渠道综合服务品牌——日日顺是海尔服务创新的典范。日日顺的核心目标是提高海尔的线下配送能力。通过在全国建立7 600多家县级专卖店,26 000个乡镇专卖店和19万个村级联络站;在中国2 800多个县建立物流配送站和客户配送专线,日日顺串成了一张强大的、覆盖全国的"送装同步"网络。此外,日日顺还进一步利用互联网工具提高网络响应速度和可视化、可追溯程度。在虚(互联网)实(物流网)结合的推动下,日日顺的配送速度得到了前所未有的提高,全国总共2 800多个区县,日日顺已经在其中的1 500多个实现了"24 h限时达",真正解决了三四级市场的配送难题。不仅如此,日日顺还推出了由用户指定送货时间的"按约送货",无论用户身在何地的"本地下单、异地送货"等多种配送服务,并在服务标准方面承诺"按约送达,超时免单""一次就好,多次免单""规范服务,违规免单"等,极大地提高了用户体验。

日日顺的创新还表现在提高海尔在其他环节的服务能力,形成优质服务闭环。在售前阶段,日日顺通过与家居厂商的合作,在其网站上推出了包括装修定制、家具定制、电器定制在内的一整套家居个性化解决方案。用户不需要再挨家挨户找装修、买家具、配电器,而是通过日日顺"一站式"设计出自己所喜好的家居整体效果,然后直接完成购买。这种售前设计服务同样提高了用户体验。在售后阶段,日日顺与海尔原有的星级服务中心形成互补,为用户提供更加个性化的售后服务。例如从用户购买海尔家电开始就为用户建立专属的海尔用户档案,令维修人员对用户家中海尔家电的型号和历史维修记录了如指掌,大大地节省了维修时间。

思考:

海尔公司哪些转变体现了供应链服务?

(2) "共荣共生"的生态圈模式将是供应链服务企业的发展之道。"整合""协调"是供应链服务企业的核心能力,作为功能型服务企业,供应链服务企业要通过整合、协调自身人、财、物等资源为客户创造更大的价值。目前,供应链服务已开始由平台模式转为生态圈模式。供应链生态圈是以生态为基础的新型商业模式,具有长远的战略价值。平台企业是价值的整合者,是多边群体的连接者,更是生态圈的主导者,其终极目标在于打造出拥有成长活力和盈利潜能的生态圈。而供应链上各环节企业与机构要加入平台生态圈来实现未来的发展,在生态圈中的企业相互依存,相互促进,构建能力互补的价值网络,实现全链条上关键的优势资源协同发展。

(3) 供应链金融服务将成为供应链服务发展重点方向。因受制于资产规模、管理规范等因素,融资问题向来是制约中小企业发展的主要因素,同时是整个供应链发展薄弱环节所在。在国家政策和市场需求的引导下,银行、电商平台、物流企业纷纷向供应链金融领域发力,为供应链服务的"四流合一"提供有力的资金服务,保证整个供应链运行的持续性和稳定性。

5.2.2 物流金融服务

5.2.2.1 物流金融的概念

物流金融是指在物流运营过程中,与物流相关的企业通过金融市场和金融机构,运用金融工具使物流产生的价值得以增值的融资和结算的服务活动。

这种新型金融服务原本属于金融衍生工具的一种,之所以称为物流金融业务,而不是传统的抵押贷款或者质押融资,是因为在其发展过程中,逐渐改变了传统金融贷款过程中银行、申请贷款企业双方面的权责关系,也完全不同于担保贷款中担保方承担连带赔偿责任的三方关系。它越来越倚重于第三方物流企业,目前主要表现为物流企业的配套管理和服务,形成了银行、物流企业、贷款企业的三方密切合作关系。

5.2.2.2 物流金融的内容

从广义的角度来说,物流金融服务包括以下类型:①物流金融,物流与资金流互动中的增值服务;②物流结算,代客结算服务;③物流保险,物流风险控制与物流业保险服务。

从狭义的角度来说,在实际操作中,第三方物流供应商提供较多的是两类物流金融服务:代客结算业务和融通仓业务。代客结算业务又分为垫付货款和代收货款业务。

5.2.2.3 物流金融服务的主要类型

随着现代金融和现代物流的不断发展,物流金融的形式也越来越多,按照金融在现代物流中的业务内容,物流金融分为物流结算金融、物流仓单金融、物流授信金融。

1) 物流结算金融

物流结算金融是指利用各种结算方式为物流企业及其客户融资的金融活动。目前主要有代收货款、垫付货款、承兑汇票等业务形式。

(1) 代收货款业务是物流公司为企业(大多为各类邮购公司、电子商务公司、商贸企业、金融机构等)提供传递实物的同时,帮助供方向买方收取现款,然后将货款转交卖方企业并从中收取一定比例的服务费用。

(2) 垫付货款业务是指当物流公司为发货人承运一批货物时,物流公司代提货人预付一定比例的货款,当提货人取货时则交付给物流公司全部货款。为消除垫付货款对物流公司的资金占用,垫付货款还有另一种模式:发货人将货权转移给银行,银行根据市场情况按一定比例提供融资,当提货人向银行偿还货款后,银行向第三方物流企业发出放货指示,将货权还给提货人。此种模式下,物流公司的角色发生了变化,由原来商业信用主体变成了为银行提供货物信息,承担货物运送,协助控制风险的配角。

(3) 承兑汇票业务也称保兑仓业务,其业务模式如下:制造商、经销商、第三方物流企业、银行四方签订"保兑仓"业务合作协议书,经销商根据其与制造商签订的采购合同向银行交一定比例的保证金,申请开立银行承兑汇票,用于向制造商支付货款,由第三方物

流企业提供承兑担保，经销商以货物对第三方物流企业进行反担保，银行给制造商开出承兑汇票后，制造商向保兑仓（即第三方物流企业）交货，转为仓单质押，若借款企业履行了还款义务则释放质押物，若无法到期偿还银行贷款，则质押物可由供应商或物流公司回购，其运作流程如图5-1所示。

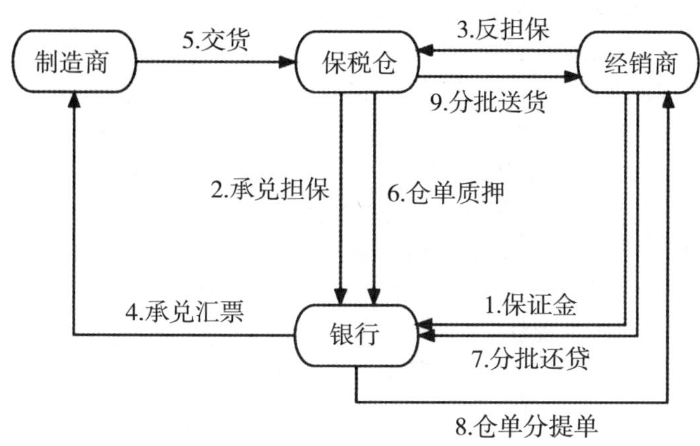

图5-1　保兑仓业务模式

2）物流仓单金融

物流仓单金融主要是指融通仓融资，其基本原理是货主企业先以其采购的原材料或产成品作为质押物或反担保品存入融通仓，并据此获得协作银行的贷款，然后在其后续生产经营过程中或质押产品销售过程中一次或者多次向银行偿还贷款，银行根据货物还贷情况向货主企业发放提货单，融通仓根据发货指令向货主企业交货，其运作流程如图5-2所示。

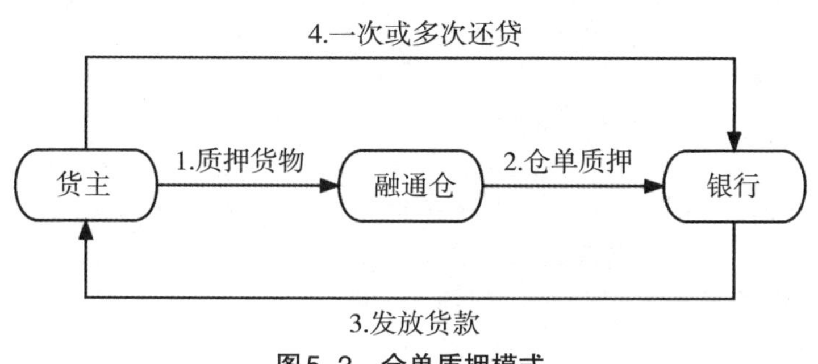

图5-2　仓单质押模式

3）物流授信金融

物流授信金融是指金融机构根据物流企业的规模、经营业绩、运营现状、资产负债比例及信用程度，授予物流企业一定的信贷额度，物流企业直接利用这些信贷额度向相关企业提供灵活的质押贷款业务，由物流企业直接监控质押贷款业务的全过程，金融机构则基本上不参与该质押贷款项目的具体运作。该模式有利于企业更加便捷地获得融资，减少原先质押贷款中一些烦琐的环节，也有利于银行提高对质押贷款全过程的监控能力，更加灵活地开展质押贷款服务，优化其质押贷款的业务流程和工作环节，降低贷款风险。

案例5-7：客户财务之急，危呼？机呼？

上海ZM现代物流有限公司(以下简称"ZM公司")是一个拥有完备的运输仓储设施、强大的物流运作能力的大公司，并在冷链物流领域取得一番骄人成绩。ZM公司的优势是完备的物流设施、成熟的物流运作业务以及雄厚的财力，而劣势则体现在公司业务模式传统、单一。

近年来，我国的宏观经济增长速度变缓，物流业发展空间受限，再加上市场竞争的愈演愈烈，ZM公司盈利变得单薄。如果再不采取措施加以改进，公司很难在这激流勇进中保持领先地位。ZM公司的黄总正为公司未来的发展方向和策略而担忧。

内蒙古K牧业科技股份有限公司(以下简称"K公司")前身为内蒙古K餐饮连锁有限公司，成立于2001年9月份。K公司的目标是打造中国羊肉产业一流的服务供应商。目前，公司业务由原来的餐饮连锁转型为集肉羊养殖、食品加工、餐饮服务、物流配送、市场销售于一体的农业产业化国家重点龙头企业。

1）案例背景

敕勒川是三大黄金牧场之一，当地的羔羊肉质细嫩、多汁、色鲜，享誉国内外。

ZM公司的黄总在与多个牧民交流之后，了解到从2006年起，K公司就开始建立"K肉羊养殖基地"，推广"公司+合作社+农户"的模式，通过给敕勒川的农户提供杜泊羊、苏尼特羔羊等优质羊种，普及科学、合理的饲养生产方式，来有效地保证肉羊的品质。牧民与K公司签订协议，从K公司领来小羊进行放牧养殖，K公司派人指导放牧管理、病害防治等。羔羊养成后，运往K公司的养殖基地，先通过检验筛选，然后对羔羊进行一阵子的育肥。这样饲养的羔羊，营养均衡，体格健硕，肉质也纯净鲜美。育肥之后送到屠宰加工基地进行屠宰分割，最后进入速冻库保存。

除满足K公司餐饮连锁店、肉业直营店的需要外，K公司的羊肉还进入了各大商场、超市，成为广大消费者喜爱的品牌。存在冷冻库的羊肉根据各地的门店和市场需求，发往全国各地以及海外市场。

对K公司进一步了解之后，黄总不禁来了兴趣：冷链物流是ZM的强势项目，或许ZM公司可以与K公司展开合作。想到这里，黄总马上返回上海的公司，与大家共商此事。大家都觉得这是一个不错的商机，便迅速和K公司取得联系。黄总得知，原来随着业务的不断扩大，K公司的冷库不足，冷链运输车辆更是不够，正想着找专业的合作伙伴呢。于是ZM公司和K公司一拍即合。为了取得第一手资料，黄总带着几位得力助手来到K公司进行考察。

2）问题描述

通过考察，黄总了解到随着转型和业务拓展，K公司的冷链物流业务量增加，尤其是仓储和配送业务，但同时，K公司又面临支付账期时间长，现金流比较吃紧的问题。具体如下。

(1) 餐饮、食品、养殖是K公司的三大主营业务。为了巩固和突出K公司从养殖源头到餐桌消费的全产业链经营优势，其一直在开拓养殖这块业务。但是随着业务的拓展，"羔羊四季出栏"使其屠宰加工基地的冷库库存变得紧张，另外由于K公司生产的羊肉的市场需求非常大，客户分布在国内外且还在增加。物流这块让K公司力不从心。

(2) 在财务方面，K公司的发展带动了当地牧民的发展，牧民的生活得到了提高，但是牧民们

觉得K公司的支付账期太长。针对这一问题，K公司也非常苦恼，因为公司现在财务比较紧张，毕竟要掌控整个产业链需花很多钱。像配种技术的研发、种羊的培育、养殖基地的建设、屠宰基地的生产线购买、冷库设施建设等，都要花大笔的钱，而且为了保障牧民们的正常饲养，K公司和牧民签订协议时就支付了30%的预付款给牧民。

(3) 此外，餐饮连锁店、肉业直营店、各大商场、超市，他们的付款周期也比较长，有时货款还不能及时到账。这些都导致K公司的现金流比较紧。等到了一波又一波的出栏期，财务需要面对的挑战就更大了。向银行贷款是必由之路。只是且不说不容易贷，贷款成功后那笔高昂的利息也不可小觑。公司最怕的是牧民们的积极性受到打击，来年无法保障公司的正常供应了。

面对K公司的危机，ZM公司是否可以有所为呢？黄总迫不及待想拿出一个方案来。

3) 战略会议

回到公司后，黄总就立马召开了会议，专门研讨K公司的解决方案，并借此机遇探讨冷链物流金融业务发展。

会议上大家针对K公司的问题各抒己见。杨总率先说道："冷链物流这个业务，我们志在必得。对于财务问题，近年来，物流金融创新业务在我国发展迅速，我们也应当紧跟行业发展趋势，创新我们的业务模式。比如K公司项目上，我们就可以帮他们垫付货款，赚取一些利息。"

财务部的李经理说："光垫付货款，这个风险太大了吧？K公司的现金流本来已经很紧张，到时候他拖欠我们的款项怎么办？我赞成开展物流金融的业务模式，但是我们也要防范和规避可能出现的风险问题。共赢是对的，帮客户解决问题，同时自己也获得业务增长，但是风险的防范和规避是重中之重。"

物流部门的老徐说："李经理，这个不用太过担心，他们的货到时候还在我们仓库里面，要是拖欠的话，可以拿货抵！"

ZM学院的储教授说："老徐，冷链物流和一般的大宗商品还不一样呢，这个容易坏啊，有保质期的！而且不容易出手啊，谁会一下子要走一个库的羊肉啊？而且他的客户是零散的，没有下游的客户渠道，我们很难将货物转换成现金。仓单质押等方式不能直接拿来用，所以这个方案要好好设计才行。"

ZM学院的杨教授紧接着说："ZM公司在资金这块有优势，可以为银行和客户之间的合作构架新桥梁。同时，可以为客户提供量身定做的高附加值综合服务。解决K公司的资金难题，我们不仅能挖掘新的业务增长点，还可以从中获得转型和升级。储教授说得很对，冷链物流有其特色，因此我们在设计冷链物流金融方案的时候要针对其特色，不能将一些模式直接套用。"

黄总赞同地点点头："两位教授的发言对我启发很大，我觉得冷链物流金融这块我们还有很大的发展空间，有很多的业务模式可以尝试和开展，这就是我们的机遇，要牢牢把握住。但是，我也比较担心风险控制问题。虽说第一个吃螃蟹的总是要冒一些风险的，但是我们还是要把工作做细做扎实，事先防范好过事后弥补。我们这段时间要好好设计冷链物流金融方案。"

想要获得进一步发展，转型和升级是必由之路。把K公司的财务困境转化成ZM公司的商机，获得新的利润增长点是必然选择，ZM公司该如何设计这个冷链物流金融业务方案呢，又该如何规避可能会出现的风险？ZM人都在努力思考中。

思考：

(1) ZM公司的发展遇到了什么问题以及该公司的优劣势是什么？

(2) K公司遇到了什么难题？

(3) 对于ZM公司冷链物流金融方案有什么建议？

5.2.3 外贸综合服务

1）外贸综合服务的概念

国际贸易业务程序繁杂，涉及环节众多，随着现代物流对服务越来越重视，外贸综合服务平台应运而生。外贸综合服务是指基于互联网平台，汇集退税、汇收、物流、融资、整理通关、保险、仓储和市场推广等国际贸易供应链各环节服务为基础，为众多中小外企业提供标准化、高效透明的外贸综合服务，降低综合外贸的新型业态。外贸综合服务主要包括物流服务、外贸出口服务、外贸检验服务、金融服务、全球营销服务和信保服务等，具体如图5-3所示。

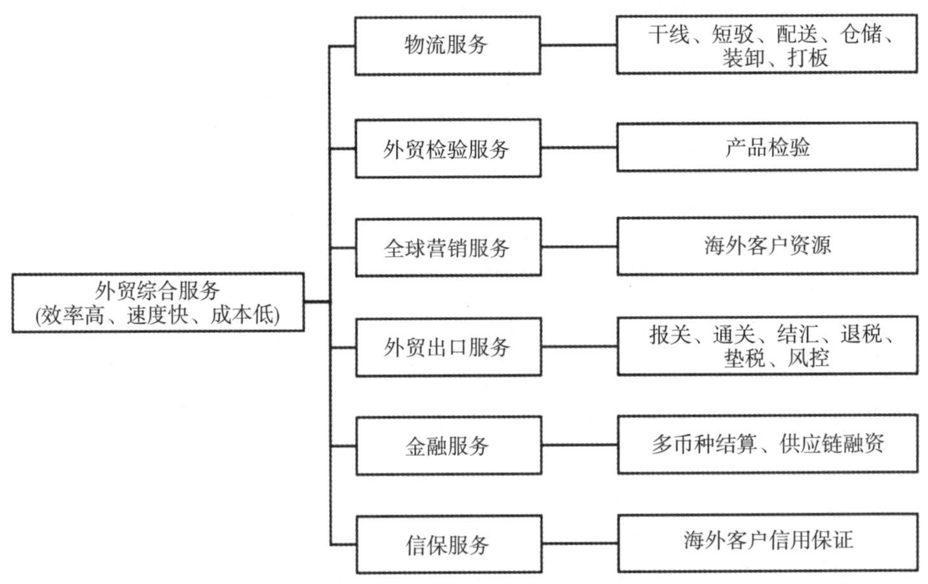

图5-3　外贸综合服务包含服务种类

提供此项综合服务的外贸企业被称为外贸综合服务企业，由外贸综合服务企业设计者向中小微企业提供外贸综合服务的互联网平台称为外贸综合平台。

2）外贸综合服务平台主要服务模式

目前主流的一站式外贸综合服务平台的服务模式涵盖数据服务、基础服务、物流服务、金融服务共4种，其中数据服务是外贸综合服务平台的核心服务，其他3种服务围绕数据服务，通过信息流相互传递，相辅相成，相互依托，形成了完整的外贸综合服务生态模式。

（1）数据服务

数据服务应当是一站式外贸综合服务平台的核心服务，是区别于传统外贸服务企业的关键内容，如图5-4所示。

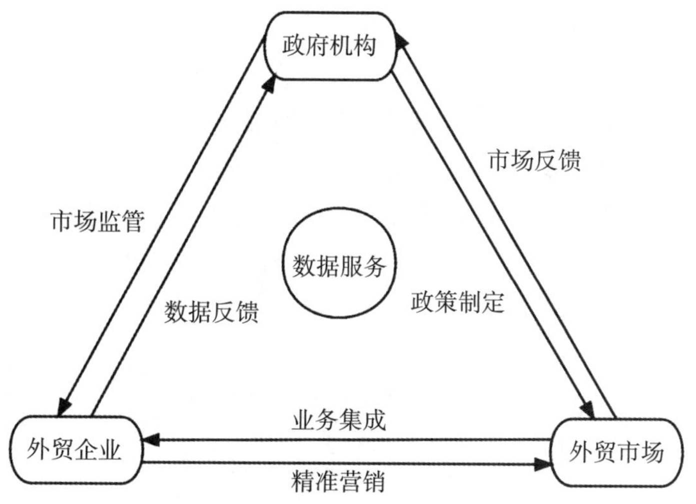

图5-4　外贸综合服务平台数据服务模式

图5-4表明，外贸综合服务平台通过数据将企业、市场及监管机构相互连通，通过大数据技术构建起的数字化底层履约保障系统，形成具备服务能力、专家能力、物流能力、金融能力、营销能力和整合能力的外贸生态供应链。

对于广大中小型外贸企业，它改变了传统的交付模式，通过平台大数据背书，解决了中小型外贸企业“交付成本”和“信用认证”两大难题，改变了传统的外贸流通格局。

对于外贸市场，通过对海量市场数据的分析和智能整合，针对不同类型的外贸企业，提供了便捷的一站式服务，进一步将外贸流程标准化、外贸业务集成化、外贸环节简约化。

对于政府机构，外贸综合服务平台中储存的交易数据和企业数据有利于政府机构、海关部门更方便地进行贸易监管和更精确指导相关政策的制定与落地。

（2）基础服务

基础服务是外贸综合服务企业最基本的服务模式，即与外贸相关的通关服务、收汇、退税等服务，决定了外贸综合服务平台以外贸服务为主体的特征。该服务主要是在优化传统的外贸代理管控的基础上，围绕出口流程进行设计，通过互联网平台实现客户自助下单、通关、收结汇与核销、退税申报等流程的可视化操作，为中小型外贸企业提供全面一站式进出口管家服务。通过外贸综合服务平台提供的基础服务进行代理的流程，如图5-5所示。

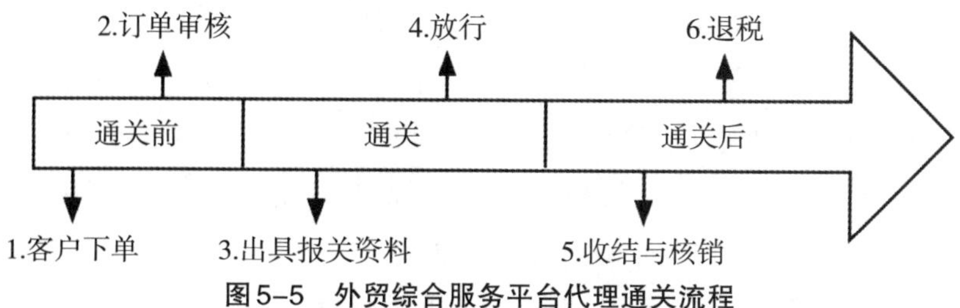

图5-5　外贸综合服务平台代理通关流程

以出口为例，一站式外贸服务让传统外贸活动生产和贸易活动分离，满足了中小外贸企业在进出口贸易方面的需求，使企业专心从事生产性活动，极大地节省了时间和人力成本。以外贸综合服务平台名义办理的报关，通过时间由普通企业的2～3天缩短至不到10 h，退税时间也由原来3～6个月变成了在数个工作日内即可由平台垫付。外贸综合服务平台的存在，实现了服务的集约化和专业化，使中小微企业能够通过外贸综合平台享受更多的通关便利措施，加快通关速度和资金流的回笼速度，减少中小企业的不确定性和风险性，提升我国外贸产业优势。

(3) 物流服务

物流服务主要是外贸综合平台为企业提供的货物运输和仓储服务，如图5-6所示。

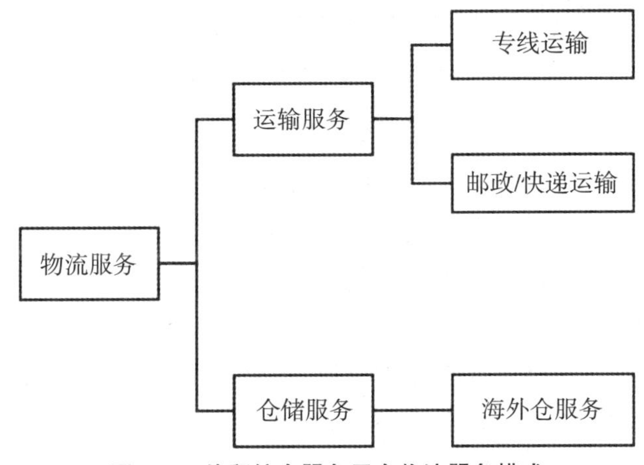

图5-6 外贸综合服务平台物流服务模式

运输服务主要有2种：一是在传统的海运服务基础上为外贸企业打造的运输专线，适合大宗商品交易，提升货物运输便捷性和时效性；二是传统的跨境物流运输方式，如邮政小包、国际快递等，这种方式适合小批量、多样性、价格高的商品，手续简单且平台可以帮助进行报关。

外贸综合服务平台提供的物流服务不仅可以通过大量的小微订单集合，对市场数据和企业数据的分析，进行批量操作，产生规模效应，降低运输成本，还可以为企业提供特色的专属服务，实现门到门运输。

仓储服务一般以公共海外仓为主。基于共享经济的理念，这种公共海外仓为没有能力独立建仓的中小型外贸企业提供仓储服务，在降低企业物流成本的同时，大幅度提高了企业的送货速度和客户体验。以美国为例，美国本土配送约为2～5天，而由中国直发一般需要半个月左右，海外仓物流成本相较于海运或空运可节省30%～60%，还可以避免航路的季节性影响。

(4) 金融服务

金融服务是外贸综合服务企业基于平台数据为外贸企业提供的融资性服务，是一种

提前的垫资性行为。外贸综合服务平台可以为中小型外贸企业一定程度上解决融资难、融资慢等问题，如图5-7所示。

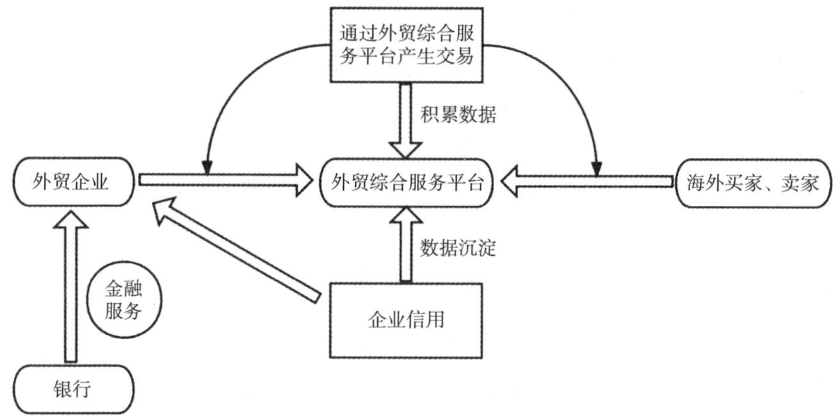

图5-7　外贸综合服务平台金融服务模式

平台以企业交易数据作为信用标准，积累交易数据产生企业信用，通过平台为企业背书并提供金融服务，向银行进行融资，融资方式便捷，摆脱了传统外贸活动中企业申请出口退税周期过长而导致的资金周转困难的问题。

案例5-8:L外贸综合服务平台

1) L服务平台介绍

深圳市L企业服务公司于2001年正式成立，是国内第一家面向中小企业的进出口流程综合服务平台。借助互联网，该平台为中小企业和个人提供通关、物流、外汇，退税、金融等所有进出口贸易环节一站式服务，是典型的外贸综合服务平台。平台运营主要由基础服务、金融服务和物流服务构成。

2) L平台服务范围

(1) 基础服务。基础服务包括通关、外汇和退税3个方面。通关方面，以L名义完成全国各大口岸海关的申报，通过L平台专业的操作，享受绿色通关通道，造就优质通关速度。外汇方面，L平台帮助中小外贸企业完成出口收汇国际结算业务，同时可为客户提供外汇保值服务，为客户提前锁定购汇或者未来结汇的汇率成本，有效防范汇率的波动风险。退税方面，以L平台名义统一帮助中小外贸企业快速办理退税，加快企业资金周转。

(2) 金融服务。L平台提供完整的、覆盖贸易全段的金融服务，为买卖双方提供全面的资金安全保障，降低贸易风险及成本，一站式解决外贸各环节的融资需求。无抵押、无担保、零门槛的金融融资服务，L平台提供了3种金融产品：网商流水贷(纯信用融资)、超级信用证(信用证基础服务+融资服务)、备货融资。

(3) 物流服务。L平台专为中小外贸企业在配送、仓储、运输的进出口贸易等环节，提供覆盖全国各地的主要港口与全球贸易区之间的“海陆空”3种类型的一站式物流解决服务。海运专线(仓到门)：L平台开通了欧美、东南亚等28国的海运专线，包揽目的港海关及配送，简化物流繁杂手续。海运整柜/拼箱：服务范围覆盖全52个国家114个港口，提供优惠的价格与充足的舱位保障，收费透明，锁定低廉物流成本；国际快递：L平台与知名国际快递公司FedEx、DHL、UPS等合作，提供低至一折的优惠物流价格。

思考：

(1) 试分析该案例中L平台提供了哪些贸易综合服务？

(2) L平台有何特色？

(3) 贸易综合服务为中小企业带来了什么便利与好处？

参考文献

[1] 孙韬. 跨境电商与国际物流: 机遇、模式及运作[M]. 北京: 电子工业出版社, 2017.

[2] 李秀芳, 谢茜萍. 国际贸易实务[M]. 北京: 电子工业出版社, 2018.

[3] 李鹏博, 郑锴. B2B跨境电商[M]. 北京: 电子工业出版社, 2018.

[4] 武亮, 赵永秀. 外贸基础知识读本: 图解版[M]. 北京: 人民邮电出版社, 2016.

[5] 柯丽敏, 张彦红. 跨境电商运营从基础到实践[M]. 北京: 电子工业出版社, 2020.

[6] 杨雪雁. 跨境电子商务实践[M]. 北京: 电子工业出版社, 2018.

[7] 王淑翠. 跨境电商出口零售实务[M]. 北京: 人民邮电出版社, 2020.

[8] 刘敏, 王言炉, 高田歌. 跨境B2B平台运营[M]. 北京: 电子工业出版社, 2019.

[9] 王雨, 陈仕榜, 周双燕. 国际贸易实务[M]. 南昌: 江西高校出版社, 2019.

[10] 雷姝燕, 林欣华, 衷振华. 国际贸易实务[M]. 北京: 北京理工大学出版社, 2021.

[11] 韩晶玉, 李辉, 郭丽. 国际贸易实务[M]. 2版. 北京: 对外经济贸易大学出版社, 2021.

[12] 郭翔宇, 罗剑朝, 曾福生, 等. 中国农业与农村经济发展前沿问题研究[M]. 北京: 中国农业出版社, 2007.

[13] 万君, 王云鹏. 电子商务概论[M]. 赤峰: 内蒙古科学技术出版社, 2006.

[14] 骆温平. 高端物流服务[M]. 北京: 中国人民大学出版社, 2012.

[15] 徐晓燕, 张雪梅, 华中生. 物流服务运作管理[M]. 2版. 北京: 清华大学出版社, 2015.

[16] 乐美龙. 供应链服务: 物流、贸易高端服务[M]. 上海: 复旦大学出版社, 2015.

[17] 夏露, 李严锋. 物流金融[M]. 北京: 科学出版社, 2016.

[18] 李蔚田, 谭恒, 杨丽娜. 物流金融[M]. 北京: 北京大学出版社, 2013.

[19] 熊斌, 邓彬彬. 揭秘外贸综合服务[M]. 北京: 团结出版社, 2015.

[20] 郎茂祥, 张晓东. 物流服务运作管理[M]. 北京: 北京交通大学出版社, 2016.

[21] 刘伟华, 刘希龙. 物流服务运作与创新[M]. 北京: 清华大学出版社, 2017.

[22] 马士华, 林勇. 供应链管理[M]. 6版. 北京: 机械工业出版社, 2020.

问题与思考

1. 物流服务的基本要素有哪些？
2. 为什么说物流服务的差异性将为企业提供超越竞争对手的竞争优势，物流服务的重要性体现在哪里？
3. 基本物流服务水准可以从哪些方面进行衡量？
4. 供应链服务"四流协同"中"四流"是什么？请具体阐述供应链服务"四流协同"的主要功能及内涵。
5. 供应链服务的经典模式有哪些？请具体阐述它们的不同之处。
6. 主流的一站式外贸综合服务平台的服务模式有哪些？请简述它们之间的联系。
7. 为什么说数据服务是一站式外贸综合服务平台的核心服务，请简述理由。
8. 请对下面案例进行阅读并分析。

案例5-9：从脆薯项目看由物流服务向供应链服务转型之路

上海ZM现代物流有限公司初创至今已走过20多年的历程，已由单一的冷链运输商华丽转型为将商流、物流、信息流和资金流整合为一体的供应链集成商，正朝着领先的专业供应链解决方案提供商迈进。ZM公司主要从事冷链物流、汽配物流、电商物流、商贸物流、供应链金融等领域的服务。

脆薯公司是为全国的麦当劳、肯德基等快餐连锁供应薯条的公司，其在采购、运输、销售、质量控制、资金链等多个方面都存在问题，这使豆农与脆薯公司都深深苦恼。

1）案例背景

呼伦贝尔大草原上的豆农们正在为新鲜土豆需要运到一个叫脆薯的食品公司而发愁。脆薯公司坐落于哈尔滨，为全国的麦当劳、肯德基等快餐连锁供应薯条。呼伦贝尔大草原是脆薯选定的土豆供应基地之一，每年8月底或9月初，这里都会有大量土豆需要运往哈尔滨。距离远、车辆少、运输水平也不专业，而土豆保质期又短，若不能及时运到脆薯公司，搁置时间一长就会出现破皮、薯肉变质等情况，一旦被脆薯公司拒收，豆农一年的辛苦劳动就白费了，所以，每一年的土豆丰收季反倒成了豆农的焦虑期。作为专业从事冷链物流20年的ZM公司的黄总深切体会到豆农此刻的心情，不禁开始思索，如何解决豆农土豆的运输问题。脆薯项目由此开始浮出水面。

2）问题描述

黄总一行人回公司后便着手与脆薯公司联系。令人兴奋的是，运薯难问题也是脆薯关心的一大问题。于是，ZM公司与脆薯公司的合作一拍即成。随后，黄总带队前往脆薯内蒙古产区、黑龙江产区及脆薯工厂进行市场调研，获得如下重要信息：

(1) 每年的土豆收购季节(8月中旬到9月底)的一个月时间之内，脆薯公司要完成20万t的土豆收购。每辆货车装运30~45 t土豆，共需4 500~5 500车次的运输，平均每天要完成150~200辆货车的收购任务，短期集中的运输任务难以应对。

(2) 脆薯公司寻找了几十家供应商的车队承担运输任务，车队供应商众多，工厂、农场、车队关系复杂，再加上各个农场收割时间不统一，车辆运输缺乏统一调度，造成车辆资源的浪费。

(3) 脆薯公司的土豆生产基地分布在内蒙古的多伦、蓝齐和呼伦贝尔等地，距离主产区平均距离在1 000 km以上，而土豆又是会呼吸的生命，温控不合适太热太冷都会影响土豆质量，远距离在途质量控制存在挑战。

(4) 每天200辆左右的运薯车集中到达哈尔滨，在厂区门前排起长龙等待入场前质量检验与入库作业。造成道路堵塞，黄牛盛行，夹号、插队现象严重，偷土豆、偷车油、偷轮胎等事件时有发生，秩序难以维持。土豆入厂、质检、入库协调存在困难。

(5) 为维护货源，脆薯公司要于年初与豆农提前签订采购合同，并于春季土豆播种季节提前预支30%货款供豆农完成种植任务。完成交易后，豆农据交易数量、土豆鉴定等级的单据，于60天账期之内拿到交易款项。土豆根据个头大小、是否破皮、是否变质发芽等划分等级，一等品每吨1 300~1 500元，破损严重的650~780元。计算下来，每个收购季脆薯公司要集中支付2亿多的货款，造成脆薯公司短期资金筹集与账目处理的压力。

(6) 在半成品销售方面，脆薯公司的客户基本上都按照自己的采购计划，按期按量采购，半成品积压严重，有的甚至积压了2年之久，库存资金占用巨大。

(7) 脆薯公司对土豆的质量要求很高，土豆淀粉、糖分含量等都需要控制在一定的标准之内，所以，在土豆的成长过程中，脆薯公司随时需要调用大量的人力为豆农提供土豆品质质量抽样检验，土豆的质量检验与控制也是牵涉脆薯公司很大精力的一件事情。

3) 解决方案

发现这些问题后，黄总陷入了沉思，原来脆薯公司的问题远不止运输土豆那么简单。脆薯公司在采购、运输、销售、质量控制、资金链等多个方面都存在问题，公司副总们和ZM研究院的教授们经过一番讨论，提出了一站式的供应链解决方案。

从前端的土豆种植、采购，到中间的运输、收货，再到末端的销售、配送等环节，ZM公司都融入了自己的足迹，使得采购、存储、配送等环节紧紧相依。ZM公司根据脆薯公司的需求，增加了贸易代理、垫付、结算、质押、分销执行等金融物流增值活动。案例5-9图1是ZM公司介入后的脆薯公司薯条供应链。各个环节的具体运作如下：

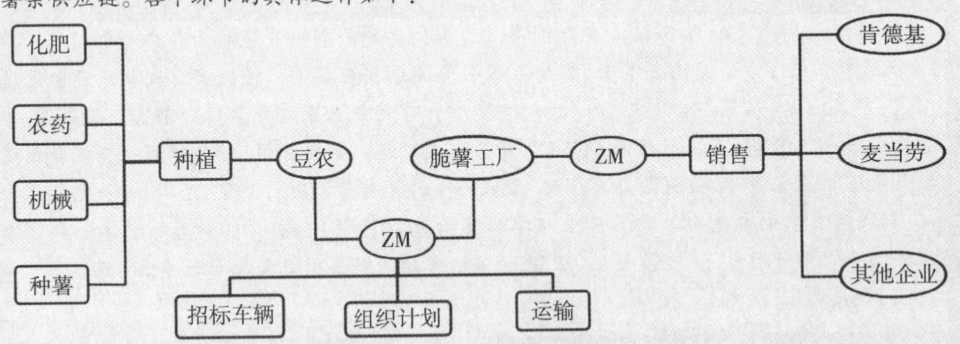

案例5-9图1 ZM公司全面介入脆薯薯条供应链

(1) 种植环节——资金垫付。为缓解脆薯公司资金紧张问题，ZM公司为脆薯公司垫付土豆种植培育期间支付豆农的20%的预付款，并承包下土豆成熟后采购运输环节。在土豆成熟后，ZM公司的介入对土豆的保鲜运输、仓储等“早期质量”环节提供了重要保障，同时也是实现农产品冷链“最先一公里”商业模式的初步尝试。

(2) 采购环节——车辆整合。ZM公司着手对土豆运输车进行了整合。通过招标运输车辆，形成专业的运输团队，并合理安排运输计划与时间，保证了车辆需求的满足，在一定程度上缓解了操

作人员的工作强度，使每辆车的等待时间由原来的24 h缩短到19 h内。

(3) 收货环节——供应链金融物流。ZM公司通过对脆薯公司开展动产质押金融物流活动，承揽下为脆薯支付剩余80%款项的重任，而且将支付账期由60天缩短到15天，给豆农吃了一颗定心丸，提高了豆农的积极性，同时解脱了脆薯资金流困境。

(4) 销售环节——贸易执行。在脆薯公司将土豆加工成薯条半成品之后，ZM公司通过贸易执行业务，解决脆薯公司的库存积压问题。ZM公司通过一次性买下脆薯公司的所有薯条半成品库存，再根据M记、K记等下游客户的采购计划，进行全权销售，通过物流金融工具实现货物配置控制权，在自身物流网络优势下实现了基础物流业务的整合，再加上半成品的购销差价，有效保证了自己的盈利，同时解脱了脆薯公司的巨大的库存占用资金和仓库管理费开支。

思考：

(1) 豆农与脆薯公司遇到了什么困难？

(2) ZM公司是如何解决豆农与脆薯公司的难题的？

(3) ZM公司应如何转型升级成为提供领先的专业供应链解决方案提供商？

第6章　智慧化的现代物流

学习目标

1. 掌握智慧物流基本概念、功能和价值体现；
2. 熟悉智慧物流的核心技术和发展现状，包括物联网、云计算、大数据、人工智能、数字孪生、虚拟现实等技术，了解这些技术在智慧物流中的应用和作用；
3. 熟悉智慧物流的运作模式、应用场景与流程，包括智能调度、智慧仓储、智能配送等环节；
4. 熟悉智慧供应链相关概念与应用，了解智慧供应链的构建和优化。

现代物流强调系统化理念，各个物流活动之间的联系性、协调性、统一性加强，人们对物流活动的质量、效率的追求也随着社会的发展、科技的进步而提高。这些都促使物流进化出"智慧的头脑"，更加"发达的四肢"，更为"灵敏的感官"，以应对日益复杂多元的物流需求，智慧化的现代物流应运而生。

案例6-1：物流园区的智慧价值

A物流园区经营多年，随着入驻企业的增多、园区规模的扩大、业务量的增加，逐渐出现了一些问题。园区管理者发现，一旦短时间内进入园区车辆较多，无法快速到达目的地，就容易造成园区拥挤堵塞，影响到其他业务的正常进行。此外，由于园区规模扩大，现有的人员数量、人员调度方式已经不足以应对管理需要，但盲目增加人员数量，不仅增加成本，在业务量减少的时候还会造成人员闲置。园区内虽然有针对安防等关键领域进行管理，但并没有覆盖到能源管理、空间管理、建筑管理等方面，无法及时调整运营策略来应对各种情况，难以帮助园区内的企业提高供应链运转效率。

对于物流园区来说，人、车、货是需要重点管理的要素。A物流园区按照入园、在园、出园的3个流程，就人、车、货3个要素进行数字化管理。

1）入园

园区在入园环节重点考虑如何提高车辆和人员的入园效率。园区建立了人员、车辆和牌照精细化管理系统，利用车牌识别和人脸识别、信息预录等技术和方式，提高了访客、车辆的通行效率。

2）在园

很多车辆入园之后，司机并不清楚需要到哪个垛口去装卸货物。园区建立月台管理系统，利用计算机视觉等技术，实现了月台资源和园内车辆的可视化调度，提升了月台的利用率。对于园内的员工，可以通过佩戴智能腕表来实时定位，也可以实时接收装卸任务，甚至对体温和心率等进行监测，对异常情况进行及时提醒。

3）出园

在货物装卸完成后，车辆须经过安全合规检查，以确保货物重量、车货匹配等方面合规，才能出园。过去园区使用人工进行检查，效率低下。后来通过在月台底部设置电子地磅、对车辆使用电子标签精准定位等方式，缩短了出园的等待时间，也减少了人工数量。

A物流园区通过智慧物流的一系列赋能，园区员工人数减少了50%，操作的差错率降低了70%；车辆入园到出园的平均时间从8 h减少到了4 h，装卸时间压缩了75%；仓储的利用率达到了95%，比以前提高了55%，运作效率提升了33%。这样亮眼的数据提升，既方便了园区的运营和管理，也提升了整体的服务水平，支持入驻企业降本增效，进一步吸引更多的客户入驻园区。

6.1　智慧物流概述

日益复杂多元的物流需求促使智慧物流的产生，但真正赋予智慧物流“机智大脑”“灵敏感官”的是现代科技的进步。智慧物流的思维、感知、学习、推理等能力的实现离不开大数据、云计算、IoT及相关信息技术的支持。所以，认识智慧物流，也要认识到相关信息技术的重要性。

6.1.1　智慧物流的基本概念与构成

6.1.1.1　智慧物流的基本概念

在国家标准《物流术语》（GB/T 18354—2021）中智慧物流的定义为：“以物联网技术为基础，综合运用大数据、云计算、区块链及相关信息技术，通过全面感知、识别、跟踪物流作业状态，实现实时应对、智能优化决策的物流服务系统。”

作为IoT环境下的物流业态，智慧物流强调的是围绕科学发展和可持续发展的创新产业发展机制，建立物流生产与经济、社会、资源环境和谐发展的创新模式，以实现：在企业层面上，帮助企业提高对风险的预测能力及掌控能力，降低物流过程各环节的不必要成本，提高客户服务能力；在国家层面上，整合物流服务资源信息，提高物流行业资源利用率，减少污染排放、能源浪费及基础设施损耗，降低物流成本占GDP的比重。

从系统的角度看，智慧物流是一种以信息技术为支撑，在物流价值链上的七项基本功能环节（运输、仓储、包装、装卸搬运、流通加工、配送、信息服务）实现系统感知和数据采集的现代综合智能型物流系统。从管理的角度看，智慧物流是在传统物流管理基础上，以提高物流运作效率、降低成本为目的，利用先进的IoT技术和科学管理方法，达到物流活动全过程的智能化、信息化、快捷化管理的物流运作模式。

6.1.1.2　智慧物流的构成

智慧物流具有两大特征，一方面，智慧物流是利用集成智能化技术，使物流系统能模仿人的智能，具有思维、感知、学习、推理判断和自行解决物流中某些问题的能力；另一方面，智慧物流更重视将IoT、传感网与现有的互联网整合起来，通过以精细、动态、科学的管理，实现物流的自动化、可视化、可控化、智能化、网络化，从而提高资源利用率和生产力水平，具有创造更丰富社会价值的综合内涵。

智慧物流的智慧化主要由智慧物流技术的应用、智慧物流系统、智慧物流信息平台3个方面组成。

智慧物流技术架构包括：感知层、网络层、应用层。

(1) 感知层。感知层是智慧物流系统实现对货物感知的基础，是智慧物流的起点。物流系统的感知层通过多种感知技术实现对物品的感知，常用的感知与识别技术有：条码自动识别技术、RFID感知技术、GPS移动感知技术、传感器感知技术、红外感知技术、语音感知技术、机器视觉感知技术、无线传感网技术等。

(2) 网络层。网络层是智慧物流的神经网络与虚拟空间。物流系统借助感知技术获得的数据进入网络层，利用数据处理与计算技术包括大数据、云计算、AI等技术分析处理，产生决策指令，再通过感知通信技术向执行系统下达指令。

(3) 应用层。应用层是智慧物流的应用系统，借助IoT感知技术，感知到网络层的决策指令，在应用层实时执行操作。

此外，智慧物流信息平台是智慧物流信息系统的外在体现，包括TMS、仓储监管系统、配送管理系统、物流金融服务系统、安全管理与应急保障系统、大数据应用服务系统等。

6.1.2 智慧物流的功能与价值体现

6.1.2.1 智慧物流的功能

(1) 感知功能。智慧物流的感知功能指通过运用各种先进技术来获取运输、仓储、包装、装卸搬运、流通加工、配送、信息服务等各个环节的大量信息，实现实时数据收集，从而使各方能准确掌握货物、车辆和仓库等信息，初步实现感知智慧。如图6-1所示，在车

图6-1 车牌自动识别

辆进入智慧物流园区时，多维信息感知技术和车牌识别技术可以自动识别车辆车牌、长度信息，无须人工手动录入，实现无感知入园。在提升车辆进入园区效率的同时，降低周边道路的压力。

（2）智能分析功能。智慧物流的智能分析功能指运用数据挖掘、模拟仿真等智能手段分析物流问题。根据问题提出假设，并在实践过程中不断验证问题，发现新问题。如图6-2所示，某运输公司通过智能监控与调度系统可直观了解各省份车辆在途状况，包括在线数量（按时运输数量）、超期线路数量（延误运输数量）以及超期百分比（延误时间）。对于超期线路数量占比较多的省份，管理者可从车速、驾驶情况、天气、交通大数据等角度分析延误原因，通过系统模拟可能发生的情况，再重新分配车辆、规划运输路径、安排发货地等方式，及时改善流通过程中发生的问题，降低超期线路数量占比。

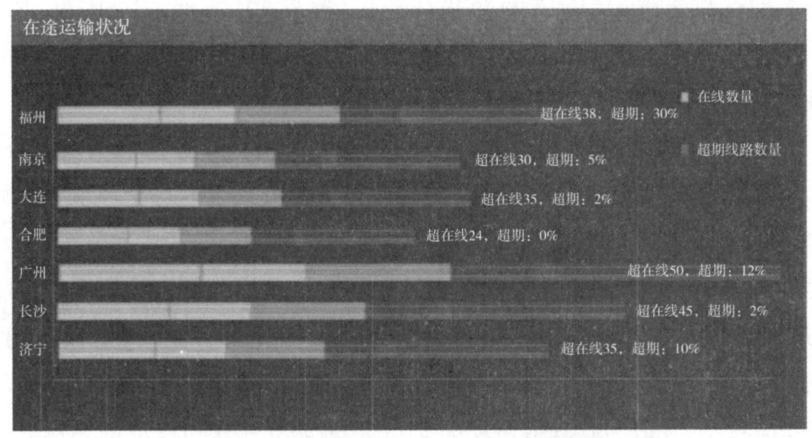

图6-2　某运输公司部分省份车辆在途状况

（3）优化决策功能。智慧物流的优化决策功能指结合特定需要，根据不同的情况评估成本、时间、质量、服务、碳排放等标准及风险，进行预测分析，协同制订决策，提出最合理有效的解决方案，使做出的决策更加准确、科学，从而实现创新智慧。如图6-3所示，某运输物流电子商务平台借助移动互联、智能终端等手段，采集、录入物流数据。通过分

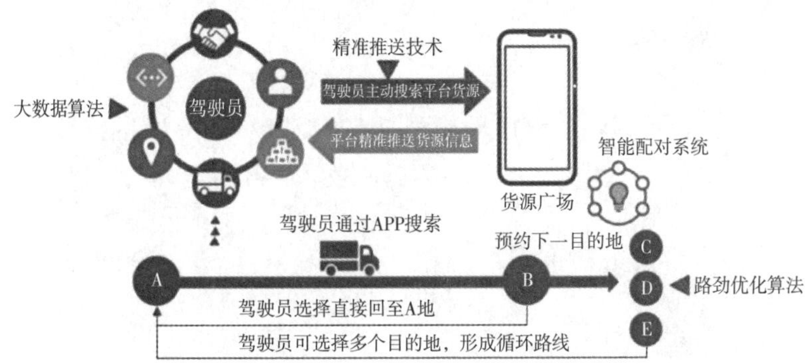

图6-3　某智慧运输物流电子商务平台智慧化决策示意图

析货主的历史发货时点、发货线路、发货种类、发货批量及用车情况，把握货主的发货规律及用车需求，精准推送车源与空车信息；通过分析承运人的历史发车频率、常驶线路、承运货物类型及批量，把握承运人的承运偏好及流向规律，精准推送货源与常驶线路的货源信息；通过智能配对、精准推送技术，将货主和承运人精准匹配，最大限度地提高效率，降低企业物流成本。

（4）系统支持功能。智慧物流并不是各个环节各自独立，毫不相关的物流系统，而是每个环节都能相互联系，互通有无，共享数据，优化资源配置的系统，从而为物流各个环节提供最强大的系统支持，实现各环节的协同。比如在常见的智慧仓库中，表面看到的自动分拣、机器人货架等物流自动化技术属于作业执行系统，能够实现高效的现场作业。仓库作业的完成还需要信息传导系统和智慧思维系统的支持。信息传导系统通过IoT技术把智慧物流的执行系统与思维系统链接在一起，来实现信息的上传下达。智慧思维系统是整个系统的“大脑”，与前两者进行对接后，通过信息传导系统对作业执行系统发出指令，实现以程序、大数据分析来驱动现场系统的操作。

（5）及时反馈功能。物流系统是一个实时更新的系统。智慧物流的及时反馈是实现系统修正和完善的必不可少的环节。反馈贯穿于智慧物流系统的每个环节，为物流相关作业者了解物流运行情况，及时解决系统问题提供强大的保障。如某快递分拨中心以往在加速业务运转时，多采用人工巡查的方式，该方式既需要大范围部署人力资源，也面临着人为疏忽带来的漏洞问题。如今该快递中心引入一种“智慧视觉”方案，将AI技术与图像识别相结合，在爆仓识别、违规检测等场景中得到实际应用。以爆仓识别为例，它可以通过视频终端来检测仓储状况，及时向管理人员反馈仓储压力，防止快递挤压堆满导致爆仓。

（6）自动修正功能。智慧物流的自动修正功能指在上述各个功能的基础上，按照最有效的解决方案，系统自动遵循最快捷有效的路线运行，并在发现问题后自动修正，并且记录在案，方便日后查询。一种AI物料搬运机器人在厂区的应用如图6-4所示。AI物料

图6-4　AI物料搬运机器人在厂区的应用

搬运机器人面对的多是这种体量更大、复杂度更高、智能性要求更强的业务场景，此时AI会发挥巨大的作用，在一次次执行任务的过程中，不断学习，对自己的运行策略进行不断修正，以更准确的行动方式与路线完成下次任务。

6.1.2.2 智慧物流的价值体现

(1) 优化消费者服务。智慧物流是连接生产和消费的重要环节，是触达消费者的最后一步，以促进消费者体验升级为导向。智慧物流为消费者提供个性化、场景化的服务，使整个消费行为实现可感知、可优化、可触达和可服务。如智慧物流通过提供货物源头自助查询和跟踪等多种服务，尤其是对食品类货物的源头查询，能够让消费者更加安心。新零售、智慧零售、无人零售为代表的零售新业态是智慧物流销售的主要形式。此外，智慧物流通过改变运输配送方式，缩短货物通行时间，使消费者节约成本，轻松、放心地购物。

(2) 加速产业转型升级。智慧物流加速物流产业的发展，它集仓储、运输、配送、信息服务等多功能于一体，打破行业限制，协调部门利益，实现集约化高效经营，优化社会物流资源配置。同时，将物流企业整合在一起，将过去分散于多处的物流资源进行集中处理，可以发挥整体优势和规模优势，实现传统物流企业的现代化、专业化和互补性。物流企业还可以共享基础设施、配套服务和信息，降低运营成本和费用支出，获得规模效益。此外，随着传感器网络的普及，物与物的互联互通将给企业的物流系统、生产系统、采购系统与销售系统的智能融合打下基础，而网络的融合必将推动智慧生产与智慧供应链的融合，企业物流完全智慧地融入企业经营之中，打破工序、流程界限，打造智慧企业。

(3) 促进经济发展。依靠智慧物流系统，实现合理布局和资源利用，可以有效降低制造成本和物流成本。智慧物流符合科学发展观和可持续发展战略，有助于节能、环保。智慧物流的发展有助于降低物流成本占GDP的比重，提高国民经济的运营效率。除此之外，智慧物流可全方位、全过程监管商品的生产、运输、销售，使监管更彻底、更透明，从而极大提高政府部门的工作效率。

6.2 智慧物流场景

智慧物流的价值最直观的体现是在日常应用过程中，如大型电商应用自动分拣、机器人搬运等物流自动化技术。这令很多人将自动化运作与智慧物流对等起来，然而这只相当于智慧物流"发达的四肢"。智慧物流的价值更多体现在其"机智的大脑""灵敏的感官"上，对物流数据的分析应用、对整条供应链的协同运作、精益管理、快速响应也是其魅力所在。

6.2.1 自动化运作

6.2.1.1 物流自动化运作概述

智慧物流的应用场景十分丰富,典型的有智慧码头、智慧堆场、智慧配送等。目前,制约我国物流行业发展的矛盾之一,是持续增长的物流需求和劳动力人口的逐年下降及人力成本逐年上升之间的矛盾。2019年冬季爆发的新冠疫情进一步阻隔了人与人之间,以及人与物理世界的联系,因而无人化的物流服务需求持续增长。

随着技术的发展和现实的需要,智慧物流进入涵盖水陆空的无人港、无人仓、无人机的无人物流时代,自动化运作水平不断提高。物流自动化运作即充分利用各种机械设备、计算机系统、综合作业协调等技术手段,对物流系统进行整体规划,既可使物流的各个作业环节更加高效、节约、合理化,又能够极大地节约用人成本。

不少互联网巨头、电商平台、创业公司都纷纷投入自动化、无人化物流市场,抢占市场先机。政府对无人化的智慧物流也在持续加大扶持力度。大量的政策支持和资本进入有利于形成产业集聚,有效满足自动化物流装备的制造需求,还能进一步通过标准化、系统化、规模化的生产降低生产成本与研发成本,供应链体系日渐成熟。

6.2.1.2 智慧仓储

智慧仓储(见图6-5)的作业流程与传统仓储相同,主要作业内容均为入库、拣选、出库、盘点和报表查询,不同的地方在于智慧仓储在整个作业流程中极大程度地做到了自动化、无人化。

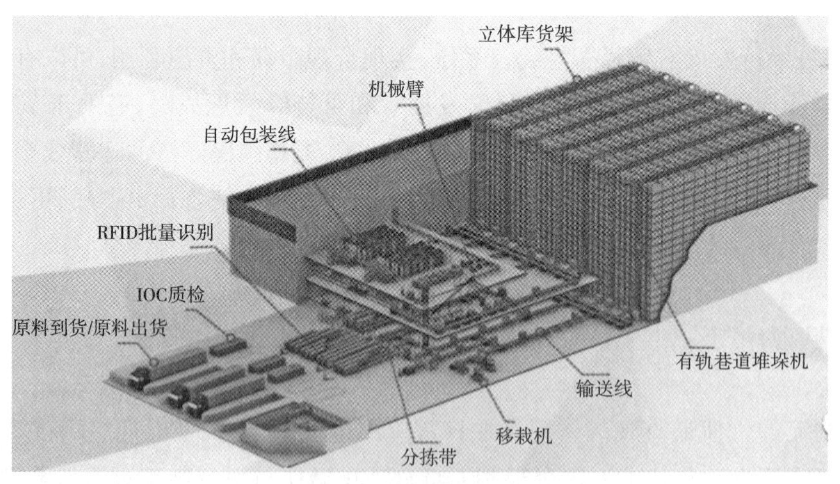

图6-5 智慧仓储

(1) 入库作业流程如图6-6所示。货物由输送系统运输到入库台。货物条码识别系统先对货物上的条码进行扫描,条码标签携带的信息被传递给中央服务器。控制系统依据中央服务器返回的信息,进一步判断货物是否入库以及确定货位位置。确定货物入库

后，控制系统发送包含货位坐标的入库指令给执行系统。堆垛机或者物流机器人接受指令后自动寻址，将货物存放到指定货位。

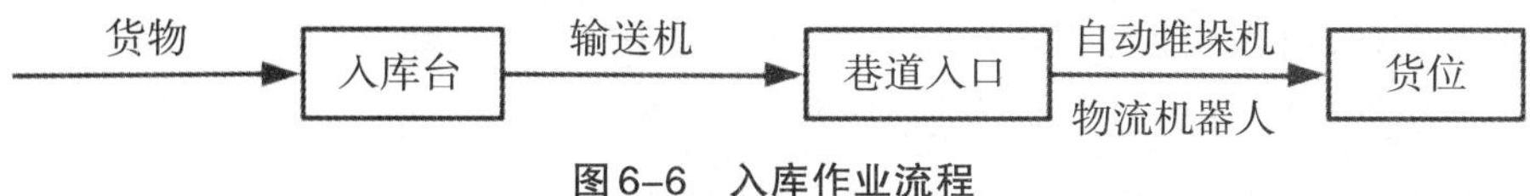

图6-6　入库作业流程

(2) 拣选作业流程如图6-7所示。拣选出库时，堆垛机到指定货位将货物取出并放置在巷道出库台，搬运机器人取货后将货物运至拣选台，在拣选台上由自动分拣设备进行分拣。分拣完成后可以直接出库，或者由AGV送回巷道入库台，由堆垛机将货物再次入库。

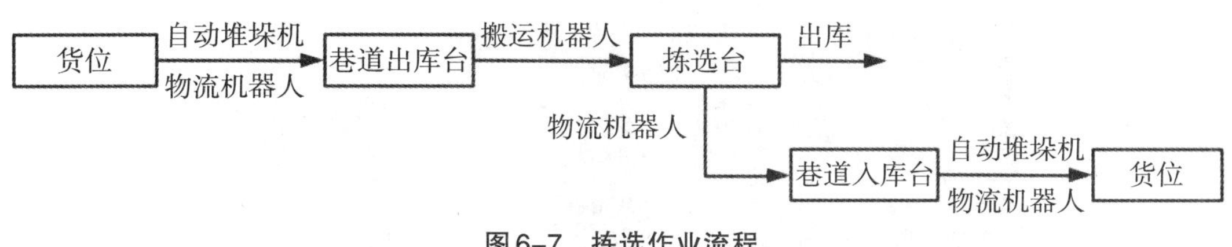

图6-7　拣选作业流程

(3) 出库作业流程如图6-8所示。依据生产或客户的取货需求，中央服务器自动进行库存查找并按照先进先出、均匀出库、就近出库等原则生成出库作业指令，然后传输到终端控制系统中。控制系统根据当前出库作业及自动堆垛机状态，安排堆垛机或物流机器人的作业序列，将安排好的作业命令逐条发送给相应的设备。物流机器人到指定货位取出货物放置到出库台上，并向控制系统返回作业完成信息，等待进行下一个作业。

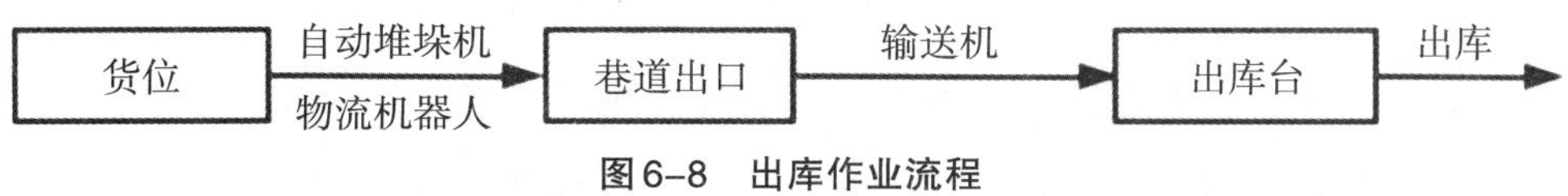

图6-8　出库作业流程

(4) 货物盘点是为了保持账目库存数量和实际库存数量一致，防止货物遗漏缺失的同时，准确掌握货物资源状况。盘点分为循环盘点和总盘点。循环盘点通常是针对部分货位或某几类货物，可随时进行。总盘点通常是针对所有货位和库存货物，定期进行。在智慧仓储中，由于货物出入库作业及拣选作业过程中将货位与货物信息自动化录入，可逐渐实现零盘点仓库作业。

(5) 报表查询功能用于处理与仓储作业相关的信息。通过报表查询功能，系统将已完成的作业信息进行筛选、分类与分析，综合反映仓储作业情况。查询报表主要包括仓储业务报表和汇总报表，用于反映货物一定时间内的出入库情况及仓库储存状况。

智慧仓储作业过程运用的技术十分丰富，包括条码识别、机器视觉、自动堆垛、机器人搬运、立体仓库技术等，实现仓储物流过程的高度自动化。

6.2.1.3 无人配送

电子商务的快速发展,规模的极速扩张,给快递物流业发展带来了强大推力,同时也对物流企业的末端配送能力提出了巨大挑战。2019年冬季新冠疫情的发生也为无接触配送提供了更多的需求场景。物流配送领域发生着巨大的变化,无人机、无人车、智能快递的应用越来越多,逐渐使人力得到解放,配送效率大幅提升。

1)无人机配送

无人机配送(见图6-9)即使用无线电遥控设备和自带的程序控制装置操纵的无人驾驶的低空飞行器运载包裹,自动送至目的地。无人机配送的优点主要是可以解决偏远地区的配送问题,减少人力成本的同时提高配送效率。无人机调度步骤如下所示。

图6-9 无人机配送示意图

(1)无人机实时向调度中心发送状态信息,调度中心实时更新无人机状态列表。

(2)发货快递柜收到快递包裹后,向调度中心发送发件信息。

(3)调度中心依据接收到的快件信息更新快递投送表,从投送表中取出优先级最高的快递编码及其所在的发货快递柜编号和目的快递柜编号,并从关联相应快递柜的无人机到达时刻表中取出具备续航能力且最快到达的无人机编号。

(4)调度中心向选中的无人机发送指令,包括发件坐标位置和投件坐标位置。

(5)接收到指令的无人机到达目标位置后,向快递柜发送着陆请求。利用北斗等卫星定位系统,快递柜精确引导无人机对接着陆、装卸快件。

(6)无人机装卸快件后向调度中心发送快递到位报告。

(7)无人机若有其他任务,将依据调度中心指令继续执行;若无其他任务,将接收快递柜引导停靠临时停机台的让位指令。

(8)快递柜在快递入柜后向调度中心发送快递到位确认报告,同时向用户发送包括提取密码以及超时收费和退还原地等温馨提示的手机短信,提醒用户及时收取。

2）快递自提柜

快递自提柜（见图6-10）是目前较为普遍的一种配送设施。一些专业企业已经在一些城市的住宅小区、商务楼宇和各大高校投放了智能快速柜，自助快递终端服务模式已开始在很多场所运营。快递自提柜的工作原理如下。

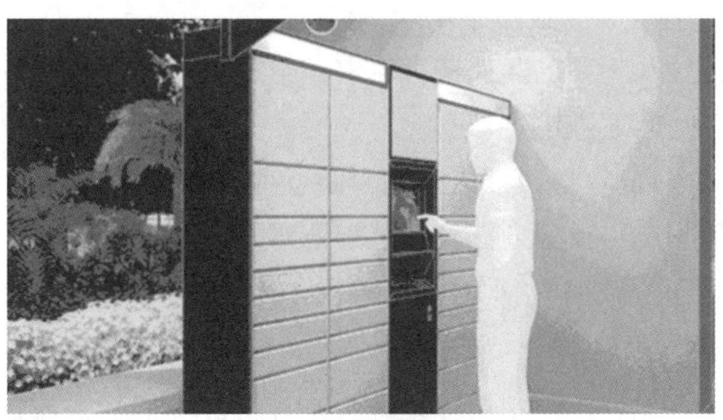

图6-10　快递自提柜示意图

（1）智能快递柜的每个储物柜都是一个基站，每个基站均与电商或快递公司的数据库连接。顾客在某购物平台上购物时，平台会依据顾客留下的配送信息提供配送服务，顾客可自主选择人工配送还是快递柜自提。

（2）快递员先刷卡确认存件，然后扫描快件上的条码，待确认后输入顾客的手机号码。当快递员关门的时候，系统会自动发送一条包含取货码、取货时间等在内的密码短信给顾客，同时系统也会自动检测储物柜里面有无物品，然后向总服务器反馈。

（3）顾客凭借短信密码到快递柜自主取件。当顾客取完件关门时，系统会同时发送短信告知顾客取走包裹的具体时间，同时总服务器也会收到基站包括有无物品遗留（如有遗留此柜会自动锁定）以及取走包裹的时间等的反馈。

3）机器人配送

短途配送中，无人车等机器人配送（见图6-11）也占有重要地位。此类机器人需要在一个预先设定好的小片区域内，通过智能导航和路线规划，自主地为用户提供中小型物品的配送服务。它们通常具备以下技术特点。

图6-11　机器人配送示意图

(1) 由于需要实现无人化短途配送，此类机器人都具备智能感知和避让的能力。它们通常可以通过摄像头、距离传感器甚至雷达等模块收集外界环境的信息，通过内置的智能算法对这些信息进行建模和加工，形成对外部世界的抽象理解，并根据自身的运行轨迹进行实时避让。

(2) 作为短途自主配送机器人，路线规划自然是一项必备技能。除了由操作人员预先设定的简单方式之外，此类机器人还可以参照卫星定位和地图测算，根据行驶过程中景物的变化，实时地改变既定路线。

(3) 随着技术的发展，这些机器人逐渐具备一些其他技能。例如它们可以通过无线信号与建筑物内部的电子控制器通信，加上智能感知的技能，完全自主地乘坐电梯到目标楼层，甚至可以根据电梯拥挤情况选择是否乘坐。

6.2.1.4 自动化集装箱码头

与传统集装箱码头相比，自动化集装箱码头是以科技手段实现集装箱装卸、水平运输、堆场装卸全过程自动化的新型码头，其最大特点是在码头运作现场无人操作。上海洋山港四期自动化码头（见图6-12）是我国首个码头管理系统（Terminal Operation System, TOS）和设备管理系统（ECS）均拥有自主知识产权的全自动化码头，也是目前全球单体最大、综合自动化程度最高的码头。在日常的码头运作过程中，整个洋山深水港四期码头和堆场内空无一人，只有自动化的岸桥、场桥、AGV小车有序作业。仅保留了少量的码头操作员转移到监控室，对着电脑屏幕即可完成全部作业，实现了码头集装箱装卸、水平运输、堆场装卸环节的全过程智能化操作。

图6-12 上海洋山港自动化集装箱码头

6.2.1.5 智能冷藏集装箱

冷藏集装箱作为运输冷链货物的专用集装箱，由于对运输时效性和运输条件的特殊要求，其自动化水平和智能程度比普通集装箱更高。

智能冷藏集装箱系统主要由冷藏集装箱、安装于冷藏集装箱机组控制箱内的IoT终端设备、信息处理平台和服务应用系统组成。2022年交通运输部办公厅关于印发《智能冷藏集装箱终端设备技术指南》的通知，其中智能冷藏集装箱系统要求具有冷藏集装箱状态跟踪与监控、与冷藏集装箱机组的数据交互、定位与授时、数据动态采集和策略调整、数据通信、数据安全、远程控制、设备自检、异常恢复、边缘计算、安全可控等十多项功能。这些功能的实现依赖于智能冷藏集装箱IoT终端设备技术。

案例6-2:基于IoT的冷箱数字化专业平台

新冠疫情发生后，国内疫苗和试剂盒生产厂家的全球海外订单激增，该类产品特点为货值高、温度变化敏感，给海运冷链物流运输带来全新挑战。疫苗和试剂盒的生产争分夺秒，从准时生产到高效安全地到达目的地，已成为药企提高核心竞争力的必由之路。

某药企有一批抗原检测试剂盒需运送到荷兰鹿特丹港，此药品货值非常高，对全程温度控制也非常严格。为确保到港后产品能迅速投入当地市场，保障产品质量安全，该药企向中远海运求助。中远海运的IoT冷箱数字化专业平台(案例6-2图1)，能为客户提供7×24 h服务。无论是订舱号、提单号还是箱号，都可通过PC平台和手机端APP一键查询，包括温度、位置、轨迹、状态等在内的在途IoT冷箱数据一目了然，实现全程可视、可控、可追溯。该药企安排装箱后，在中远海运的帮助下，可以实时在手机上查看集装箱往返工厂、码头堆存、运输途中的插电、断电情况，掌握温度、位置、轨迹、状态等重要信息，最终将这批抗原检测试剂盒安全、快速地运送到荷兰鹿特丹港。整个过程完全自动化、无人化实现。

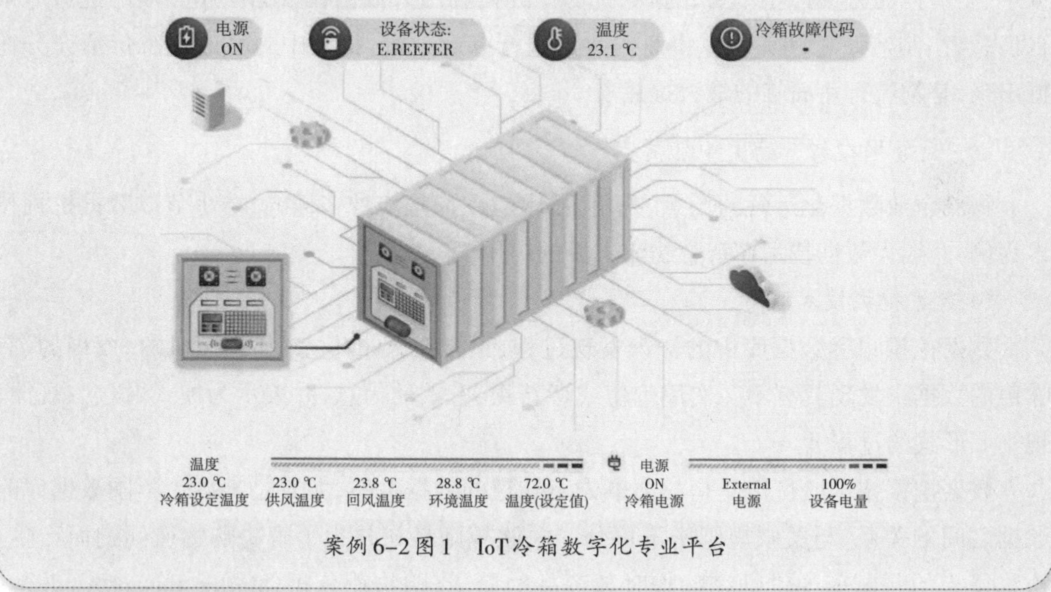

案例6-2图1　IoT冷箱数字化专业平台

6.2.2　数据化运营

6.2.2.1　大数据与智慧物流概述

数据科学的发展可分为3个阶段：第一阶段是数的产生，在公元前8000年，两河流域的苏美尔人将黏土记号像珠子一样串在一起，保留记数实物来记录信息；第二阶段产生于近代的数据科学，以统计学作为基础；第三阶段是大数据时代，显著特征之一是可以利用数据的相关性来解决问题。“大数据”的经典定义可以归纳为4个V，海量的数据规模（Volume）、快速的数据流转和动态数据体系（Velocity）、多样的数据类型（Variety）和巨大的数据价值（Value）。大数据不是简单的传统数据统计，它更贴近AI，在新的模式下海量数据信息经处理、整理、管理、撷取转变为有价值的知识资产。

随着移动互联网的飞速发展与大数据时代的到来，一方面，物流行业数字化程度不断加深，物流运营过程中产生了海量的数据；另一方面，云计算和大数据技术加快向物流业渗透。信息技术与大数据的迅猛发展和广泛应用使各行业的价格机制变得越发透明，利润空间变得越来越小，同一行业中企业间的相互竞争也变得愈发激烈。在这场数字化技术变革中，实现数字化革新与升级，加快行业对市场的响应速度，优化运营流程是企业脱颖而出的关键。

在大数据时代，数据被看作为一种资源和财富。对于物流行业来说，大数据处理海量信息、预测未来的能力，可以帮助物流企业提高管理水平、实现智能决策、精准预测的目的。大数据技术可以在物流行业开展多种应用，如物流网点的智能布局、运输路线的优化、公司层面的智能决策、配送员的智能推荐等，利用大数据技术，智慧物流将在效率、成本、用户体验方面产生不可比拟的优势。如何利用大数据在数据应用方面的优势对来自消费者、制造商、供应商、零售商的数据进行有效分析，将其中蕴藏的经济价值充分挖掘出来，是物流行业面临的最大挑战。

6.2.2.2 大数据在智慧物流中的应用

物流企业数据化运营的场景、视角、技术应用都是多种多样的，本小节以数据挖掘技术为例，介绍大数据技术在智慧物流方面的应用。

1）数据挖掘技术概述

数据挖掘也称数据库中的知识发现过程，是指在大量不完全的、随机的、模糊的、有噪声的数据中发现具有潜在实用价值或者新颖、有效的信息，并表示为模式、概念、规律、规则等形式的过程。

数据挖掘技术的目标便是找出事先不知道的数据关系，尤其是来源于不同数据库的数据之间的关系，与关联规则密不可分。关联规则最初是为了解决购物篮问题而产生。购物篮指的是超市内供顾客购物时装商品的篮子，购物篮分析（Market Basket Analysis）是通过购物篮子所显示的信息来研究顾客的购买行为，通过这些行为挖掘顾客与所购买商品间的关联性、商品与商品间的关联性，帮助企业通过关联规则制定方案，获得利益。一个十分经典的例子是啤酒和尿布的故事。20世纪90年代，一家大型的连锁超市在数据分析中发现，啤酒和尿布2种完全不相关的商品很大概率被放在同一个购物篮中。原

来在美国有婴儿的家庭中,通常是父亲去超市买尿布,其在购买尿布的同时,往往会为自己购买啤酒,所以尿布和啤酒一起出现的概率相对较高。因此,超市此后把婴儿的尿不湿和啤酒放在一起售卖,以提高两者的销售量。关联规则的概念也由此而来。

案例6-3:购物篮分析在物流园区货位布局的应用

在A钢材物流园区中,依照货物进入园区到离开的流转特性可分为入库→堆存→出库3个流程。钢材在堆存时需满足一位一品、多位一品的约束,即同一个货位至多堆存一种钢材,一种钢材可根据需求堆存在多个货位上。在出库过程中,如果一份订单中采购了多种类型钢材,并且一辆货车不只装载一种类型的钢材,那么这些种类的钢材就近放置能够有效减少出库货车在不同堆场之间的转场和在园区内的走行。因此,分析一个订单内不同类型钢材的相关性,并据此进行货位布局,有利于提高钢材出库的效率,减少园区内车辆的拥挤度。

在购物篮分析中通常使用3个指标来度量一个关联规则,分别是:支持度、置信度和提升度。支持度表示某个项集出现的频率,也就是包含该项集的交易数与总交易数的比例。案例6-3表1中,{A}类钢材在8个订单中出现了4次,所以其支持度为50%。一个项集也可以包含多项,比如{A,B,C}类钢材在8个订单中同时出现了2次,其支持度为2/8,即25%。置信度表示当A项出现时B项同时出现的频率。换言之,置信度指同时包含A项和B项的交易数与包含A项的交易数之比。如案例6-3表1中,{A}类钢材在8个订单中出现了4次,A与B在8个订单中同时出现了3次,则{A→B}的置信度为3/4,即75%。提升度指的是A和B同时发生的概率与预期同时发生的概率之比,因此要考虑这两项各自出现的频率,该指标反映了关联规则中的A与B的相关性。提升度>1且越高表明正相关性越高,提升度<1且越低表明负相关性越高,提升度=1表明没有相关性,提升度为负值说明商品之间相互排斥。以案例6-3表1钢材出库订单数据为例,{A→B}的提升度等于{A→B}的置信度除以{B}的支持度即(3/4)/(3/4)=1,因此{A→B}的提升度等于1,这表示A类钢材和B类钢材无关联,即如果一个出库订单中有A类钢材,那么不太可能有B类钢材,因此A类钢材和B类钢材在货位布局上无须就近放置。

案例6-3表1　钢材出库订单数据

订单编号	钢材种类
1	A,B,C,D
2	A,B,C
3	A,B
4	A,E
5	B,C,D,F
6	B,C,F
7	B,F
8	E,F

2)应用场景

(1)需求预测。生活中人们常常调侃一些购物平台对我们装上了“摄像头”,因为它们往往能精准推荐符合我们喜好的商品,这便是大数据时代数据挖掘技术的作用。大数据技术能通过数据挖掘及分析，帮助企业精准勾勒出客户的行为和需求信息，通过真实而有效的数据反映市场的需求变化，从而对产品进入市场后的各个阶段作出预测，及时做出应对措施，提高服务质量。

常用的购物平台通过对商家备货数据和买家浏览、收藏、加入购物车等行为数据的高效分析，得到尽可能准确的结果，并将结果与合作的物流企业共享，以便在订单增多时让物流企业及时采取有效措施予以应对。例如，对用户的搜索内容、所搜索商品的特性、用户最后购买的商品等数据进行挖掘，可以掌握用户的喜好、购物习惯等，并预测出用户的潜在需求。通过对用户长期购买商品的价格水平、购买商品的频次分析以及退货记录，为每一个用户进行市场定位，以此为依据向有需要的用户小额放贷，进一步提高购物平台的盈利。引入消费者、商家、物流公司三方的数据，结合气象数据、交通实况等其他社会数据，开展对各区域日常物流需求的全方面预测。

(2) 仓储作业优化。在仓储作业中，能否合理地安排货物储存位置，对货物进行合理的货位分配，对提高仓库利用率、提高分拣搬运效率、提升仓库效益十分重要。如对于货物数量大、出入频率高的物流中心，各类货物拣选作业的关联性、存储时间的长短等因素决定着货物在仓库货架中的存放位置。数据挖掘分析技术便可以很好地解决这一问题，实现仓库的储位优化。

仓储作业优化常以需求预测为基础。首先可以根据平台消费信息对消费者进行聚类。比如根据每月或每季度消费金额可分为高、中、低水平消费人群，根据消费商品种类可分为美妆时尚品消费人群、电子产品消费人群等。其次使用一些关联算法挖掘消费者与消费商品的关联关系，定量化描述不同商品需求间的相互影响。比如根据分析发现每年的第四季度末一些男性高水平消费人群对高端电子商品的需求增加。基于商品需求的影响因素(包括商品需求间的相互作用)，对消费者需求进行预测。最后依据消费者的订单需求预测，在拣货前按照商品出入库频次以及相关性等因素把货物分配到最佳的货位上。比如预测第四季度末电子商品需求增多，仓库既要根据需求预留够充足的空间提前备货，又要考虑该商品短期内会多次出入仓库，须把商品存放在短期方便出入的位置，进而提高仓库利用率、提高分拣搬运效率。

(3) 路径优化。基于大数据的路径优化是一个典型的非线性规划问题，它一直影响着物流企业的运输效率和运输成本。如在快递配送过程中，物流企业通过大数据来分析商品的特性和规格、客户的需求属性等问题，从而用最快的速度对这些影响配送计划的因素做出反应，比如选择哪种运输方案与线路，以时间最短为目标还是以成本最小为目标，制定最合理的配送线路。物流企业还可以通过配送过程中实时产生的数据，快速地分析配送路线的交通状况，对事故多发路段做出预警。在物流平台运营过程中，平台公司对上传到服务器的海量运输车辆实时定位信息，进行数据化管理，及时获取车辆位置、车速等车辆运行数据，基于此完善行车作业计划，合理调度车辆、制定班次，实时优化运输线网。

6.2.3 智慧化供应链

6.2.3.1 智慧供应链概述

在国家标准《物流术语》(GB/T 18354—2021)中,供应链的定义为:“生产及流通过程中,围绕核心企业的核心产品或服务,由所涉及的原材料供应商、制造商、分销商、零售商直到最终用户等形成的网链结构。”智慧供应链可以理解为在传统供应链网络中融入现代供应链管理理论方法和AI、大数据、IoT等技术,实现供应链自动化、网络化和智能化。

供应链的发展历程可以分为初级供应链、响应型供应链、可靠供应链、柔性供应链和智慧供应链等不同的阶段。供应链中主要有物流、商流、信息流、资金流这4个流程,随着IoT、AI、云计算等新一代信息技术的迅速发展和广泛采用,比以往“四流”连接更加高效。智慧供应链的特点便是技术渗透性更强、可视化特征明显、协同配合更为高效、物流管理更加精益、风险反应更为敏捷,这在“四流”中体现十分明显。

1) 智慧物流

在智慧供应链中,由于信息透明度的提升,包括货物的运输、仓储、装卸搬运、包装、配送、流通加工在内的实体物品的流通过程变得全程可视化,供应链中的智能化系统还能为企业选择最优的物流方案,使车辆、仓库、装卸搬运机械等物流资源得到高效利用,空载、倒流等不合理运输现象得到有效避免,在保障物资能够快速、安全、准确地送达目的的同时,很大程度上减少资源浪费与成本损失。

2) 智慧商流

商流主要是供应链上成员间买卖货物的流通过程。互联网的普及改变了传统线下买卖的方式,网络购物与销售成为一种新的方式。在智慧供应链中,供应链上的成员间能够通过互联网便捷、迅速地签订合同,发送订单信息。除此以外,线上交易和线下交易不再是完全独立的交易方式,不同销售渠道之间通过互联网不断创新联动方式,重新进行融合。智慧供应链打破传统供应链中物流运输能力和信息透明度的限制,企业从只能在自身有限的供应商库中选择相对合适的供应商,转变为能在更大范围内选择适合自己的合作伙伴,进一步降本增效。在销售过程中,智慧供应链中的企业、分销商、零售商可进行深度合作和数据共享,在及时收集市场需求信息的基础上,借助智能化销售预测模型建立最优的产品组合和销售策略,以求获得更高的利润。

3) 智慧信息流

信息流指供应链活动过程中相关信息的流动。智慧供应链与传统供应链之间最大的区别之一是信息的透明化和互联化,也是供应链优化其他“三流”运营的重要支撑。借助IoT等科技手段,智慧供应链能够实时收集与更新全链状态数据,实现物与信息的统一，为企业实现精益管理奠定基础。在智慧供应链中，企业内部、企业上下游之间甚至同类型企业之间信息流均可保持畅通。企业依据与合作伙伴之间的合作关系，选择性对其开放数据权限，实现与合作伙伴之间的信息共享。这种共享既可使在供应链某一个环节发生波动时其他成员能够及时作出调整，也可使供应链成员借助共享信息进行深层次的信息挖掘和数据分析，继而更好地控制风险。

4）智慧资金流

在智慧供应链中，企业通过完全电子化交易，使供应链上资金周转速度更快，提升企业营运能力。由于资金流动和交易都在线上完成，信息泄漏等信息系统安全性问题也面临挑战。在智慧供应链中，完善的信息安全保障措施能够为企业网络交易安全提供强有力的保证。

6.2.3.2 智慧供应链应用

1）协同供应链

供应链协同包括战略层的协同和战术层的协同，其中供应链信息协同是战术层协同的重要内容。供应链信息协同的核心是信息共享，其被认为是减轻供应链“牛鞭效应”（见图6–13）的有效手段之一。“牛鞭效应”是经济学上的一个术语，指供应链上的一种需求变异放大现象。其产生原因就是当供应链上的各级供应商只根据来自其相邻的下级销售商的需求信息进行供应决策时，需求信息的不真实性会沿着供应链逆流而上，逐级放大，此信息扭曲的放大作用在图形上很像一个甩起的牛鞭，因此被形象地称为“牛鞭效应”。供应链上的信息共享最初侧重于从下游向上游传递的信息，如销售终端数据、需求信息、订单信息和销售预测等，随着IoT、AI、大数据等智慧供应链的发展，信息共享逐渐扩大并转移到上游向下游传递的信息，如交付时间安排及产品计划、生产进度安排、预先到货信息等。在智慧供应链中，企业内部的信息和企业外部的信息共享程度越来越高，供应链的协同度也不断提高。

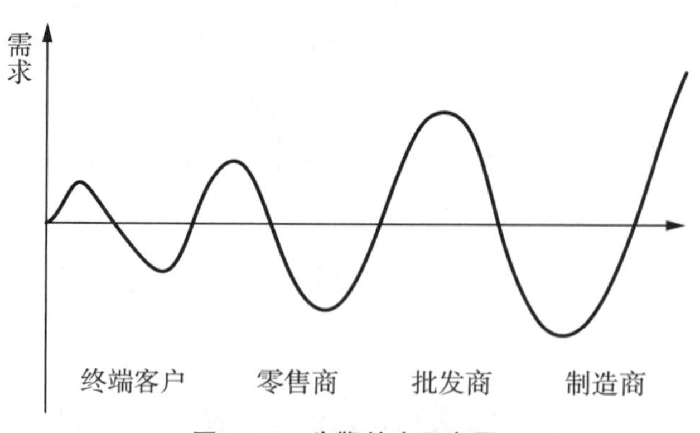

图6–13 牛鞭效应示意图

案例6-4:基于区块链的供应链信息协同系统

小朱最近入职国内一家知名企业担任供应链部门负责人。刚上任,他就被各种诸如缺货问题、滞销问题、质量问题、客户投诉、供应商断供等大大小小的事弄得焦头烂额。小朱想从内部寻找原因,公司内部各个部门之间却互相推诿责任。一天小朱刚从工厂车间回到办公室,打开邮箱就看见几十封同一个主题的邮件跳出来。小朱快速浏览了这些邮件,原来是一个物料的短缺即将造成车间停线,采购说是计划的责任,计划说是采购的数据维护有问题。

采购员辩解道:"之前根本没有人告诉我说数据存在问题!"

计划员冷冷地回复说:"我邮件发给你了,你自己不看!"

采购员十分委屈:"我每天收到一百多封邮件,没有办法保证每封邮件都从头到尾仔细看过……"

计划员继续狠抽鞭子:"为什么大家都认真看邮件,只有你不看,出了问题你才知道看邮件!并且我发了三遍邮件,每封邮件都加了签!"

采购员似乎想到了什么:"原来你说的是那几封邮件啊,别在这里糊弄人了!那几封邮件讲的根本不是数据这回事,而是提醒有哪些物料即将缺货了!我难道不知道有哪些物料即将缺货吗?但是数据有问题你为什么没有讲出来?"

就这样来来回回一整个上午、几十封邮件,从2个人互发邮件互怼,到后来索性抄送了自己的同事、上司、上司的上司,几十号人被拉到邮件中观战,却没有一个人站出来解决问题。对小朱来说,这种情况已经不是第一次出现,他也训斥过几个当事人,但同样的事情依然在上演。问题的根本原因在于供应链信息不协同,导致各个部门之间无法高效沟通。在小朱的建议下企业构建了基于区块链的供应链信息协同系统(见案例6-4图1),该系统重点集中于核心层的采购、库存和物流等环节的信息获取、筛选与增值,在供应链信息协同去中心化数据共享、智能化信息追踪的基础上,进一步完善需求可靠预测、生产计划科学制定和自动化库存管理等功能,实现供应链信息协同管理去中心化、智能化和高度安全可靠。

引入基于区块链的供应链信息协同系统后,各部门可及时获取供应链各环节的数据信息,根据自己部门职责及时做出安排。企业内部类似因为信息不协同、互相推诿扯皮的事情几乎不再发生,缺货问题、滞销问题、质量问题、客户投诉、供应商断供等事情也大幅度减少,工作效率得到了提升。

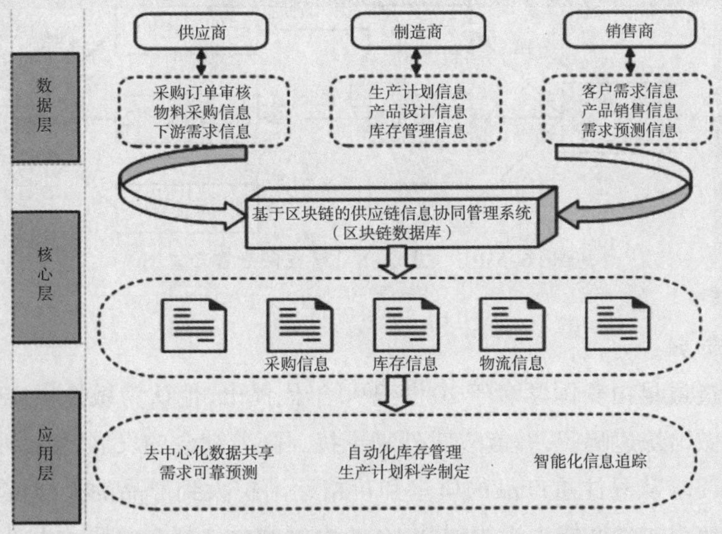

案例6-4图1 基于区块链的供应链信息协同系统框架

2）精益供应链

精益供应链指以成本最小、消除供应链活动中的浪费为目的，通过有计划的、稳定的、上下游相互紧密合作的供应作业过程，将原材料转换成零部件、半成品、成品直至分销给客户并进行服务的一种动态过程。在智慧物流中精益供应链运作的主要条件之一是数字化水平高，并且信息共享对提高供应链资产的利用率至关重要。如生产商对所掌握的信息进行需求预测，建立生产计划以及供应商作业计划，分销商根据市场迅速变化的需求信息选择最合适的采购供应商，从而实现在满足市场需求的情况下避免多余浪费的精益供应链。智慧物流中如EDI技术、ERP系统等许多用来共享和分析信息的技术和系统，使传递信息的时间显著缩短，供应链各成员协调度提高，供应链对市场需求信息的响应速度加快，提高了整个供应链的精益管理程度。

案例6-5：戴尔公司的精益供应链

戴尔公司以生产、设计、销售家用以及办公室电脑而闻名，IT行业的一个特殊性在于"计算机配件放在仓库里一个月，价格就要下降1%~2%"，因此供应链管理和生产控制十分重要。戴尔公司的营运方式是业界号称"零库存高周转"的直销模式。直销模式需要在极短的时间内真正按客户需求定制生产完成，对供应链管理的速度和精度要求十分严苛。戴尔公司利用信息技术全面管理生产过程，通过互联网和其上游配件制造商迅速对客户订单做出反应，如图案例6-5图1所示。戴尔公司供应链每20 s汇集一次订单，戴尔公司的供应商仅需最多90 min准备所需要的原材料并将其运送到戴尔公司的工厂，戴尔公司工厂再用30 min时间卸载货物，并严格按照制造订单的要求将原材料放到组装线上。由于戴尔公司仅需要准备手头订单所需要的原材料，工厂的库存时间仅有7 h。这一切都依赖于戴尔公司雄厚的技术基础——装配线由计算机控制，条码使工厂可以跟踪每一个部件和产品。在戴尔公司内部，信息流通过自己开发的信息系统，和企业的运营过程及资金流同步，信息极为通畅。

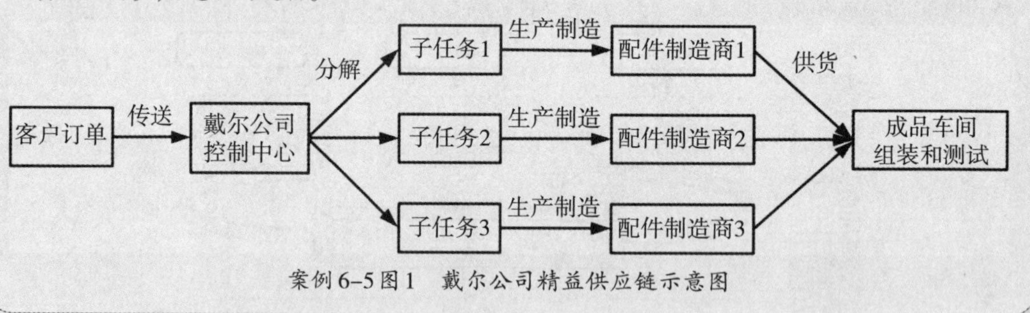

案例6-5图1　戴尔公司精益供应链示意图

3）敏捷供应链

敏捷供应链最早由美国学者于20世纪90年代提出，他认为敏捷供应链是对供需链上的随机变化做出快速响应，并能应对外来干扰。随着社会的发展、生活水平的提高，消费者对产品的需求从只注重产品的质量和价格逐渐扩大到产品的多样性和个性化。同时科技的进步使企业生产能力大幅增强，企业面对的内外部竞争压力也日益激烈。企业只有快速把握市场需求，赢得市场先机才能够在激烈的竞争中生存下来。因此，智慧物

流时代，为了快速响应市场需求，结合网络化、信息化技术的敏捷供应链应运而生。

案例6-6：Q服装品牌满足全渠道订单执行的敏捷供应链

时尚趋势的瞬息万变和消费者个性化需求要求服装供应链要具备快速响应市场需求的能力。坚持引进先进的信息化系统，"打造敏捷供应链"一直是Q服装品牌保持竞争优势的重要战略。

Q服装品牌拥有零售专卖网点3 500多家，为便于管理，引入Oracle零售系统、分销系统和数据分析平台，可实时收集全国门店零售数据，随时掌握一线门店销售与库存情况，实现订单及时收集和反馈，上下游信息共享。在订单执行端，Q服装品牌的物流配送曾采用部分外包的形式。随着电商渠道的发展、门店数量的增加，线上线下一体化的需求，Q服装品牌为更直接有力地把控多渠道订单的仓储配送，自建了物流中心，并引入FLUX WMS系统(见案例6-6图1)作为其物流中心的核心业务系统。FLUX WMS不仅满足区域调拨、分销商、门店终端、电商消费者多层次订单执行的需求，还能通过系统智能优化，使物流中心具备高效响应全渠道订单的能力。

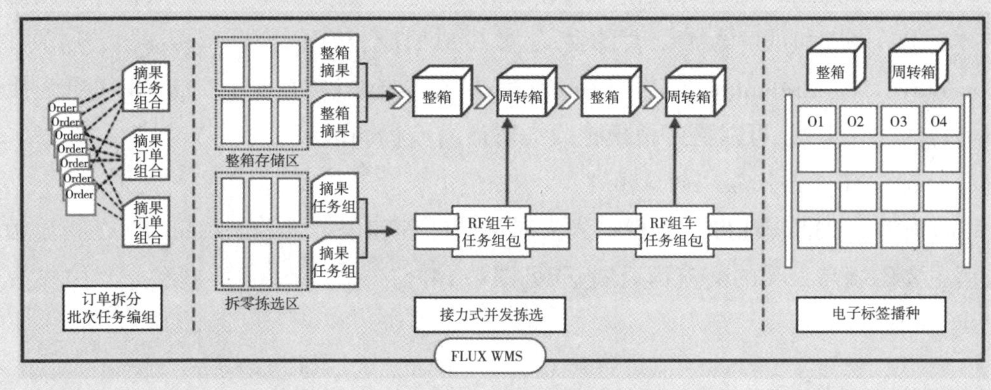

案例6-6图1 FLUX WMS系统

6.2.4 人工智能和智慧物流

6.2.4.1 人工智能的概念

"AI"的概念最早出自于1956年达特茅斯会议的报告，会议上将"AI"描述为"让机器表现出似乎是智能的行为"。虽然这一定义在不同历史阶段和背景下的具体解释和应用有所不同，但仍然被广泛接受和引用。了解"AI"，首先了解何为"智能"与"人类智能"。"智能"本质上是一整套的智能神经系统和生命体与外界交互的行为特征的构成，"人类智能"是人类认识世界和改造世界的才智和本领，如用于感知世界的视觉、触觉、听觉等能力，用于加工处理感知信息的思维能力，用于生产创造的行为能力。"AI"是用于模拟、延伸和扩展人类智能的理论、方法、技术及应用系统，包含三大基石：数据、算法和算力。数据对于AI，如同食材对于美味菜肴，AI的智能都蕴含在大数据中；算法对于AI，如同厨师(烹饪的方法)对于美味菜肴，AI需通过算法来实现，算法是挖掘数据智能的有效方法；算力对于AI，如同厨房的煤气对于美味佳肴，本质是一种基础设施的支撑。

随着技术手段的丰富、表现形式的多样，"AI"可定义为：一种赋予计算机和机器感知、理解、学习、逻辑推理、决策等类似于人类的智能，从而让其能够模拟人类思维和行为模式来解决实际问题的理论、方法、技术及应用系统，如语音识别、计算机视觉、人机交互、机器学习等。

6.2.4.2 基于语言交互的智慧物流

1）ChatGPT概述

随着数据规模的逐渐庞大以及计算成本的下降，AI技术已经被广泛应用于医疗、金融、教育、娱乐等领域，在物流领域也发挥着越来越重要的作用，自动化运作、数据化运营、智慧化供应链无一不体现着人类智能在物流领域的延伸和拓展。AI技术也在不断发展，2022年11月由美国AI研究实验室开发的聊天机器人ChatGPT是AI技术在自然语言处理（Natural Language Processing，NLP）领域的进一步探索。ChatGPT是一种基于模型的AI技术，可以分析和理解人类语言的含义，并生成回应，从而实现和人类的交互，其中G指Generative，P指Pre-trained，T指Transformer。与其他AI技术相比，ChatGPT更为接近自然语言的表现形式，可以更好地模拟人类对话的流程和语境。

2）ChatGPT在物流领域的应用

ChatGPT主要的表现形式是模拟人类对话的流程和语境，因此，ChatGPT在物流领域的应用主要围绕与人类的交流沟通展开（见图6-14）。

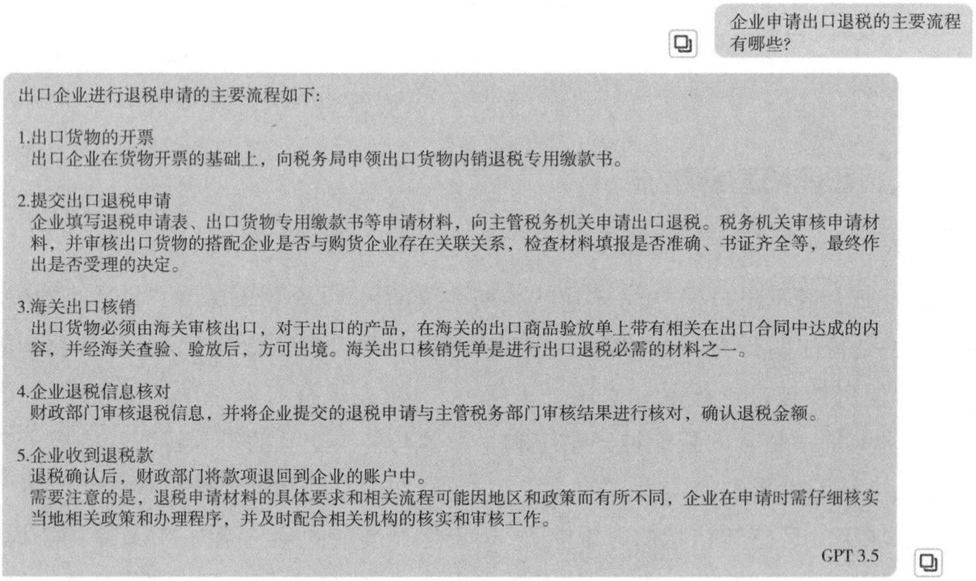

企业申请出口退税的主要流程有哪些?

出口企业进行退税申请的主要流程如下:

1.出口货物的开票
出口企业在货物开票的基础上，向税务局申领出口货物内销退税专用缴款书。

2.提交出口退税申请
企业填写退税申请表、出口货物专用缴款书等申请材料，向主管税务机关申请出口退税。税务机关审核申请材料，并审核出口货物的搭配企业是否与购货企业存在关联关系，检查材料填报是否准确、书证齐全等，最终作出是否受理的决定。

3.海关出口核销
出口货物必须由海关审核出口，对于出口的产品，在海关的出口商品验放单上带有相关在出口合同中达成的内容，并经海关查验、验放后，方可出境。海关出口核销凭单是进行出口退税必需的材料之一。

4.企业退税信息核对
财政部门审核退税信息，并将企业提交的退税申请与主管税务部门审核结果进行核对，确认退税金额。

5.企业收到退税款
退税确认后，财政部门将款项退回到企业的账户中。
需要注意的是，退税申请材料的具体要求和相关流程可能因地区和政策而有所不同，企业在申请时需仔细核实当地相关政策和办理程序，并及时配合相关机构的核实和审核工作。

GPT 3.5

图6-14 ChatGPT交流界面演示

（1）客户服务

物流行业的客户服务往往需要进行大量的人际交互，而ChatGPT可以通过对话的方式与顾客进行交流，了解客户需求并给予相应的回应。这可以提高客户的满意度，并且

可以有效减少客户咨询时间和人力成本。

(2) 物流调度

ChatGPT可以根据运输计划和配送方案的情况,与调度员进行沟通,预测潜在的问题并给予提醒。这可以帮助物流企业更及时地处理问题和调整物流策略,并使得整个物流流程更加高效和规范。

(3) 货运追踪

物流企业需要根据客户需求、时间限制等因素进行货物追踪,而ChatGPT可以与运营人员进行交流,并记录相应的信息。这可以提高物流企业货运通知的及时性和精确度,从而减少物流过程中可能出现的错误和瑕疵。

ChatGPT在物流领域具有广阔的应用前景,可以提高物流企业的效率、客户服务及预测能力。同时,ChatGPT的应用也面临着来自社会各界人士的担忧,这也是AI技术自存在以来便存在的问题——对行业岗位的替代性以及可能引发的一系列伦理问题。因此,虽然AI技术在物流领域的应用逐步深入,但实现其全面应用还有一定的困难和挑战。

6.2.5　元宇宙和智慧物流

6.2.5.1　元宇宙的概念

什么是"元宇宙"呢?"维基百科"对"元宇宙"定义为:通过虚拟增强的物理现实,呈现收敛性和物理持久性特征的,基于未来互联网的,具有连接感知和共享特征的3D虚拟空间。"元宇宙"是映射现实世界的在线虚拟世界,是与现实世界高度互通的虚拟世界,但不完全等同于现实世界。"元宇宙"是通过整合多种新技术生成的现实世界的镜像,将虚拟世界与现实世界在经济系统、社交系统、身份系统上密切融合,提供沉浸式体验,并且允许每个用户进行内容生产。

6.2.5.2　虚拟与现实交互的智慧物流

元宇宙在现代物流领域的应用处于起步阶段。元宇宙在某个领域应用的前提是已经建立了较好的数字化基础,这是实现现实与虚拟空间信息交互的必要条件。当前物流业数字基础设施、标准规范、安全保护等还不健全,元宇宙应用难以深度落地,但是数字孪生、虚拟现实(Virtual Reality, VR)、增强现实(Augmented Reality, AR)、仿真计算等技术要素已在一些港航物流应用场景中得到成功应用。

1) 数字孪生技术还原码头生产场景

通过数字孪生和VR技术将港区生产计划、车辆监控、航道监控、船舶监控、气象传感和IoT数据等多模态数据融合,还原码头生产场景(见图6-15),辅助港口经营决策。如超大型集装箱码头数字孪生管控系统,实现码头运行情况复现、生产指标监测、机械配置优化、智能决策验证与故障预判等功能。海上交通数字孪生VR系统实现了码头靠离泊作业、主要进出港航道和锚地船供作业的数字孪生，除了船舶和码头外还提供气象、洋流、潮汐等多种海况的第一人称视角的VR可视化，可用于海上交通流管理、事故场景还原、仿真预测等方面。

图6-15　数字孪生对码头生产的场景还原

2）AI和AR技术辅助船舶驾驶

通过红外摄像AI视频识别算法与传统的雷达、AIS数据融合，并将水面航道和船舶分布等驾驶辅助信息通过AR技术叠加在驾驶台的操控系统上，实现船舶靠泊可视化（见图6-16）。如AR船舶智能导航系统（见图6-17）利用了AI视觉识别技术主动通过AI技术识别视频中的水面目标、推算距离和方位等。船舶态势感知系统成功应用于船舶可视化靠泊辅助、航道安全预警、智能船舶感知系统等场景之中。

图6-16　可视化靠泊辅助系统在船舶中的应用

图6-17　AR船舶智能导航系统示意图

3）VR技术辅助港航业务操作培训

利用VR技术最大程度还原港航业务操作培训场景，预先让人在模拟环境中沉浸式体验，可以大量降低现场培训的成本。如通过船供油操作规范VR仿真系统提升供油人员服务能力；船舶消防多人协同VR训练平台提供了低成本、高效率、常态化的培训方案等。

目前，物流领域的数字化应用场景仅涉及到AI、AR等部分元宇宙的关联技术，并未实现元宇宙的完全落地。除了物流业本身数字化水平的制约因素，元宇宙技术本身的成熟还需要一个较长的时期。

参考文献

[1] 霍艳芳，齐二石．智慧物流与智慧供应链[M]．北京：清华大学出版社，2020．

[2] 韩东亚．智慧物流仓配装理论与算法[M]．合肥：中国科学技术大学出版，2020．

[3] 冯耕中．物流信息系统[M]．2版．北京：机械工业出版社，2020．

[4] 柳荣．智能仓储物流、配送精细化管理实务[M]．北京：人民邮电出版社，2020．

[5] 施先亮．智慧物流与现代供应链[M]．北京：机械工业出版社，2020．

[6] 魏学将，王猛，张庆英．智慧物流概论[M]．北京：机械工业出版社，2020．

[7] 王先庆．智慧物流：打造智能高效的物流生态系统[M]．北京：电子工业出版社，2019．

[8] 南熙．智慧物流在互联网时代的发展研究[M]．延吉：延边大学出版社，2019．

[9] 韩东亚，余玉刚．智慧物流[M]．北京：中国财富出版社，2018．

[10] 杨倩倩．基于购物篮分析和可达性的钢铁物流园区货位动态布局研究[D]．北京：北京交通大学，2021．

[11] 陈自富．炼金术与人工智能：休伯特·德雷福斯对人工智能发展的影响[J]．科学与管理，2015，35(4)：55-62．

[12] 张羽政．人工智能技术在现代物流管理模式中的作用探究[J]．物流科技，2022，45(10)：105-107．

问题与思考

1. 什么是智慧物流？
2. 智慧物流的特征有哪些？请具体说说其智慧化包含哪几个方面以及其价值体现。
3. 智慧物流对于提高物流效率和降低成本有何作用？同时是否存在一些弊端或风险？请说说你的思考。
4. 智慧物流的发展对于劳动力市场和就业有何影响？是否会出现新的职业和就业机会？请说说你的思考。
5. 什么是智慧供应链？请简述智慧供应链在“四流”中的具体体现。
6. 请列举一些数字孪生、VR、AR、仿真计算等技术要素在港航物流的应用场景。
7. 现代化的智慧物流仅仅通过语言感受是远远不够的，请对下面案例进行阅读并分析。

案例6-7：N家居产品生产交付问题

1）问题背景

N家居主打产品是真皮沙发。该厂家立足于国内市场，开设300多家专卖店，又面向世界，与美国、西班牙、澳大利亚等国家的外商建立了良好的合作关系。在生产沙发的过程中，主要流程有木材开料、木架成形、加工、皮（布）开料、缝纫海绵开料、油漆、组装、总检和包装等。在生产计划伊始，N家居会收到来自顾客的订单；接着，N家居的上游（即供应商）会先完成前5个步骤，对沙发部件进行预处理，并将半成品交付给N家居；随后，N家居会对半成品进行深度加工，完成后，会在顾客要求的时间内交付给相应的顾客。不合理的生产和交付计划会导致花费的成本急剧增多。例如，当产品的加工顺序出现问题时，会导致生产成本的增高；当产品交付的时间有偏差时，会造成延误时间成本的增高。基于上述背景，如何最小化公司运营成本，制订合理的生产计划和交付计划是我们需要解决的问题。

2）问题描述

举一个简单的生产问题的例子，N家具现需要生产一种沙发，共有4道工序，各道工序所需的时间和资源如案例6-7表1所示。根据表案例6-7表1计算按正常时间的项目完工期，以及按期完工最多需要的人数。

案例6-7表1　工序资源消耗

工序	紧前工序	每天需要资源/人	时间/天		成本/万元		时间的最大缩量/天	应急增加成本/(万元/天)
			正常	应急	正常	应急		
A		5	10	8	30	70	2	20
B	A	12	8	6	130	150	2	10
C	A	10	4	2	60	80	2	5
D	B,C	7	12	10	70	86	2	2

这是一个生产物流组织问题，甘特图是生产计划排程问题经常用到的工具，它是由亨利·甘特于1910年发明的，可以用来展示项目各项任务在时间轴上的计划进度。甘特图通常由任务、起始时间、结束时间、持续时间和负责人等基本元素组成，可以清楚、直观地显示出项目的时间进度安

排、任务之间的相互关系。上述问题的甘特图如案例6-7图1所示，可以看出，按正常时间的项目完工期为30天，按期完工最多需要22人。

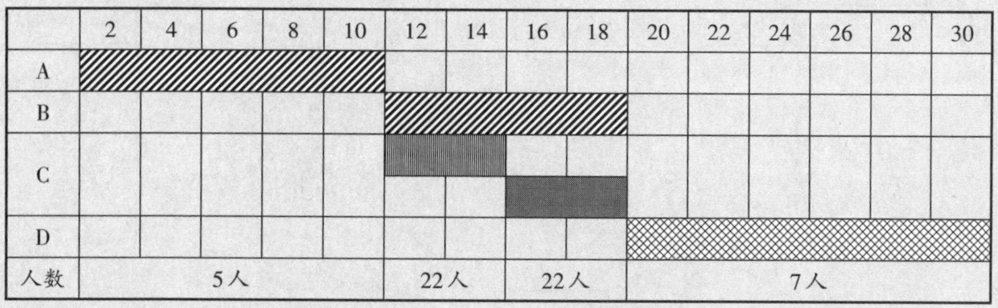

案例6-7图1　沙发生产问题的甘特图

以上问题比较简单，现实生活中遇到的生产问题往往更加复杂。制造商需要加工的沙发类型更加多样，生产工序更为繁杂，所需材料更加庞大，还需考虑设备、人工、仓储等成本。此外，由于顾客对产品的交货日都有预期，制造商要在限期内完成生产任务，否则会产生额外成本，该种情况下要考虑如何安排工人以及机器设备的工作时间。当物流生产问题涉及的工序、资源、时间约束规模庞大时，人力计算已不现实。智能生产计划与排程系统的出现帮助人们维护各生产间、生产线的工作时间、加班时间等，配置产品的标准工时作为产能依据，通过甘特图方式快速模拟排产，帮助企业构建产销衔接、敏捷交付的生产计划体系。

思考：

如果现在要求在29天内完成生产任务，即将工期缩短一天，应采取什么样的应急措施，能在保证按期完工的同时使总成本最小又使总人数最少。结合你的实际生活找到一个生产计划问题的场景，并尝试用甘特图进行排程。

案例6-8：物流配送问题

1）问题背景

餐饮O2O行业连接线上线下的订餐需求，将传统的到店消费模式改造成更加灵活便捷的到家消费模式，降低了用户的消费成本和商户的固定成本。外卖平台在这里扮演的角色除了促进线上需求向线下转化，也包括达成订单的最后一公里任务——物流配送。高效的物流配送能力是决定外卖平台商业模式成败的关键，也是O2O经济区别于传统经济的根本，即运用大数据、云计算、深度学习和可视化技术提升行业效率，创造并满足新的民生需求。

在外卖物流调度的真实场景中，用户点了餐就希望能按时送到，骑士上了路就希望每趟路线能多配送几单，商家接了餐就希望骑士快来取餐，平台则关心如何以最小的运力承接最大的配送压力，而且能扛住高峰时段突如其来的巨大订单量。更加困难的是，这些目标有时就是互相矛盾的，满足了一方，势必会影响另一方，调度订单是非常复杂的多目标动态规划决策过程。

2）问题描述

举一个简单的配送问题的例子，有A1、A2、A3这3个外卖店，各自有10个、8个、5个外卖订单待配送，分别送往B1和B2这2个小区，现有2个外卖配送员。其中A1有4个外卖订单送往B1，其余送往B2；A2有6个外卖订单送往B1，其余送往B2；A3有2个外卖订单送往B1，其余送往B2。他们之间的配送距离如案例6-8图1所示。配送成本与配送距离成正比，在不考虑路况、超时成本等因素的情况下，如何规划配送路线使配送成本最小。

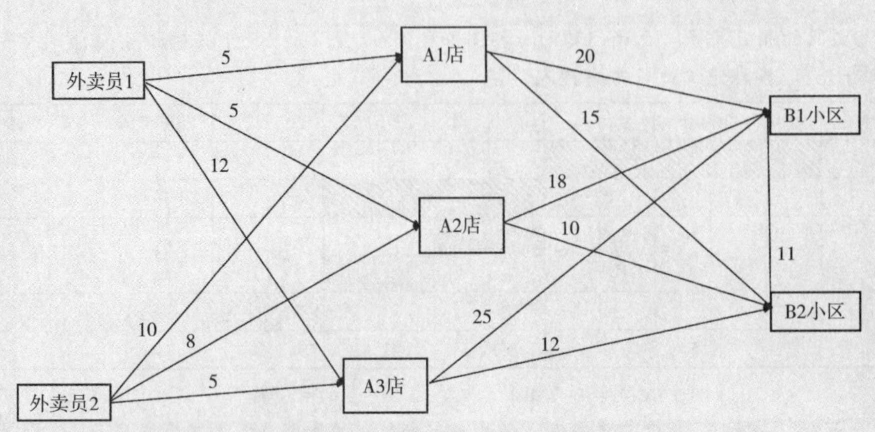

案例6-8图1　外卖配送路线图

实际情况中，订单数量巨大，计算问题的规模带来了求解的难度。同时，影响订单分配的因素很多，从订单生成那一刻开始，调度系统就要考虑到订单的取餐地址、用户的配送地址、商圈内的骑士数量和状态、订单的预期送达时间。每一个订单并不是孤立地存在，要想得到全局最优的配送方案，还要必须考虑到这一时段内其他订单的配送情况，尽可能做合并，提高整体的配送效率。如果再考虑到不同城市、商圈、天气、节假日、工作日和商圈骑士运力配置等情况，事情就变得更加复杂起来。

智能调度系统需要将以上所有因素统统考虑在内，实时采集整个商圈里各方的动态数据，依托海量历史订单数据、骑士定位数据、精准的商户特征数据，针对骑士实时情景（任务量、配送距离、并单情况、评级），对订单进行智能匹配，在1 ms内做出在时间跨度和空间范围内的最优分配序列，让骑士轨迹能无缝衔接起整个配送流程，让每个环节耗费的时间降到最低，让分摊到有限运力上的配送成本费用降到最低，实现自动化调度以及资源的全局最优配置。

思考：

上述物流网络中只有3个外卖店、2个小区，当把配送范围扩大到一个街道呢？扩大到一个市区呢？该如何分配运力并规划运输路线才能使运输成本最小、运输时间最短？

第7章　绿色化的现代物流

学习目标

1. 掌握绿色物流的基本概念和原理，了解绿色物流的发展历程和现状；
2. 了解物流系统与自然环境之间的相互关系，认识到发展绿色物流的必要性；
3. 熟悉绿色物流管理手段与技术，包括新能源、新型包装、回收与再制造等技术；
4. 了解绿色物流管理的相关应用场景，包括绿色运输、绿色包装、绿色仓储以及逆向物流等。

物流既是一项跨领域、跨专业、跨学科的系统工程，又是融合了多种产业的复合型服务产业。物流业是支撑国民经济发展基础性、战略性、先导性产业。在世界范围内，物流业迅猛发展，但物流业迅猛发展的背后也带来资源能源过度消耗和运输排放引发的污染等严重的环境问题，并逐渐影响到全球绿色发展。

绿色化是现代物流的重要趋势之一，如今全行业都在向着“双碳”目标前行。国家发挥领导作用，在政策、法律等方面提供支持；企业发挥主体作用，在技术方面积极研发和实施，在绿色化管理方面不断提升；每一个公民也在积极践行绿色化理念，在日常生活的点点滴滴中，减少资源浪费和环境污染。

案例7-1：航运业低碳治理——以中国方案为例

习近平总书记在第75届联合国大会上提出中国将采取有力的政策和措施，力争于2030年前实现碳达峰，2060年前实现碳中和，为我国实现绿色低碳发展指明了方向，也体现了大国担当，提升了我国在全球治理中的重要地位。

国际航运作为全球贸易的动脉，承运了全球贸易货物总量的90%以上。航运业碳排放约占全球碳排放的2.3%，预计在2050年将占比3.5%。我国是国际航运大国，截至2021年8月31日，中国远洋海运集团船队规模达到1 371艘，居世界第一。航运业高度开放、国际化的特性，特别适合作为我国引领全球低碳治理的一个重要行业突破口。

努力提高我国在全球航运业低碳治理中的地位，需要多措并举。一方面，要通过多边、双边、市场化等各种机制积极融入全球航运业低碳治理体系，探索出发挥引领作用的路径和策略；另一方面，也要从船舶动力能源、市场化减碳机制等途径为我国航运业践行双碳承诺提供科学方案，形成具有科学性和全球适应性的中国方案。

（1）使用绿色船舶动力能源。根据国际海事组织（International Maritime Organization，IMO）的研究，船舶能源结构转型的减排作用较为明显，第三代生物燃料可以减排90%，氢能和其他合成燃料可以减排80%~100%。实现碳达峰需要依靠液化天然气(Liquefied Natural Gas, LNG)、甲醇等低碳燃料或低碳技术来实现,氢、氨等零碳燃料和零碳技术或将是实现碳中和的主要手段。

目前主要的船公司、船级社、新能源企业以及学者普遍认为船用燃料替代是一个长期的过程,但就航运业未来的动力能源选择和脱碳路径还没有达成一致。中国航运业要积极响应双碳承诺,须在船舶低碳能源选择和船队结构更新上提出科学的方案,才能有力助推我国全球低碳治理地位的提高。

(2) 采取市场机制措施。基于市场机制的减排措施主要通过碳定价机制等经济手段提高碳排放成本,从而限制或减少碳排放量,主要模式是碳税和碳交易市场体系。2021年9月,国际航运公会(International Chamber of Shipping, ICS)向联合国提交了一份船舶碳税的提案,呼吁航运业加快零碳燃料的使用和部署。2021年7月,欧盟委员会正式提议将航运业纳入欧盟的碳排放交易,强制使承运人逐步降低船用燃料的碳强度。我国的碳交易系统在2011年开始试点启动,自2015年起,上海碳排放交易体系实现了全球首个将航运业纳入碳交易市场的体系,为航运业碳减排的全球治理探索提供了经验。

(3) 改进船舶设计。船舶节能减排是航运业碳减排的需要,而船舶自身性能与船舶节能减排息息相关。第一,船舶底漆的涂装、主副机运行状态、使用年限等这些因素影响着船舶的节能减排。从主副机运行状态来看,作为船舶上最重要的安全及能耗设备,主副机具有越高的运行效率,燃烧效率就越高,相应地降低了单位能耗。第二,不同类型的船舶也对节能减排形成影响。不同的船舶抗风浪性能不同,船舶耐波性差以及甲板受风面积大的船舶会增加能源消耗。因此,改进船舶设计,提高船舶在运行时能源燃烧效率,减少船舶停靠时温室气体排放,也是一项重要举措。

(4) 采取营运改进措施。根据相关研究表明,船舶速度与船舶航次总燃油消耗量成三次方的关系,是影响燃油效率的重要因素。然而,由于固定船期的影响,企业就需要采取营运改进措施对船舶在排放控制区内外航速进行合理的优化,在实现减排的同时满足企业和货运需求。

思考:

(1) 举例谈谈实现航运业低碳治理有哪些具体方法。

(2) 为什么要提出“中国方案”? 具体措施有哪些? 这些措施给将带来哪些好处?

(3) 从现在开始到2030年,作为一名大学生,正是毕业走向社会,走向重要岗位的时期,从个人的角度应该如何在自觉节能减排的同时,贡献专业智慧,助力早日实现碳中和。

7.1 绿色物流概述

绿色标志、绿色出行、绿色食品……随着绿色、低碳、环保理念的不断宣传,这样的绿色词汇也越来越多地被大家知道。绿色食品指的是无污染的纯天然食品,而绿色标志是便于我们购买绿色商品时辨别的特定图案。那么,绿色物流又该如何理解?

7.1.1 绿色物流的基本概念

7.1.1.1 绿色物流的概念

学界明确提出“绿色物流”概念是在20世纪90年代中期,这是一个新的概念,目前还

没有完全成熟的定义。而关于绿色物流的相近叫法,国外学者也有的称“生态物流”(Ecological Logistics),还有的称“环境物流”(Environmental Logistics)。国内学术界大部分称为“绿色物流”(Green Logistics)。

国内外学者对于绿色物流的概念也有不同的描述,但是可以总结为环境保护角度、物流管理和供应链的角度等3个方面。从环境保护角度来看,绿色物流关键在于节约资源、保护生态环境;从物流管理角度看,要以保证物流合理作业和满足需求为前提,实现各个物流环节和活动的绿色化;从供应链的角度来说,则是从正向和逆向2个方向将各供应链环节绿色化。

国家标准《绿色物流指标构成与核算方法》(GB/T 37099—2018)将绿色物流定义为,通过充分利用物流资源,采用先进的物流技术,合理规划和实施运输、储存、装卸、搬运、包装、流通加工、配送、信息处理等物流活动,降低物流对环境影响的过程。

结合上述对绿色物流的描述,可以看出绿色物流的目的是降低物流活动对环境的影响,充分利用科学技术手段,使物流活动运作效率提高,使物流资源得到最充分利用。

7.1.1.2 绿色物流的特征

绿色物流除了具有一般物流所具有的特征外,还具有学科交叉性、多目标性、多层次性、时域性和地域性。

1）学科交叉性

绿色物流是物流学与环境科学、生态学、社会学等的交叉学科领域。由于环境问题的日益突出,及物流活动与环境之间的密切关系,在研究社会物流与企业物流时,必须考虑环境和资源问题;由于生态系统与经济系统之间的相互关系和影响,作为经济系统的物流理论,必然要结合生态学理论和资源学理论。学科交叉性使绿色物流的研究方法非常复杂,涉及多个领域,研究内容广泛。

2）多目标性

绿色物流的多目标性体现在:企业的物流活动既要获得经济效益,又要追求消费者的利益和社会效益,还要满足可持续发展的要求,注重对环境的保护和资源的节约,兼顾环境效益。从系统论的角度分析,绿色物流的多目标之间通常是相互矛盾和制约的,一个目标的增长将以另一个或几个目标的下降为代价。如何取得多目标间的平衡？这是绿色物流要解决的问题。只有兼顾了各个目标,物流业才能持续稳定地发展下去。

3）多层次性

绿色物流的多层次性体现在3个方面。

首先,从对绿色物流的管理和控制主体看,可分为社会决策层、企业管理层和作业管理层3个层次的绿色物流活动,也可以说是绿色物流的宏观层、中观层和微观层。其中,社会决策层的主要职能是通过相关政策和法规的手段,传播绿色理念、约束和指导企业物流战略和经营活动;企业层的任务则是从战略高度与供应链上的其他企业协同,共同规划和管理企业的绿色物流系统,建立有利于资源再利用的循环物流系统;作业层主要是指物流作业环节的绿色化,如运输的绿色化、包装的绿色化、流通加工的绿色化等。

其次,从系统的观点看,绿色物流系统是由多个单元(或子系统)构成的,如绿色运输子系统、绿色仓储子系统、绿色包装子系统等。这些子系统又可按空间或时间特性划分成更低层次的子系统,即每个子系统都具有层次结构,不同层次的物流子系统通过相互作用,构成一个有机整体,实现绿色物流系统的整体目标。

最后,绿色物流系统还是另一个更大系统的子系统,即绿色物流系统赖以生存发展的外部环境,包括促进经济绿色化的法律法规、人口环境、政治环境、文化环境、资源条件、环境资源政策等,对绿色物流的实施将起到约束或推动作用。

4) 时域性和地域性

时域性指的是绿色物流管理活动贯穿于产品的全生命周期,包括从原材料供应、生产内部物流、产成品的分销、包装、运输,直至报废、回收的整个过程。

绿色物流的地域特性体现在2个方面,一是指由于经济的全球化和数字化,物流活动早已突破了地域限制,形成跨地区、跨国界的发展趋势,相应地,对物流活动绿色化的管理也具有跨地区、跨国界的特性;二是指绿色物流管理策略的实施需要供应链上所有企业的参与和响应,这些企业很可能分布在不同的城市甚至不同的国家。例如,欧洲有些国家为了更好地实施绿色物流战略,对于托盘的标准、汽车尾气排放标准、汽车燃料类型等都有明确规定,其他欧洲国家的不符合标准要求的货运车辆将不允许进入。跨地域、跨时域的特性也说明了绿色物流系统是一个动态的系统。

7.1.2 绿色物流的产生、发展及相关政策

7.1.2.1 绿色物流的产生与发展

物流活动与社会经济的发展相辅相成。一方面,现代物流是经济发展的支柱;另一方面,经济的发展又会引起物流总量的增加。物流活动的频繁及物流管理的变革,会增加燃油消耗、加重空气污染和废弃物污染、浪费资源、引起城市交通堵塞等,乃至对社会经济的可持续发展产生消极影响。因此,与其他行业和企业的生产经营活动一样,物流行业及企业在运营过程中不可避免地对环境产生了负面影响,这些影响使企业内部和外部都蒙受损失。如货物运输工具所引起的大气污染和噪声污染,有毒有害、放射性物质对仓库环境的侵害,商品在包装时产生的包装污染,装卸搬运过程中产生的大气和水的污染,流通加工过程中所排出的"三废"等。大量生产、大量流通、大量消费的经济系统会产生大量的废弃物,这些都会对经济社会和环境产生严重的负面影响,引起环境容量资源的枯竭和自然环境的恶化。

欧洲是引进“物流”概念较早的地区之一，而且也是较早将现代技术用于物流管理，提高物流绿色化的先锋。美国推行自由经济政策，其物流业规模庞大，货运异常频繁，较早对绿色物流给予了较大关注。而在把物流行业作为本国经济发展生命线的日本，从一开始就没有忽视物流绿色化的重要意义，在防止交通事故、抑制道路沿线的噪声和振动等方面，加大政府部门的监管和控制作用。从20世纪90年代后期起，我国现代物流蓬勃发展的同时，为了完成物流现代化、自动化和绿色化的目标，构筑绿色物流发展的框架，做好绿色物流的政策体系建设，强化绿色物流管理，建立和完善绿色物流理论体系，也已成为政府部门、企业和研究人员的重要课题。

7.1.2.2　我国绿色物流相关政策

改革开放以来，我国物流业快速发展，为经济社会的持续健康发展奠定了坚实的物流基础，中国成为全球有重要影响力的物流大国和全球最大的物流市场。但同时，高速发展的物流业也给我国资源、环境、社会带来了巨大问题，仅快递物流行业，我国每年便面临千亿包裹的垃圾负担。面对此现状，从2009年国务院发布《物流业调整和振兴规划》至今，国家及相关行业主管部门都提出要大力发展绿色物流，物流企业等纷纷开展绿色物流实践。《中华人民共和国国民经济和社会发展第十四个五年规划和2035年远景目标纲要》中提出“加快发展方式绿色转型。坚持生态优先、绿色发展，推进资源总量管理、科学配置、全面节约、循环利用，协同推进经济高质量发展和生态环境高水平保护。全面提高资源利用效率，构建资源循环利用体系，大力发展绿色经济，构建绿色发展政策体系”。国务院办公厅印发的《“十四五”现代物流发展规划》也提出要深入推进物流领域节能减排，加快健全逆向物流服务体系。绿色物流作为绿色经济的重要组成部分，推动其发展是践行绿色发展方式的重要体现和有效途径。

7.1.3　物流系统与自然环境

7.1.3.1　物流系统对自然环境的影响

1) 运输对自然环境的影响

物流节点之间的运输，既需要大型的运输工具，如船舶、车辆、火车等，还需要具备完善的全国性的基础设施，如公路、铁路、货场等。这些基础设施的建设必然会消耗大量资源，而且运输工具在使用过程中还会产生很多的污染。因此，运输是造成物流过程中的环境问题的主要原因之一。

2) 储存对自然环境的影响

储存环节产生的环境影响主要表现在：

(1) 为保证储存的物品不丧失其使用价值，必须对储存物品进行维护保养，其中对部分储存物品采取的技术措施，如物品表面的喷涂防护和化学药剂，会对仓库周围的生态环境造成不良影响。

(2) 如果保管不当,有可能造成储存的物品变质、损坏,从而被丢弃,造成废弃物污染;有些危险储存物的泄漏,会对周围环境造成严重影响。

(3) 在冷链仓储中,冷链货品在库、出入库等各个环节都需要始终处于规定的低温范围以保证货品质量,因此会带来大量的能源消耗以及温室气体排放。

(4) 仓储作业,如出入库装卸搬运需要动用机械设备,同样消耗能源。

(5) 仓储设施是重要的基础设施,占用大量土地资源。

3) 包装对自然环境的影响

包装既是产品生产的终点,又是物流过程的起点,具有保持商品品质、提高物流效率、促进销售等功能。无论是商业包装还是物流包装,都要消耗大量资源,产生大量废弃物。因此,包装对环境的影响是非常大的。

从商业包装情况看,为了达到促进销售的目的,目前市场上的商品包装越来越追求方便性和豪华性。例如,大量的精美的纸制品包装,会消耗掉大量的木材,造成森林资源减少,热带雨林被毁坏,地表绿色面积减少,生态平衡破坏等后果。从物流包装情况看,随着社会物流量的增加,物流包装(如纸箱、储存罐等)在包装中所占的比重也越来越大。

目前使用的不少包装材料是不可降解或难以综合利用的。这些包装废弃材料会对自然环境造成永久的、严重的污染,威胁着人类生存环境和健康。例如,作为包装材料的首选材料——塑料,一般难以自然降解,废弃填埋后,会给自然界留下长久的污染物,对生态环境造成严重的污染和破坏。然而塑料的综合利用又较为复杂,废弃物材料中因含有不同种类的塑料,增加了分离的困难,使其回收和再生利用的价值降低,所以回收再利用率低。另外,使用较多的包装材料,复合包装材料,虽然可以克服使用单一材料带来的缺陷和功能不足的问题,但废弃物的综合利用更加困难。

4) 流通加工对自然环境的影响

流通加工针对收货人、消费者对规格型号的多样化需求而进行简单加工,如对钢材卷板的剪切、平板玻璃的开片加工、木材改成方材、板材等加工形式,弥补了生产加工的不足,多样化的产品规格既方便了顾客,又促进了销售。

由于流通加工具有较强的生产性,不合理的流通加工方式也会对环境造成负面影响,具体表现在:

(1) 由消费者分散进行的流通加工,资源利用率低下,浪费能源,如餐饮服务企业对食品的分散加工,既浪费资源,又污染了环境。

(2) 分散的流通加工中产生的边角废料,难以集中和有效地再利用,造成资源浪费和废弃物污染。

(3) 如果流通加工中心的选址不合理,也会造成费用增加和有效资源的浪费,还会因增加了运输量而产生新的污染。

除物流系统基本活动对自然环境有影响之外，物流设施的建设对生态环境也会有影响。比如运输基础设施，如高速公路的建设会占用土地资源，对沿线环境和自然生态产生影响。

7.1.3.2　自然环境对物流系统的影响

物流系统建立在自然环境中，自然环境影响和制约着物流系统的发展。

1）资源紧缺的影响

资源紧缺对经济的影响是不言而喻的。对全社会的物流系统来说，环境资源存量的减少，最终会受市场机制或政策的作用，导致资源使用费用的提高。例如，原材料价格上涨、土地资源价格和石油价格的上涨等，将使社会物流基础设施建设费用、包装和运输等功能环节的费用上升，从而导致社会物流活动成本的增加。

2）交通拥挤的影响

交通拥挤已成为一个世界性的问题。现代物流系统很多是基于汽车轮子上的运输。新冠疫情暴发期间，全球各大港口也出现了严重的拥堵，大量船舶无法靠岸。因此，一方面，交通拥挤的产生与物流业的无序发展有关系；另一方面，交通拥挤又严重影响了物流系统的效率和效果。

首先，交通拥挤将产生更多的时间代价。拥挤使运输时间延长，运行路线受到限制，降低了物流效率，增加了物流过程中的不确定性；为保证准时、可靠的服务目标，就需要计划更长的运输时间，因此，增加了人工时间和成本。其次，交通拥挤和交通混乱导致交通事故频繁发生，这使物流过程中事故损失的赔偿和保险费、劳动力损失等费用支出增加，从而增加了企业成本。最后，交通拥挤使车辆行驶速度放慢，燃料不完全燃烧，既增加了燃料消耗，又使废气排放量增加，使空气污染更加严重。

3）环境污染的影响

良好的环境能给人以愉悦的心情，有利于工作效率的提高，而物流过程中的扬尘、噪声、振动、各类排放物的污染，会影响企业工作人员的身体健康，影响物流作业人员的劳动效率。

4）环境资质的影响

在经济全球化发展过程中，绿色壁垒逐渐兴起，以环境保护为由的进出口限制已成为企业进入国际市场不得不面临的迫切问题。无论是对制造企业还是专业的物流企业，按照国际标准要求实施全面的环境管理，是进入国际化大市场的必要条件。

5）环境通过经济系统制约物流系统

物流系统是国民经济的一个子系统，它的运作受到环境资源所具有的经济价值的影响。当生态环境遭到破坏时，经济社会的可持续发展就会受到严重影响，即经济系统的正常运行及经济的增长将受到环境资源的制约。经济发展受阻或经济特征改变，会影响社会物流需求量,也会影响物流业的发展方向。

6) 环境通过法规体系制约物流系统

随着社会环保意识的增强,针对环境问题的法律法规会越来越多。有些法规会促进物流业的新发展,例如,规定废物的回收再利用率,将给物流业带来新的市场机会。但有些法规对物流系统的决策会产生制约,例如,对包装材料选择的限制,对物流设备能耗和排污的限制等,将成为物流系统决策的约束因素。

7) 环境通过国家利益分歧限制物流业的国际化发展

经济全球化发展和国际贸易的兴起,导致各国各地区就排放控制方面产生利益分歧,例如排放控制区(Emission Control Area,ECA)的概念是由欧盟率先提出,设立排放控制区可以严格控制和减少在欧盟水域港口停泊的船舶燃料排放,严格的排放标准会限制其他国家和地区的船舶往来,将对物流企业的国际化发展产生影响。而国际标准的制定,则是为物流国际化发展指明共同努力的方向。针对航运业造成的污染问题,IMO制定了有关防止、减少和控制船舶污染的《国际防止船舶造成污染公约》(*The International Convention for the Prevention of Pollution from Ships*, 简称《MARPOL公约》),其附则VI正是致力减排船舶大气污染物。

通过分析自然环境和物流系统二者之间的关系,可以看出无论是从保护环境的角度,还是保证物流有效运作的角度,发展绿色物流是现代物流发展的必然趋势,推动绿色物流发展刻不容缓。

7.2 绿色物流管理及技术

物流绿色化不仅仅是发展趋势,更是物流与环境相互影响下的最优选择。因此行政手段、法律手段、技术手段等齐上阵,积极促进我国绿色物流发展,已经成为共识。其中绿色物流技术是处方药,对物流活动的各个环节进行针对性的绿色化创新。

7.2.1 绿色物流管理概述

7.2.1.1 绿色物流管理的概念

绿色物流管理是指物流过程的环境管理,即将环境管理导入到物流的全过程中。例如,加强运输、储存、装卸搬运、包装、流通加工等环节的环境管理。它是现代物流学与环境管理学的统一,是现代物流业可持续发展的根本保障。绿色物流管理从环境的角度对物流体系进行改进,形成了一个环境共生型的物流管理系统。这种物流管理系统建立在维护地球环境和可持续发展的基础之上,改变了原来经济发展与物流、消费生活与物流的单向作用关系,在抑制物流对环境造成危害的同时,形成了一种能促进经济和消费生活健康发展的物流系统。

7.2.1.2　绿色物流管理的对象

绿色物流管理的对象应是物流活动的主体，即个人、企业和政府。

(1) 个人。个人是社会经济活动的主体，无论是在生产、流通和消费活动中，尤其是从事物流活动时，个人的行为对环境产生了很多不良影响，如在日常的运输和消费中包装物的过度使用，生产生活垃圾乱扔等。要减轻个人行为对环境的影响，就应明确个人行为是环境管理的主要对象之一。为此必须唤醒公众的环保意识，同时要采取各种环境措施引导和规范消费者行为，建立合理的消费模型。

(2) 企业。企业作为社会经济主体，其主要目标是通过向社会提供物质性产品和服务来获得利润。无论企业的性质有何不同，在它们生产运营的过程中都必须向自然界索取资源，将其作为原料投入生产活动中，同时排出一定数量的污染物。因此，企业行为是环境管理的又一重大对象，要控制企业对环境的影响，从企业文化的建设，包括企业道德的教育入手，从内部减少或消除造成环境压力的因素，同时要从外部营造一个使环境破坏无法获利的社会运行机制和氛围。另外，还要创造与环境协调的企业行为和技术发明能够获得较高回报的市场条件。

(3) 政府。政府作为社会行为主体，其行为对环境的影响是复杂的、深刻的，既有重大的正面影响，又可能有巨大的难以估计的负面影响。因此，政府要促进宏观决策的科学化，对市场进行宏观调控，运用政策、法律等手段对国民经济实行合理调控和引导，如对市场的政策干预等，以促使市场合理地开发和分配自然资源，减少对环境的负面影响。

7.2.2　绿色物流的管理手段

7.2.2.1　行政手段

行政手段是政府凭借行政权力，通过颁布行政命令，制定政策、措施等形式，对商业经济活动进行宏观调控或干预的方式或方法。现阶段，行政手段主要表现为4种方式：行政命令方式、行政引导方式、行政信息方式、行政咨询服务方式。

在我国，政府用行政手段制定和实施相关政策以及行业标准，强制性地对物流活动进行可持续管理，助力绿色物流发展。同时，各级政府起到带头作用，积极宣传环保，引导物流活动可持续发展，引导物流企业管理者进行绿色物流管理。另外，政府执行指导功能，建立完善知情制度，用行政咨询服务方式和行政信息方式，对物流企业在可持续发展过程中遇到的问题提供咨询服务，如提出可行性论证的建议，从而提高绿色物流发展的科学性、可行性和完善程度。

7.2.2.2　法律手段

法律手段是依法治国、行政法治的武器和工具。具体贯彻到行政执行中，是指行政机关以法律为武器，根据法律活动的规律、程序和特点实施行政管理。即国家行政机关在行政管理领域内，依照法定职权和程序，把国家法律、法规实施到具体的行政活动中，以达到有效而合理的管理目的。

绿色物流的目的是对环境影响最小化。我国虽然暂时没有绿色物流的相关法律，但是在我国环境保护的法律有很多。比如，我国宪法对环境保护的规定是制定其他环境保护法规的基础，此外还有环境保护基本法、环境保护单行法。这些法律对物流活动都有着限制和影响，同时推动绿色物流和物流可持续发展。

7.2.2.3 经济手段

经济手段是指政府在自觉依据和运用价值规律的基础上，借助于经济杠杆的调节作用，对国民经济进行宏观调控。经济杠杆是对社会经济活动进行宏观调控的价值形式和价值工具，主要包括价格、税收、信贷、工资等。

自然环境的价值无法直接用价格来表示，因此在物流系统对自然环境的保护活动中，我国在社会主义市场经济条件下，充分运用减免税收、经济补贴、贷款优惠等政策，可以有效推进绿色物流发展。

7.2.2.4 教育手段

通过环境宣传教育，可以提高公众的环境保护意识，还有助于增强企业和公众参与环境管理的能力。如在全民中树立可持续发展的观念，树立珍惜资源、合理开发资源、充分利用资源和积极保护资源的意识，树立勤俭节约的思想，禁止乱砍滥伐、破坏资源的违法现象。在企业中普及环境污染防治知识，可以敦促企业注重生产行为，减少污染物的排放。在我国，公众相对缺乏必要和足够的环境保护意识和相应的科学知识，因此运用环境教育方法，从儿童抓起，提高人们的思想认识和法治观念，以约束自己的行为。

7.2.2.5 科技手段

绿色物流中的科技手段，可以从国家和企业2个方面来说。国家可以制定相关的政策，鼓励运用绿色物流相关的科学技术。企业可以加强技术研发、新包装材料开发等。

7.2.3 绿色物流技术

7.2.3.1 新能源技术

物流运输工具会产生大量的能耗，排放破坏大气的污染气体以及产生噪声污染，不利于可持续发展。应用清洁能源是实现中长期减排目标的主要措施，新能源技术在绿色物流应用中必不可少，国内外围绕LNG、甲醇、氢、氨等清洁能源开展了一系列应用研究和工程实践。

物流运输中的新能源应用，目前最常见的是电动汽车，而氢能源汽车也是国内外研究重点。在我国，除特殊区域外，对纯电动轻型货车原则上不得限行。此外，氢燃料电池

汽车的发展也已经起步，各地加氢示范站也在逐步落地。除了公路运输，航运业的温室气体排放问题面临的国际和国内压力同样与日俱增，IMO进行的研究表明，海运大约分别占全球二氧化碳（CO_2）、氮氧化物（NO_x）和硫氧化物（SO_x）排放量的2.2%、15%和58%。预计到2050年，航运业的排放量将增加50%~250%。目前以甲醇和LNG等作为动力能源的船舶的研究和应用快速增加。在港口方面，码头岸电技术应用逐渐推广，通过允许停泊的船只关闭辅助发动机，并接入岸上电网来满足其电力需求，从而有效抑制停泊时的温室气体排放。

7.2.3.2　新型包装技术

包装作为物流的一个重要功能对自然环境会产生影响，主要来自包装来源和包装处理2个方面。从包装来源来说，大量的、精美的纸制品包装，会消耗掉大量的木材，造成森林资源减少，生态平衡破坏等后果；从包装处理来说，目前使用的不少包装材料是不可降解或难以综合利用的。这些包装废弃材料会对自然环境造成永久的、严重的污染，威胁着人类生存环境和健康。因此，为了可持续发展和降低对环境的影响，在绿色物流管理中需要应用新型包装技术。这种技术主要用在包装材料和包装设备2个方面。

（1）绿色包装材料技术。绿色包装材料的使用原则为资源可再生，在自然环境中容易分解。因此，应着重研发和使用轻量化、薄型化、无氟化、高性能的包装材料，重复再用和再生的包装材料，可食性包装材料，可降解包装材料，利用自然资源开发的天然生物包装材料。

（2）绿色包装设备。绿色包装设备的使用原则为标准化、模块化、智能化和自动化。可以避免人工估算产生的货物体积偏差，造成过量使用包装材料的影响，达到减少包装体积、减少包装材料使用的目的。当前包装机制造企业顺应绿色发展，针对结构设计、智能化控制以及节约循环利用方面不断进行技术研发，推陈出新。

7.2.3.3　回收与再制造相关技术

绿色物流从供应链角度来说，是从正向和逆向2个方向将各供应链环节绿色化。因此，回收与再制造相关技术是绿色物流中应用于逆向回收物流的重要技术。

回收指将从废物中分离出来的有用物质，经过物理化学或机械加工后成为可再利用的制品，这里的物理化学或机械加工就是再制造。从回收的定义来看，其过程分为2个部分：一是将有用物质从废物中分离出来；二是将分离出的有用物质再制造。针对这2个部分，可以将回收与再制造技术分为分离技术与再制造技术。

分离技术包括从工业废物中回收金属的分离技术、塑料废弃物回收分离技术、餐厨废弃物油脂分离技术、核废物的分离及处理技术等。

再制造技术针对不同废物有所不同。比如汽车发动机，其再制造技术中最为常见的改造方法就是修复尺寸法。将损坏的零件进行整修，使其几何形状尺寸发生改变，所获得的新的尺寸称为修理尺寸。同时配以相应改变了的配件，以达到所规定的配合技术参数，这种修复配合副的方法为修复尺寸法。以气缸为例，气缸磨损超过允许限度后，可以按修理尺寸进行镗磨，然后选配与气缸修理尺寸相符合的活塞及活塞环。

7.2.3.4 绿色仓储技术

一是仓储节电技术。比如分布式光伏发电特指采用光伏组件，将太阳能直接转换为电能的分布式发电系统，如图7-1所示。这是一种输出功率相对较小发电系统，在发电过程中污染小，具有突出的环保效益，而且可以发电用电并存。因此，可以充分利用仓库集聚区的仓库屋顶优势，合理利用仓库屋顶铺设分布式光伏发电装置，为区域内设施供电，为仓库内照明、通风等设备供电，同时给库区内电动叉车充电桩提供电力等。

图7-1 仓库屋顶分布式光伏发电装置

二是冷库节能减排技术。冷库需要保持低温，这会产生大量能源消耗以及温室气体排放。因此应该推广应用冷库节能减排技术，如使用低碳能源、提高制冷系统的能效等。具体来说，可以采用低碳能源技术，如LNG冷能利用技术。同时，可以应用能耗降低技术，如优化制冷系统，提高制冷系统运行的能效。此外，使用环保制冷剂也是一种有效减排的方式。

7.3 绿色物流管理场景

绿色物流管理应用于丰富的现实场景中，只有对场景进行深入分析，才能准确找到推进绿色物流的切入点和方式方法。在本节中将介绍绿色物流管理的一些经典场景。

7.3.1 绿色运输

7.3.1.1 运输活动对环境的影响

案例7-2:船舶污染事故

2021年4月27日08:51时,巴拿马籍杂货船"义海"轮由苏丹港开往青岛途中,与正在青岛朝连岛东南水域锚泊的利比里亚籍油船"交响乐"轮发生碰撞,事故导致"义海"轮艏部受损,"交响乐"轮左舷第2货舱破损,约9 400 t船载货油泄漏入海,造成海域污染,构成特别重大船舶污染事故。

此次事故对生态环境造成严重破坏,在青岛海事法院登记的渔业损失、生态环境损失债权金额共约37.4亿元。其中渔业损失包括渔业增养殖损失和天然渔业资源,受污染影响鱼卵的死卵率达70%以上,渔业资源恢复至污染前水平需要花费10年以上时间。此次污染还对约12 300 km^2的近岸海域、岸滩、海岛、重要环境敏感区造成生态环境损失。

上述场景是一起运输活动中的事故对环境产生的严重影响。

7.3.1.2 绿色运输的概念和原则

绿色运输就是通过有效的物流系统规划和控制,在保证物流服务目标的前提下,运用科学技术手段,尽量降低交通运输过程中的能源消耗和各种废弃物排放,从而降低运输活动对环境的影响。

为了保证物流服务目标,降低运输活动对环境的影响,绿色运输应该遵循以下原则。

(1)安全性原则。这是首要原则,包括人身安全、设备安全和货物安全。货物如果在运输过程中变质、受损,甚至发生交通事故,势必会增加运输过程中的废弃物。特别要注意的是危险品运输,甚至会带来严重的环境污染和人身伤害。

(2)准确性原则。为了提高物流效率和服务水平,基本物流运输活动中都遵循准确性原则。在绿色运输中,准确性则意味着避免不必要的、重复的运输活动,从而降低能源消耗和废气排放。

(3)社会性原则。绿色运输管理中,要树立环境保护意识和可持续发展意识。在追求降低物流成本、增加利润的同时,兼顾降低运输活动对环境的影响、提高环境绩效,做到经济效益与环境效益相统一。

7.3.1.3 绿色运输的促进措施

1)政策措施

国家制定和实施相关政策、行业标准,鼓励淘汰老旧柴油车,并研究和应用新能源运输工具。近年来,国务院、交通运输部、民航局、生态环境部等有关部门从各自职能出发提出了高质量发展的任务措施。例如航运业,国务院要求重点港口使用新能源和清洁能源汽车进行作业,且特别提出关于港口岸电设施建设要求;交通运输部印发的《珠三角、长三角、环渤海(京津冀)水域船舶排放控制区实施方案》对船舶的排放也提出了明确要求;民航局印发的《“十四五”民航绿色发展专项规划》明确了航空运输的绿色低碳循环发展。再例如《柴油货车污染治理攻坚战行动计划》对汽车运输提出全链条治理柴油车(机)超标排放,明显降低污染物排放总量,促进区域空气质量明显改善的要求。

2)经济支持

国家对积极践行物流运输绿色化的企业予以经济支持,充分运用税收、补贴等方式,推动绿色运输发展。例如国务院办公厅转发《关于加快道路货运行业转型升级促进高质量发展的意见》明确提出:“积极稳妥淘汰老旧柴油货车。鼓励各地制定营运柴油货车和燃气车辆提前淘汰更新目标及实施计划,对提前淘汰中重型柴油货车、高耗低效非标准汽车列车及罐车等老旧柴油货车的,给予适当补助。研究对重点区域提前淘汰老旧柴油货车给予支持。”

3)科技应用

在运输环节,主要应用新能源技术。通过对LNG、甲醇、氢、氨等清洁能源的应用研究和工程实践,逐步实现运输环节的绿色低碳可持续发展。

7.3.2 绿色仓储

7.3.2.1 仓储环节对环境的影响

仓储环节中,机械设备的使用消耗能源且产生碳排放,尤其是冷链仓储,主要涉及的是冷库中的制冷机组。中物联冷链委数据显示,2020年全国冷库容量为7 080万t,冷库平均电耗183 kW·h/(t·年)。假设当年全国电力平均排放因子为0.583 9 t CO_2/(MW·h),那么全国冷库产生碳排放为7 565 241.96 t。

7.3.2.2 绿色仓储的概念和原则

绿色仓储是在指通过合理布局仓库,实施绿色仓储策略,运用科学仓储技术手段,在实现提高物流效率和科学养护货物的同时,降低仓储环节对自然环境的影响。

1)安全性原则

绿色仓储的首要原则是安全性原则。从管理者角度,制定规则、策略来防止货物破损和毁坏而造成资源浪费和废弃物污染,同时防止仓储活动发生安全事故造成更严重的环境破坏。其中,更应该重视危险品的安全储存问题。同时,安全性原则不仅包括仓储环节本身的安全,还应包括对人民和环境的安全。例如,有害物质的储存不应设置在水源地等。

2)合理性原则

合理布局仓库,不仅可以提高物流效率,还可以减少交通里程,减少能耗和废弃物排放,从而降低仓储环节对环境的影响。

7.3.2.3　绿色仓储的促进措施

1）合理布局仓库

仓库布局合理可以减少交通里程、节约交通成本。如仓库布局过密，会增加运输次数、增加能耗和废弃物排放；布局过疏，会降低运输效率，增加空载率。充分考虑仓库建设和运营对当地的环境影响。如有些特殊物品应远离居民区，有害物质不能设置在水源地、城市上风口等。

2）加强储存技术研发

针对需要特殊储存环境的情况，应在节能减排方面下功夫。在冷链仓储中，采用绿色仓储技术：应用新能源保障冷链仓库温度控制；优化制冷系统，提高制冷系统运行的能效；研发环保制冷剂。针对需要特别保护的特殊储存物，应在研发使用更安全可靠的储存用具上下功夫。如在药品仓储和危险品仓储中，根据所储存的特殊物品特性，使用针对性的储存用具，以防止储存物因储存不当发生损坏和泄漏，造成环境污染和破坏。

7.3.3　绿色包装

7.3.3.1　包装活动对环境的影响

案例7-3：石榴包装

请思考以下问题：生活中常见的包装有哪些？包装材料是什么？生活中你是如何处理物品包装的？被废弃的包装将被如何处理？以石榴包装为例，如案例7-3图1所示。

案例7-3图1　石榴包装示意图

从案例7-3图1中可以看出，石榴包装包含内包装和外包装。

内包装由两部分组成：一是水果网套，材质主要为尼龙（学名为聚酰胺纤维，Polyamide，PA）和珍珠棉（学名为聚乙烯泡发棉，Expand aple Poly Ephylene，EPE）；二是泡沫垫，其主要材质为EPE。

现有对PA干垃圾的处理方式是焚烧或者填埋,PA是一种人工合成材料,焚烧的过程中会产生大量的有害气体。如果将PA填埋在土壤中,则需要经过漫长的时间才能降解。而EPE是一种新型环保的包装材料,具有极强的可降解功能,且是无毒的,几乎没有吸水性,不仅不会对环境造成影响,而且还可以反复回收利用。

外包装为瓦楞纸箱,商家为提高商品包装的精美程度和品牌知名度,会对纸箱进行图案定制。从生产上看,其原料为原纸,一般由木浆制成。从处理上看,瓦楞纸箱属于可回收垃圾,可进行回收再利用。

从上述分析可以看出,包装活动对环境的影响主要体现在包装材料和包装处理2个方面。大量的精美的纸制品包装,会消耗资源,破坏生态平衡。而很多包装废弃材料会对自然环境造成污染,威胁着人类生存环境和健康。

7.3.3.2 绿色包装的概念和原则

绿色包装是以节约资源和对环境污染最小化为目标,重视资源的再生利用,使包装产品从原材料选择、包装品制造、使用、废弃和回收再生的整个生命周期都实现绿色化,符合生态环境保护的要求。

为了保证绿色包装的目标,降低包装活动对环境的影响,绿色包装应该遵循以下原则。

1) 包装减量化

为了达到促进销售的目的,目前市场上的商品包装越来越追求方便性和豪华性,再加上物流运输过程中为防止货物破损采取的包装措施,导致包装使用过量。过度使用纸质包装材料,造成资源浪费以及包装废弃物增加,加大自然环境负担的后果。因此,实现包装减量化,最大限度减少包装材料的使用、降低包装废弃量,不仅可以实现绿色包装,同时也能降低包装材料浪费,减少包装费用支出。

2) 重复利用化

也可称为回收再生化。这是站在包装原材料选择和逆向物流的角度来看,为了实现节约资源和资源再生的目标,包装原材料应选择易于重复利用的。通过逆向物流,回收再制造,将包装材料利用最大化,从而实现资源节约,也一定程度上减少短时间包装废弃的数量,减轻环境压力。

3) 可降解腐化

包装材料即使经过多次重复利用,也仍然面临在自然环境中进行最终处理的问题。因此站在包装原材料选择和最终处理的角度来看,为了实现对环境污染最小化的目标,包装材料应首选可以降解、腐化的材料,才不会形成永久垃圾,从而减轻环境压力,降低包装活动对自然环境的影响。

4）包装安全化

包装安全化不仅指不对环境造成公害，也指不能对人体造成伤害。包装制品从原材料采集、材料加工、产品制造、产品使用、废弃物回收再生，直到其最终处理的生命全过程，均不应对人体及环境造成公害。

5）包装标准化

实施包装标准化，来对包装尺寸、包装设备、包装材料、包装工艺及其他相关活动等制订和实施标准。这是从行业标准的高度对包装进行规范，从而避免包装过量、包装材料选择不当等问题。同时，标准化也是应用包装设备技术的前提条件。

7.3.3.3 绿色包装的促进措施

1）利用税收杠杆，加强对企业的引导

对于部分企业来说，若是没有直接关系到自身的利益，就不愿意改革，不愿意积极使用绿色包装。为此，国家加强引导，通过征收相应的包装税，促使企业转向使用绿色包装。对企业进行引导应该是惩罚与奖励并行的，方能最大程度激发企业使用绿色包装的动力。

2）重视包装材料，加大研发力度

需要重视加强绿色包装材料的研发，研制出能够满足物流企业实际运作要求的绿色包装材料，企业才会积极对物流链进行改革，以绿色材料替代传统材料。研发单位应该认识到，绿色材料不仅需要具有可分解性，还需要具有能够循环使用的性质。因此，在材料研发的过程中，企业就需要着力研究生态包装材料，破解包装材料与环境保护之间的矛盾难题。总的来说，绿色包装材料的核心内涵就是能够循环使用，对环境没有污染的材料。由于研发绿色材料需要投入大量的资金，国家应该给予相关企业财力支持，以此增加企业研发绿色材料的动力。

3）使用第三方包装，推动循环经济

鼓励企业使用第三方物流包装，即将物流包装承包给专业的企业来完成。如此，术业有专攻，第三方物流包装企业为了最大程度创造收益，就会不断研究绿色包装方式，促进绿色包装的落实。此外，第三方物流包装企业也可以承担起包装材料的处理工作，减少包装材料对环境的污染。通过将包装外包的方式，既可以推动可循环经济的发展，也可以使物流企业走上高效、快速发展之路。

7.3.4 逆向物流

7.3.4.1 逆向物流的概念

逆向物流一般是指产品的废弃物从消费者手上，流向生产制造企业的物流，或者是为重新获取产品的价值或使其得到正确处置，产品从其消费地到来源地的移动过程。

NCPDM认为逆向物流是对原材料、加工库存品、产成品，从消费地到起始地的相关信息的高效率、低成本地流动而进行规划、实施和控制的过程。国家标准《物流术语》(GB/T 18354—2021)中，逆向物流也称为反向物流，是为恢复物品价值、循环利用或合理处置，对原材料、零部件、在制品及产成品从供应链下游节点向上游节点反向流动，或按特定的渠道或方式归集到指定地点所进行的物流活动。

7.3.4.2 逆向物流的类型

1）商业退货逆向物流

供应链的下游成员，如批发商、零售商、最终顾客等，由于产品质量问题或产品库积压等，将使用时间不长的商品或未使用的商品退回到供应链上一节点，由此产生逆向物流就属于商业退货逆向物流。

2）产品寿命终结的逆向物流

产品在出售较长时间之后，产品完成其使用价值而被消费者丢弃或被淘汰。这些被丢弃、被淘汰的物品还具有一定的残余价值，可以经过回收、再处理后被重新使用，这就形成产品寿命终结退回的逆向物流。

产品寿命终结退回主要是出自经济方面和资源环境方面的考虑，以及法律法规的限制。从经济方面看，回收这些具有一定残余价值的物品，可以通过适当的处理途径，最大限度地进行资产价值的恢复，例如，地毯的循环利用、轮胎的翻新等。从法律法规的限制看，随着全球资源环境问题的日益严峻，越来越多的国家通过立法，强制规定生产厂家对家电产品、汽车零部件的回收处理负有责任和义务。这些变化直接促使了逆向物流的产生和发展。

3）包装物回收逆向物流

包装消耗大量的自然资源，且包装物废弃后对环境的危害十分严重。为缓解包装对资源环境的影响，包装物回收再利用非常有必要。与包装物回收再利用相关的物流活动就形成了包装物回收逆向物流。

许多国家早在20世纪70年代就制定了包装容器回收法规，规定了包装物生产者和使用者对包装物的回收应尽的法律责任。对于饮料瓶、罐、条板箱、包装袋、托盘等包装物，一些国家还制定了回收再利用的目标值。

根据包装容器是否能直接多次重复使用，可以分为一次性使用包装容器和多次重用型包装容器。一次性包装容器的逆向物流主要是回收后进行材料的再循环，形成再生资源；多次重用的包装容器回收后，经过检验、清洗、修复等流程可以直接进行重复使用。2种不同形式的包装物回收再利用，其逆向物流渠道及处理流程是有区别的。

4）维修再制造逆向物流

产品在销售出去并经过一段时间使用后发生故障，根据售后服务承诺条款的要求，

允许退回给制造商或其委托服务商，进行产品维修。它通常发生在产品生命周期的中期。典型的例子包括有缺陷的家用电器、零部件和手机。产品维修可以是用户将故障产品送回到维修服务商那里，或者是由维修服务人员携带备件上门维修。前者产生的是产品逆向物流，后者将引发备件物流和人员流动。不管哪种形式，故障产品经过维修服务商维修处理后，一般通过原来的销售渠道返还给用户。

如果产品损坏严重，经过简单修理已不能恢复产品正常功能，企业将对回流产品实施再制造工程，包括产品拆卸、更新有故障的部件、替换上性能完好的部件等，试图从整体上恢复产品功能，使其重新进入使用环节。由产品再制造引发的逆向物流参与者多、网络结构及管理过程非常复杂。

5）企业内部的逆向物流

生产过程中出现的废品和副产品，出于经济原因和环保法规的限制，一般应该在生产企业内部进行逆向流动，通过再循环、再生产，使生产过程中出现的废次品和副产品重新进入生产制造环节，得到再利用。生产过程中的报废品和副产品在药品行业、钢铁业、汽车制造业等许多行业中都存在，通过生产组织内部的逆向物流，可以做到节约原料、降低生产成本，减少对自然环境的污染。

7.3.4.3 废弃物物流

1）废弃物物流的概念

国家标准《物流术语》（GB/T 18354—2021）中将废弃物物流定义为将经济活动或人民生活中失去原有使用价值的物品，根据实际需要进行收集、分类、加工、包装、搬运、储存等，并分送到专门处理场所的物流活动。可以这样说，废弃物物流的作用不在于创造多少经济价值，而在于创造社会效益，即从环境保护出发，将废弃物焚化，进行化学处理或运到特定地点堆放、掩埋。

2）废弃物物流的分类

（1）按废弃物的状态分类。根据废弃物的状态不同，可将其分为固体、液体和气体废弃物，相应地就有了固体、液体、气体废弃物物流。

① 固体废弃物物流。生活中我们经常见到的废弃物以固体为主，小到果核，大到冰箱，都属于固体废弃物。可以根据废弃物固定的形状和重量，比较方便地对其进行粗略地包装，将其进行搬运、运输，并运用专门的处理设备进行处理，然后运至指定地点焚烧、掩埋或堆放。与其他状态的废弃物物流相比，固体废弃物物流具有方便、容易和高效的特点。

② 液体废弃物物流。液体废弃物也称为废液，其形态是各种液体的混合物。液体废弃物主要来源于生产部门和消费领域。液体废弃物中蕴含着大量对环境不利的物质，若汇入净水中，就会对水源造成污染。所以在废液排放的过程中要进行处理，然后再将其

排入外面水域中。实际中,液体废弃物物流通常采用管道方式,通过地下管道设备,使得液体废弃物能畅通无阻地到达指定目的地。

③ 气体废弃物物流。气体废弃物俗称废气,主要是工业、企业、生活和交通中产生的,如图7-2和图7-3所示。废气中的硫氧化物、氮氧化物、碳氧化物、臭氧等都是大气污染物。随着工农业、交通业的不断发展,向大气中排放污染物质的数量越来越多,种类也越来越复杂。气体污染物无固定状态,且时刻处在快速运动之中,一旦与外部空气相接触,就会引起空气污染,被污染后的空气很难恢复原来的纯洁。正因为气体污染物的特点,气体废弃物物流在现实中,往往通过封闭式的管道、烟囱等系统,经过处理后再向空中排放。图7-2为工厂排放污染物。图7-3为汽车尾气污染物。

图7-2　工厂排放污染物

图7-3　汽车尾气污染物

(2) 按废弃物来源分类。根据废弃物来源不同,废弃物分为产业废弃物、流通废弃物和消费废弃物。同样,为了处理不同来源的废弃物,形成了产业、流通和消费废弃物物流。

① 产业废弃物物流。产业废弃物也称产业垃圾,它通常是指那些在生产行业中被再生利用之后再也没有使用价值的最终废弃物。比如,玉米收获后留在田地里的秸秆,大多自行处理;炼钢产生的废水、废气等,多数采取向外界排放、堆积场堆放、焚烧、填埋等方式;餐馆产生的厨余垃圾、理发店收集的头发等主要属于生活垃圾、商业垃圾等,数量大、物流难度大,大多采用焚烧、掩埋的办法处理。

② 流通废弃物物流。交通运输过程中汽车产生的尾气、船舶产生的油泄漏等则属于流通废弃物。由于流通废弃物是在流动中产生的,在流通过程中的净化处理就非常困难。

③ 消费废弃物物流。消费废弃物即生活垃圾。我们拆下的商品包装、遗弃的果皮果核等在生活中随处可见。一般情况下,由环卫工人通过垃圾运输车将所有垃圾运往就近的垃圾处理场所,然后再通过一些技术手段进行分拣,将能够循环再利用的物质经过简单处理后送到需要的企业,将无法再利用的物质进行最终处理,包括焚烧、掩埋或堆放。

(3) 按废弃物性质分类。按废弃物性质可将其分为危险性废弃物和非危险性废弃物。同样,形成了危险性废弃物物流和非危险性废弃物物流。

① 危险性废弃物物流。危险性废弃物,即它的数量或浓度达到一定程度时会对环境和人体健康产生危害的废弃物质及其混合物。因此处理危险性废弃物的物流最重要的是保证安全,保证废弃物以后不会对人类和环境造成危害。这一切都要建立在发达的科学技术水平和完善的管理的基础上,只有这样才能在物流过程中将危险化解于无形。

② 非危险性废弃物物流。非危险性废弃物即单纯的废弃物,不会对人类及环境造成很大危害和不具有潜在的危害。在收集和处理时运用一般的流程就可以了。但在日常生活中要学会鉴别垃圾的危险性和非危险性,这样才能顺利地采取相应的流程和处理方法。

3）废弃物物流的意义

(1) 社会效益。当今世界各国都把保护环境作为一项基本政策来执行,花费巨额投资来治理大气、水、垃圾、噪声等污染。随着“只有一个地球”的呼声越来越高,环境质量成为衡量一国发展水平的指标,其地位也越来越重要。因此,废弃物物流的重要意义也凸显出来。

① 有利于改善生存环境,提高生活质量。当前社会最关注的问题就是保护我们赖以生存的大自然,而引起环境污染的根本问题就是废弃物。人们不愿生活在垃圾包围、污水四溢、雾蒙蒙的天空下,只有对各种形态的废弃物进行收集、搬运,并送到一定的场所进行分类处理,才能恢复“蓝天碧水”“山川秀美”的景象。

② 有利于缓解资源危机。废弃物收集后,再通过回收物流,尽量将可以利用的废弃物加工、回收再生,这样不仅可以减轻大自然的压力,还增加了社会的可利用资源总量,一定程度上缓解了资源危机。

③ 有利于提升国家形象。我国作为一个发展中国家,要立足于世界强国之林,不仅在经济方面强,环境保护方面也不能落后,而且环保的好坏也是与其他国家友好交往的重要方面,如果废弃物流入或扩散到别国领域,就会引起国家间纠纷。

(2) 经济效益。对于企业来说,第一,有利于降低生产成本,提高产品竞争力。企业的最终目的是获取利润,收集自己产生的可回收物资、原材料,可以获得更高的经济效益,如废铁、废塑料等的回收,可以减少成本,增加自己的利润。第二,有利于树立良好的企业形象,赢得市场。现代企业为了树立自己的形象,除了品牌效应,还应该提供更多的绿色产品,还要有废弃物处理方法,建立自己的废弃物物流体系。这样,消费者才能认可企业良好的社会形象,否则可能会排斥企业的产品,而且企业的废弃物回收与处理,也是企业售后服务的一部分。第三,是企业遵纪守法,承担社会责任的重要方面。一个企业想要有所发展,必须遵守各项法律法规。各国政府都有环境保护方面的立法,企业要自觉遵守这些法规,上缴相关利税和费用,履行自己的环保职责。

案例7-4:生活垃圾数字化管理——以环境物流公司为例

SH环境物流有限公司主要负责城市生活垃圾的分类转运。近年来围绕落实"数字环境"三年行动计划,全面推进环境板块数字化、智慧化建设,取得丰厚成果。

1)背景

2019年S市进入垃圾分类新时代。《S市生活垃圾管理条例》正式实施后,S市的垃圾分类全产业链都面临转型升级。垃圾产量三增一减(据统计,S市全市平均每天分出的可回收物增长431.8%、湿垃圾增长88.8%、干垃圾减少17.5%、有害垃圾增长504.1%,垃圾填埋比例从41.4%下降到20%。);垃圾运输处置由传统的单一模式转为分类运输分类处置;垃圾转运集装箱箱型由一种变成4种;末端处置由原来单一方式变为焚烧、厌氧产沼、分选分级等多种工艺协同处置体系。

超大城市垃圾治理,使得作业流程更加多元、复杂,管理难度成倍增长。面对垃圾分类产业链横向、纵向的同步延长,城市垃圾治理难度系数的成倍扩大的环境,SH环境物流有限公司构建了以"S市生活垃圾全程分类信息平台"和"生产运输处置管控系统"为支柱的"数字环境"体系,辅助政府管理措施落地,促进S市生活垃圾处理绿色化进程。

2)"数字环境"两大平台介绍

(1)S市生活垃圾全程分类信息平台。如案例7-4图1所示,构建了一套覆盖垃圾分类的投放、收集、转运、处置、回收利用全流程的分类信息平台,为实现垃圾全程分类管控工作,促进S市垃圾行业数字化精细化管理,提供实践经验。

平台赋予生活垃圾数字生命,覆盖全S市16个行政区垃圾从产生到末端处置的全程数据,一屏掌握生活垃圾实时的物流、各环节作业实况、垃圾四分类实时转运、处置信息,成功应用到市绿化市容局垃圾分类监管管理流程。

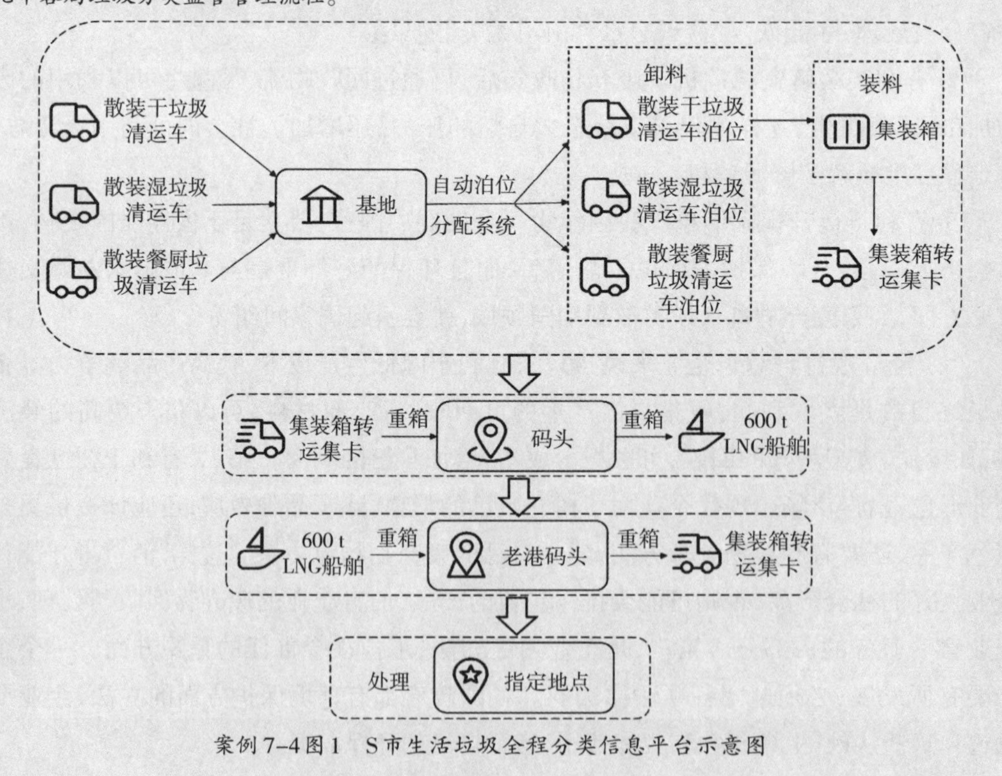

案例7-4图1　S市生活垃圾全程分类信息平台示意图

(2) 生产运输处置管控系统。生产运输处置管控系统是以信息化带动SH环境物流有限公司管理升级，实现公司管理智能化的过程。

生产运输处置管控系统实现了物流运输、末端处置一体化、分类作业链条。实景重构了集装箱流转现场作业，与现场情况一一对应、实时变化；收纳了所有垃圾集装箱数据信息，平均每天采集百万次投放信息、生产作业数据；构建末端设施智慧管控平台，精确感知生产数据，优化运营过程；打造“智慧、协同、融合、安全”的生产体系，覆盖了生活垃圾收运处置所有核心业务单元。

3) “数字环境”建设成效

“数字环境”体系从数据化管理到智能化管控再到智慧化运营，覆盖全市、贯穿全流程、着力最末端。建设成效主要包括三点：

(1) 率先实现生活垃圾全程分类精细管理。源头把控覆盖全城，流程可视数据可溯。实现16区生活垃圾分类、清运、处置实时数据展示、生活垃圾全程追踪溯源、垃圾品质在线识别，达到品质可查、数据可视、溯源可追的高效精细化管理。

(2) 率先实施分类垃圾转运智能调度。中段物流脉络清晰，调度智能配送精准。实现2 400个四级品类垃圾集装箱箱号、箱型、箱源识别，配合末端处置需求精准配送、智能调度，达到转运、处置基础设施与资源、能源的精益管理和平滑配置。

(3) 率先建立特大固废园区智慧运营体系。末端处置智慧运营，托底保障一网通管。实现29.5 km^2老港百年固废基地、七级品类、2万t固废的安全处置运营可视化、透明化管理，建立实时数据获取、分析、应用闭环，达到基地内生产设备、设施协调优化，资源、能源循环利用的智慧管理。

思考：

(1) 在垃圾分类时代的新形势下，如何做好城市生活垃圾中端分类转运？

(2) 谈谈SH环境物流有限公司的“数字环境”体系取得成功的原因有哪些？

参考文献

[1] 张明丽，王宇飞，赵维凯，等. 绿色物流研究综述[J]. 中国标准化，2021(11): 84-89.

[2] 王长琼. 绿色物流[M]. 2版. 北京: 中国物资出版社，2011.

[3] 章竟，汝宜红. 绿色物流[M]. 北京:北京交通大学出版社，2014.

[4] 陈坤. 物流自动化机械设备应用思考[J]. 南方农机，2019，50(11): 176.

[5] 王立娟. 物流“最后一公里”中的电动汽车技术运用[J]. 时代汽车，2020(16): 24-25.

[6] WANG L，LIANG C，SHI J，et al. A bilevel hybrid economic approach for optimal deployment of onshore power supply in maritime ports[J]. Applied Energy，2021，292: 116892.

[7] 缪亮. 基于循环经济视角下绿色物流包装研究[J]. 中国储运，2021(8): 137-138.

[8] 章竟，汝宜红. 绿色物流案例[M]. 北京: 北京交通大学出版社，2019.

[9] 罗肖锋，吴顺平，雷伟，等. 船舶能源低碳发展趋势及路径[J]. 中国远洋海运，2021(3): 46-51.

[10] 郭伟．现代绿色物流管理及其策略研究[J]. 现代营销，2013(5): 149.

[11] 物流包装的分类 [EB/OL].[2023-06-12].http://www.gzhd56.com/wuliuzhishi/3804.html.

[12] 我国现代物流发展趋势[EB/OL].(2019-04-29)[2022-06-01].https://www.sohu.com/a/310965877_120100297.

[13] 中国物流与采购联合会．中国物流年鉴:2018[M]. 北京: 中国财富出版社，2018.

[14] 中国物流与采购联合会．中国物流年鉴:2019[M]. 北京: 中国财富出版社，2019.

[15] 中国物流与采购联合会．中国物流年鉴:2020[M]. 北京: 中国财富出版社，2020.

[16] 中国物流与采购联合会，中国物流学会．中国物流发展报告(2019-2020)[M]. 北京: 中国财富出版社，2020.

[17] 克韦尔 J B. 废物分离方法: CN107921484A[P]. 2022-02-08.

[18] 张广贤．汽车发动机再制造技术与发展趋势[J]. 内燃机与配件，2021(10): 186-187.

[19] 叶龙，张永涛，柳杰．冷链物流的包装研究[EB/OL].[2022-07-15].https://www.docin.com/p-1647862065.html.

[20] 易碎品应该如何包装[EB/OL].(2020-03-30)[2022-07-22].https://baijiahao.baidu.com/s?id=1662577579653833709&wfr=spider&for=pc.

[21] 现代物流的起源与形成[EB/OL].(2009-01-05)[2022-07-23].http://www.360doc.com/content/10/0831/15/665004_50149361.shtml.

[22] 冷链碳减排技术途径及成效测算[EB/OL].(2022-05-31)[2022-08-13].https://mp.weixin.qq.com/s?__biz=MjM5OTM2ODU2MA==&mid=2649598360&idx=1&sn=a1685e435d49c2215a10bd84982b2400&chksm=bf258b87885202915967ed3d54fecfed8fd7beb0fe2c702269e018af6d454bc92279d7b78888&scene=27.

[23] 中国方案！基于市场的航运减排措施怎么做？[EB/OL].(2022-04-21)[2022-05-25].https://gov.sohu.com/a/539929783_175033.

[24] 黄建新．船舶节能减排技术的应用探究[J]. 科技与企业，2016(4):253.

[25] 中华人民共和国海事局．青岛“4·27”船舶污染事故调查报告[R/OL](2022-01-28). https://www.msa.gov.cn/html/xxgk/tzgg/sgdc/20220128/93D989DA-CA4B-4BBC-919A-8857DE4505DF.html.

[26] 中国物流与采购联合会．中国物流年鉴:2021[M]. 北京:中国财富出版社有限公司，2021.

[27] 中华人民共和国国家发展和改革委员会．国家物流枢纽网络建设实施方案(2021-2025年)[EB/OL].(2021-07-20)[2022-03-01].https://www.ndrc.gov.cn/fzggw/jgsj/zys/sjdt/202107/t20210720_1291044.html?code=&state=123.

[28] 自动包装机如何进行绿色包装？[EB/OL].(2020-8-10)[2022-12-21].https://zhuanlan.zhihu.com/p/179203019.

问题与思考

1. 什么是绿色物流？请简述绿色物流的几大特征。
2. 请简要描述物流活动的各个环节对自然环境的影响。
3. 逆向物流有哪些类型？
4. 请列举至少3种绿色物流的措施，以及它们如何实现环境友好目标。
5. 为什么企业应该关注绿色物流？请简述其经济和环境上的好处。
6. 如何与消费者和社会沟通绿色物流的理念和创新？
7. 绿色物流如何与数字化和智能化相结合，提高物流效率和降低环境影响？请说说你的想法。
8. 绿色物流在城市物流中的应用和建设中有哪些机会和挑战？如何推动城市物流的绿色化发展？
9. 你还知道国际上有哪些成功的绿色物流实践案例可以借鉴和学习吗？请简单说说。

第8章　重安全的现代物流

学习目标

1. 了解物流安全的基本概念、重要性、作用及意义；
2. 熟悉物流过程中各环节的安全风险特征及相关的应对措施；
3. 掌握物流安全管理的基本原理和方法，包括风险评估与管理、安全标准与规范、安全培训与教育等方面；
4. 通过案例分析的学习，掌握物流安全管理的实际操作技巧与策略；
5. 提高安全意识和风险防范能力、加强对物流安全的意识培养。

《"十四五"现代物流发展规划》中提到物流业是优化产业组织与提升产业价值的战略性产业，是引导产业布局和业态创新的先导性产业，是畅通流通体系、强化现代产业体系、服务构建新发展格局的基础保障。物流安全是物流产业作为战略性产业和先导性产业的基本需要和先决条件，是物流产业的基础设施和文明标志。可见，物流安全对于个人、企业、产业乃至于国家的重要意义。

案例8-1："长赐"号货轮在苏伊士运河搁浅

2021年3月23日早上，苏伊士运河上狂风大作，沙尘暴弥漫，途经苏伊士运河的"长赐"号突然船体偏离航道，触底搁浅，并恰好卡在了运河的北向航道上，船尾险些碰到另一条货船。

"长赐"号货轮搁浅造成的损失主要有6个方面。

(1) 搁浅货轮的本身损失。虽然货轮脱浅后，经勘察船体比较完整，动力、电力等各种操作系统损失不是太大，但要恢复到正常运行，仍需经过修整，估计修复费至少1亿美元。

(2) 搁浅货轮的货物损失。"长赐"号搁浅浸水多日，大量货物已遭损坏。除货物本身的损失外，因货轮延误到达造成的货物各种连带违约和赔偿责任也很大。

(3) "长赐"号的救援费用。据埃及官方称，前期救援共投入2艘大型挖泥船、9艘拖船和4台挖掘机，累计挖走约30 000 m^3泥沙，相当于12个大型游泳池的体量。成功脱浅后，救援方又投入超过14艘拖船来拖走这个庞然大物。

(4) 苏伊士运河的航道收费损失。苏伊士运河作为重要的海运航道之一，每天要通过全球近三分之一的集装箱货船。苏伊士运河的过道费是埃及经济收入的重要来源，堪称日进斗金。苏伊士运河每年约有18 000~19 000艘货轮通过，据说以一艘5 000箱位的集装箱货轮为例，过一趟苏伊士运河的通行费用高达数十万美元。航运人士估计，因"长赐"号搁浅造成的航道堵塞，苏伊士运河每天仅通行费就会损失数千万美元。埃及对"长赐"号提出高达10亿美元的赔偿。

(5) 因运河被堵的其他货船耽误费。粗略统计,堵塞期间至少有近400艘油轮和货轮被困在运河内不得航行,据船运人士估计,每艘船只的日常开销估计在1~1.5万美元间,还不包括这些船只在苏伊士运河长时间滞留而不得不另缴纳的费用。

(6) 其他货船的运输延误赔偿费。由于"长赐"号货轮堵塞,对苏伊士运河海运渠道依赖度较高的欧洲市场,明显遭受物流受阻的严重影响,瑞典宜家家居连锁公司、英国电器零售商迪克森斯手机公司、荷兰家居产品零售商布洛克尔公司等都受到波及,其中"长赐"号货船上就有宜家公司约110个产品集装箱。美欧几大机械设备制造厂也因苏伊士运河被堵而被迫部分生产中断。此次堵塞造成6天交货延误,关联性索赔大增。

"长赐"号货轮搁浅事件造成了巨大损失,全球12%的国际贸易通道被该货轮"切断",带来了广泛经济贸易影响,引起了业界及相关各方深思。

苏伊士运河管理局2名官员称,经调查,"长赐"号搁浅系因该货轮船长错误操作,导致该船在完全驶入苏伊士运河航道前船首严重偏离航向并"产生剧烈摇摆",随后在运河中搁浅。这2名官员同时表示,船长的错误操作与伴随沙尘暴的强风几乎"同时发生",但天气因素并不能"完全造成船只搁浅"。

上海远洋运输有限公司安委办主任、安管部部长、总船长徐斌船长表示,沙尘暴大风天气是苏伊士地区特有现象,存在突发性、不可预见性。船舶过河中主要靠引航员,船长起监控作用,类似于正常驾引关系。船长对引航员的指令可以提出意见且有决定权,但是实际上能做到很不容易。

徐斌船长还表示,目前苏伊士运河能够容纳世界上最大的船只通过,但是依然存在如下风险点:运河尺寸和结构先天不足、运河地区突发恶劣气象、运河当局通航风险管理和资源管理不足、不当;运河引航员低劣的专业素养和陋习;船长与船员长时间工作引发过度疲劳;驾驶人员危机意识与情景意识缺失,风险管控和应急应变能力低;船舶船型尺寸持续增长带来的安全隐患;船舶机电设备突发故障引发操纵失控的风险。

思考:

(1) 本次"长赐"号货轮搁浅的原因有哪些?造成了哪些方面的损失?

(2) 对苏伊士运河通航存在的风险点进行归纳,分别列出哪些风险属于人的因素、物的因素以及环境因素,并思考哪些风险是可以避免的?

8.1　物流安全概述

安全是人类生存发展的最基本需求,是人们生命与健康的基本保障;一切生活、生产活动都源于生命的存在。在物流活动中,安全问题也同样贯穿始终。

8.1.1　安全的基本概念

安全是指在生产活动过程中,能将人或物的损失控制在可接受水平的状态。换言之,安全意味着人或物遭受损失的可能性是可以接受的,若这种可能性超过了可接受的水平,即为不安全。

作为安全的对立面,危险是指在生产活动过程中,人或物遭受损失的可能性超出了可接受范围的一种状态。危险与安全一样，也是与生产过程共存的过程，是一种连续型的过程状态。危险包含了尚未为人们所认识的，以及虽为人们所认识但尚未为人们所控制的各种隐患。同时，危险还包含了安全与不安全这对矛盾斗争过程中某些瞬间突变发生外在表现出来的事故结果。

风险是描述系统危险程度的客观量，这主要有2种考虑：一是把风险看成是一个系统内有害事件或非正常事件出现可能性的量度；二是把风险定义为发生一次事故的后果大小与该事故出现概率的乘积。

8.1.2 物流安全的基本概念

从物流过程中的各个环节来看，无一不与安全相关。运输、仓储、流通加工等活动中要考虑货物的安全问题，如食品储存环境的温度、湿度、时间、地点；危险化学品的储存方式，能发生反应的物质应分别设专用库，仓库内采取适当通风排毒，构成重大危险源的仓库应注意周围防护距离的要求。在装卸过程中应注意物体打击、车辆伤害、机械伤害等各种伤害以及危险品火灾、爆炸事故发生。包装过程中，不仅要考虑包装用的材料、包装方式，还要考虑被包装物质的安全性。例如，食品要保证新鲜，采用保鲜膜；酸碱化学品要注意防腐蚀性；对有毒物质采取密闭包装等。在信息流动时，要采用加密技术，以保证网络和信息安全。

在物流活动的每一个环节，安全都是保证物流活动能够正常运行，发挥固有功能的重要因素。物流安全是为了保证物品从供应地向接受地实体流动过程中的运输、储存、装卸搬运、包装、流通加工、配送、信息处理等基本功能的顺利实现，使其免受人员伤害、疾病或死亡、设备和财产破坏或损失，确保最大的经济和安全效益。

近年来，随着全球经济的不断发展，物流安全已经从传统物品安全、交通运输安全，延伸到人员安全、环境安全、经济安全和国家安全的高度，愈发引起了世界各国政府和企业的高度重视。

8.1.3 物流安全的作用与意义

物流活动是一个复杂的过程，其中的任何一个环节出现问题都可能带来不同程度的财产损失、人员伤亡甚至社会危害。注重物流安全具有非同小可的意义，它主要表现在以下3个方面。

1）物流安全是生产和消费的前提保证

物流安全能够保证物流功能活动的连续性和衔接性。物流是生产活动的准备和先导，也是生产活动的延展和后续，产品的销售牵系着物流，原材料的输入也牵系着物流。如果物流不能连续正常地运行，人们基本的生活所需将无法供给，社会就会变得不安定。没有物流，商品也无法得到消费，导致生产也无法继续进行。生产、物流和消费三者构成

社会经济运行的一个有机体，缺一不可。

2）物流安全可以降低企业成本

物流安全保障所减少的危险伤害和损害，如商品在物流过程中的损失、物流人员的伤亡、物流设施设备的损害等，减少这些经济负效益，就等于创造了效益。物流企业还可以采用安全经济管理手段，如选择安全保险、通过安全分析后选择最优的安全方案等，保证最大的企业经济效益。

3）物流安全有助于保障国家安全

物流安全是总体国家安全观的重要要求，为国家经济的有序运行提供了便捷、安全、高效的条件，有助于保障能源、矿石、粮食等重要物资运输以及关键物流通道和物流节点的安全通畅。在支撑社会安全稳定发展方面，物流帮助有效防范和化解重大安全风险，提升安全管理水平，坚守住安全底线和红线。同时，在物流安全不断发展的过程中，物流网络的可靠性和应急保障的能力也得到提升，保障产业链供应链安全可靠。

8.2　物流安全管理与控制

物流安全问题在任何一项物流活动中都可能发生，为了降低物流安全问题发生的可能性、减轻其造成的后果，需要事先对各物流环节存在的风险进行预防，控制物流过程中的不安全因素。

8.2.1　运输安全

案例8-2：货船运输安全事故

散货船Kaami号，载有1 927 t由回收材料制成的燃料芯块，离开爱尔兰的德罗赫达港，前往瑞典的斯利特港口。出发后不久，海上气象状况突然极度恶化，凌晨2点左右，Kaami号在波涛汹涌的海浪中直接狠狠撞上了岩石，底部被岩石损坏严重。英国海事事故调查委员会调查人员称，由于出发前船员在港口长时间高压工作，起航后非常疲累，船长在起航前也只睡了3 h，没有很好地评估航线的危险性。而该船在触礁前，有数次机会避免事故发生，但都错过了。由于岩石和海浪的剧烈作用，船体损坏程度非常之大，以至于船东不得不宣布为全损并报废。

东方海外公司所属货柜船“德班轮”，靠泊高雄港第三货柜中心66号码头时，突然“偏航”撞向70号码头，造成作业中的阳明海运“永明轮”受损，还造成两部桥式起重机倒塌。事故造成70号码头8号桥式起重机全部倒塌、6号桥式起重机脱轨，周边部分集装箱倒塌。高雄港表示，现场遭撞损的货柜起重机一部造价约新台币3亿元，两部约6亿元，这次意外事故还造成满载约50个货柜受损，货柜损失金额需再调查。东方海外公司和阳明公司均有保险可处理后续赔偿，初估所有损失的赔偿金额将破亿。

运输的可靠程度不仅直接关系到我国社会主义市场经济的健康发展，而且直接影响居民生活、社会生产的安宁稳定，甚至影响国家的声誉和形象。不同运输系统的不同特点决定了其事故类型、性质和严重程度存在差异。

8.2.1.1 各种运输方式安全的特点

(1) 道路运输的基本要素是人(包括驾驶员、行人等)、车(包括货车、非机动车等)、路(包括公路、城市道路、出入口道路及其相关设施),可以说道路运输系统是一个典型的复杂系统,即解决复杂系统问题的工具和方法论——系统方法论,运用到道路运输安全管理上,即体现为驾驶员素质的提升(人理)、车辆的安全化(物理)、道路运输安全管理对策(事理)这3个方面。图8-1为公路运输事故现场图。

(2) 铁路线路长,经行区域地理环境、气候环境跨度大,自然条件复杂,且在运输过程中作业比较频繁。铁路系统使用的如路基、钢轨、机车等各类部件组成复杂,数量繁多,只要一个要害部位发生损坏或故障,就可能导致行车事故。图8-2为铁路运输事故现场图。

图 8-1 公路运输事故现场

图 8-2 铁路运输事故现场

(3) 水路运输安全与水上交通安全紧密相关。水上交通安全属公共安全范畴,涉及船舶交通的监管和险情救助。水上交通事故突发性强,远离陆地,救援困难,易造成群死群伤和重大经济、环境损失以及重大社会影响。加强安全工作、处理公共突发事件是政府的重要职能。加强水上交通安全监管和救助系统建设,对提高安全管理水平,增强应对水上突发事件的能力,切实保障人民群众的生命财产安全,促进经济发展,维护国家权益,具有重要意义。图8-3为水路运输事故现场图。

(4) 航空运输已经成为许多高价值、低重量、小体积物品的优先运输方式。由于航空运输系统中存在着人的不安全行为、机器的不安全状态及环境和管理方面的风险因素,事故时有发生。航空事故的破坏性大,一旦发生事故,则人、机、物俱毁。因此,加强对航空运输安全的研究,预防航空运输事故的发生,对于降低物流成本、减少物流企业损失都有着重大的意义。图8-4为航空运输事故现场图。

图8-3　水路运输事故现场

图8-4　航空运输事故现场

(5) 管道是工业装置中用于输送原料、中间产品和产品的重要设备,并且所输送的物料是各式各样的,其中不乏包括有毒、有腐蚀性或可燃性等危险物质。输送条件在多数场合要求低温或高温、高压等。因此,要求管道具有足够的强度,用在低温或高温、高压等恶劣环境条件下时,则必须考虑特殊的安全措施。图8-5为管道运输事故现场图。

图8-5　管道运输事故

8.2.1.2　物流运输安全分析方法

使用系统工程的原理和方法,对物流运输系统中存在的危险因素进行深入、仔细的分析,并根据实际需要对其进行定性、定量描述,估计事故发生的概率和可能产生伤害及损失的严重程度。通过分析查明系统中的危险因素,采取相应措施控制危险,保证运输系统安全运行。

适用于物流运输安全分析方法有许多种,它们除了有各自的特点,其中有不少方法是类似的。因而,使用时应尽量了解系统,并选用合适的、具有特色的方法。下面简要介绍3种较为常用的安全分析方法。

1) 排列图

排列图(Pareto Diagram)全称为主次因素排列图,也称为帕累托图,可用于确定影响运输安全的关键因素以便明确主攻方向和工作重点所在。

排列图(如图8-6所示)由2个纵坐标、一个横坐标、数个直方图和一条曲线组成。左边纵坐标表示频数,右边纵坐标表示累积频率(0~100%)。横坐标表示事故原因或事故分类,一般按影响因素的主次从左向右排列。直方图的高低表示某个因素影响的大小,曲线表示各因素影响大小的累计百分数。按主次因素的排列,可分为三类:累积频率在0~80%的因素,称A类因素,显然是主要因素;累积频率在80%~90%的因素称B类次主要因素;累积频率在90%~100%的因素称C类次要因素。

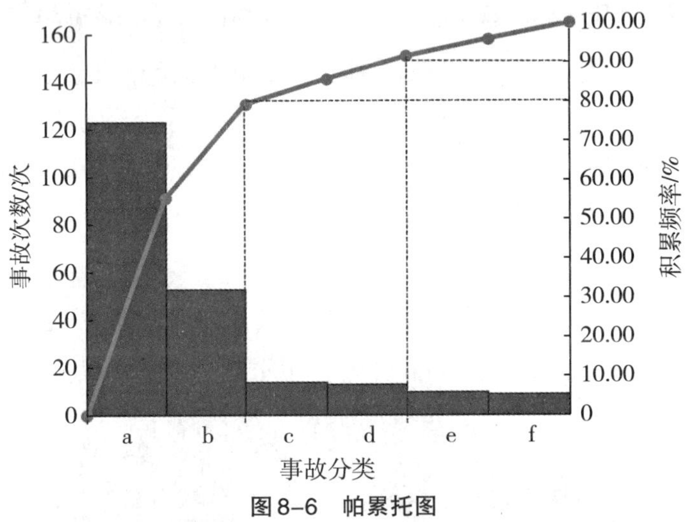

图8-6　帕累托图

2)因果分析图

因果分析图(Cause and Consequence Analysis, CCA)也称鱼刺图或特性因素图。运输过程安全与否是交通参与者、运载工具、运输线路等多方面因素综合作用的结果,这些因素与交通运输安全的关系相当复杂,它们彼此之间也存在着错综复杂的联系。当分析发生交通事故的原因时,可以将各种可能的事故原因进行归纳分析,用简明的文字和线条表现出来,如图8-7所示。用鱼刺图分析法分析交通运输安全问题,可以使复杂的原因系统化、条块化,而且直观、逻辑性强、因果关系明确,便于把主要原因弄清楚,其分析步骤如下:

(1)确定要分析的特定问题和事故,写在图的右边,画出主干,箭头指向右边。

(2)确定造成事故的因素分类项目,如安全管理、操作者、操作对象、环境等,画出大枝。

(3)将上述项目深入发展,画出中枝,并写出原因,一个原因画一个枝,文字记在中枝线的上下。

(4)将上述原因层层展开,一直到不能再分为止。

(5)确定因果分析图中的主要原因,并标上符号,作为重点控制对象。

(6) 注明因果分析图的名称。

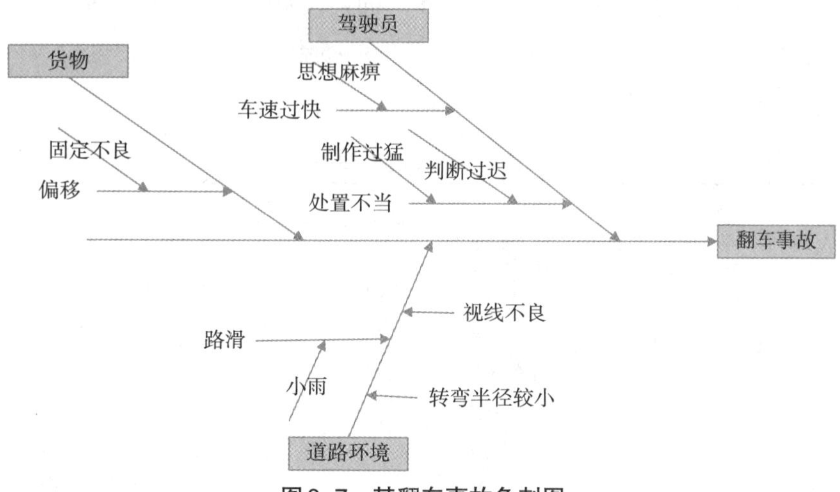

图8-7 某翻车事故鱼刺图

3) 事件树分析

事件树分析(Event Tree Analysis,ETA)是从一个初始事件开始,按顺序分析事件向前发展中各个环节成功(希望发生的事件)与失败(不希望发生的事件)的过程和结果。

一起事故的发生,是许多原因事件相继发生的结果。其中,一些事件的发生是以另一些事件首先发生为条件的,而一个事件的出现,又会引起另一些事件的出现。在事件发生的顺序上,存在着因果的逻辑关系。事件树既可以定性地了解整个事件的动态变化过程,又可以定量计算出各阶段的概率,最终了解事故发展过程中各种状态的发生概率。

图8-8是将"成品油罐车行驶在道路上"作为初始事件,将拥堵、超速、刹车失灵作为3个阶段,分别考虑"成功"和"失败"构建的成品油道路运输事故事件树模型。

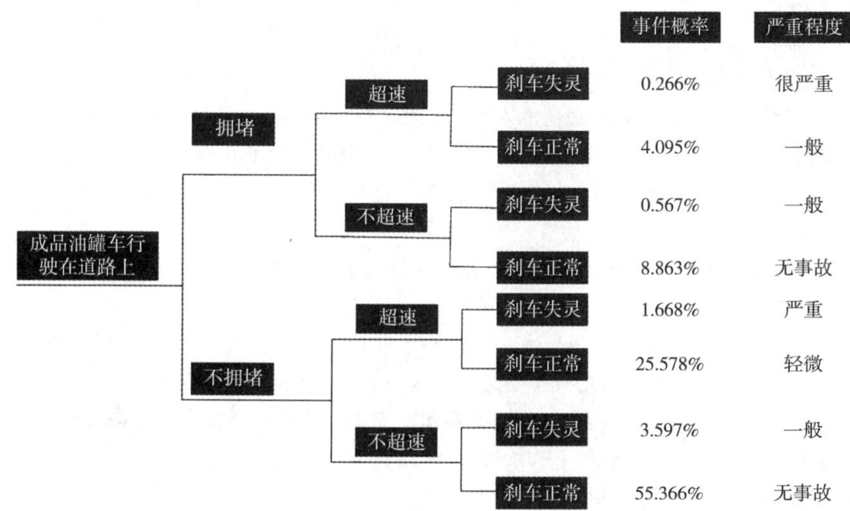

图8-8 成品油道路运输事故事件树模型

通过事件树分析，可以把物流运输事故发生发展的过程直观地展现出来，如果在事件(隐患)发展的不同阶段采取恰当措施阻断其向前发展，就可达到预防事故的目的。还可以利用风险矩阵表(见表8-1)，根据风险发生的概率和后果严重程度对风险进行综合评价，事件所属板块颜色越深代表风险越高。

表8-1　风险矩阵表

严重级别	后果严重程度				风险发生的概率				
	人员	财产	环境	名誉	A	B	C	D	E
	P	A	R	E	从没有发生过	本行业发生过	本组织发生过	本组织容易发生	本组织经常发生
0	无伤害	无损失	无影响	无影响					
1	轻微伤害	轻微损失	轻微影响	轻微影响		(Ⅰ区)①			
2	小伤害	小损失	小影响	有限损害					
3	重大伤害	局部损失	局部影响	很大影响			(Ⅱ区)②		
4	一人死亡	严重损失	重大影响	全国影响				(Ⅲ区)③	
5	多人死亡	特大损失	巨大影响	国际影响					

①I区:一般风险，需加强管理不断改进。

②II区:中度风险，需制定风险削减措施。

③III区:重大风险，不可忍受的风险，纳入目标管理或制定管理方案。评价为一般风险和中度风险的危害因素应列入危害因素清单;评价为重大风险的应列入重要危害因素清单。

8.2.2　仓储安全

案例8-3:仓库安全事故

2022年1月2日，某地日用品仓储库房起火，造成5名消防战士牺牲，14人受伤。起火的仓库占地面积约为1 000 m²，仓库内存放大量的日杂用品，内部有大量纸质和塑料材料。消防员接到报警后进入仓库内部继续清除隐患，但随后不久，仓库楼板坍塌，将正在救援的消防战士埋在里面，造成重大人员伤亡。经调查，事故原因如下:

(1) 工作人员在仓库内吸烟造成存放的大量纸质及塑料物品起火燃烧。

(2) 安全管理不到位，仓库重地严禁烟火的规定形同虚设。

(3) 违规使用民房作为仓库。

同年4月，某仓储公司储罐区2号交换站发生火灾，事故导致1名消防战士在灭火中牺牲，直接经济损失2 532万元。这次事故的直接原因是施工单位在2号交换站管道进行动火作业前，未清理作业现场地沟内油品，未进行可燃气体分析，未对动火点下方的地沟采取覆盖、铺沙等措施，违章动火作业，切割时产生火花引燃地沟内的可燃物。

物流仓储的过程一般都发生在物流中心的仓库中。仓库的安全管理应始终贯穿于整个仓储管理的全过程。从商品入库验收、堆垛，到商品保管、养护，直至商品出库，都离不开安全管理工作。

仓储的安全管理是其他一切管理工作的基础和前提，具有十分重要的意义。仓储的安全管理主要包括人的安全管理和仓储设施、设备、仓储商品等物质的安全管理。仓储不安全因素很多，如火灾、水灾、爆炸、盗窃、破坏等，此外，还有放射性物品、腐蚀性物品、有毒物品等均会对仓储管理人员的人身安全造成威胁。图8-9是集装箱堆场安全事故现场图。

图8-9　集装箱堆场安全事故现场

针对诸多不安全因素，只有努力克服和预防，才能保证仓储的安全，也才能使仓库的生产活动得以正常进行。

1）造成仓储不安全的因素

在仓储的安全工作中，造成不安全的因素主要有两大类。

（1）由于仓储管理人员认识上的局限性造成的，如对某些化学物品、危险品、易燃品、腐蚀品的性质不了解，对某些商品储存的规律没有完全掌握，以至于发生事故。

（2）由于仓储管理人员工作不到位引起的，如有的仓库管理人员失职渎职，没有严格执行规章制度和操作规程等。

2）仓储不安全因素的克服办法

对于第一类因素克服的方法是，应加强对仓库保管人员的培训，让上岗的每一位保管人员都能较全面地掌握各类商品的特性及储存、保管的方法。对于第二类因素克服的方法是，努力提高仓库管理人员的素质，增加仓库管理人员的道德素养和工作责任感。总之，必须杜绝一切不安全的因素，确保仓库安全。

3）现代仓库安全的要求

（1）为了确保仓库人、财、物的安全，必须建立和健全消防、保卫、保密、安全操作等规章制度，并设专人负责。

（2）应建立和健全各项安全制度相应的执行、监督机制，组织日常检查、定期检查、节假日重点检查等，真正把各项安全制度落到实处。

（3）必须培养一支消防队伍，设立专职或兼职的消防人员，仓库领导中应有人分管消防工作；配备相关的消防设备，并确定专人负责。

（4）应严格管理各类火种、火源、电源、水源等，严禁各类火种及易燃品带入仓库。储货区与生活区应该严格隔离，储货区内不允许居住家属。

（5）现代仓库中装卸、搬运、堆垛及各种机械设备操作时，必须严格遵守操作程序和规则，防止各类工伤事故的发生。

（6）对于仓储商品的品名、数量、规格、种类等，仓库管理人员必须严格保密。

8.2.3 装卸搬运安全

案例8-4：装卸搬运安全事故

2021年5月25日凌晨，某轮在某码头装货过程中进行船用燃料油转驳，因疏忽未及时监控燃油舱内液位，导致燃料油从左燃油重油舱透气管冒出，约5~10 kg燃料油从透气管围壁和艉楼甲板溢出入海。

2021年3月，韩国东海港2名港口装卸工人在卸货锌精矿过程中进入船舶货舱突然昏倒后不治身亡。东海海岸警卫队报告称，事故调查结果显示两人昏倒是由吸入货船内装载的锌精矿反应产生的气体中毒引起的。

在物流活动中，装卸搬运活动连接着运输、储存活动，发生次数频繁，作业形式和环境复杂，又是劳动密集型作业，需要人与机械、货物、其他劳动工具相结合，工作量大，情况复杂，这些都导致了装卸搬运活动中存在着不安全的因素和隐患。为了保证物流安全、顺畅，降低物流成本，装卸搬运环节非常重要。图8-10是码头装卸安全事故现场图。

装卸搬运应尽量通过运用自动化、机械化搬运装卸技术，提高装卸搬运作业的安全性。装卸搬运活动的组织水平的高低，直接关系到装卸搬运工作质量和安全。提高装卸搬运安全的措施和方法主要有以下4个方面。

图8-10　码头装卸安全事故现场

1）减少不必要的装卸次数

在物流过程中，装卸次数的减少就意味着减少装卸作业量，从而减少货物损耗，减少场地占用和装卸事故，同时还能显著降低物流成本。

2）提高机械化、自动化水平

要从物流系统的组织设计做起，使车辆、装卸机具、仓库等移动设备、固定设备的设计合理，从而提高装卸质量、装卸效率，降低装卸成本。提高装卸机械化水平的同时，利用现代信息技术，充分提高物流装卸搬运的机械化水平和自动化水平，以机器人代替，降低工人的劳动强度，提高作业的准确度。

3）减少装卸搬运路线的交叉、迂回、缩短搬运距离

在工厂，由于生产工艺要求，原材料、半成品和产成品总要发生一定距离的水平位移。在物流节点，由于收发保管作业的要求，货物也要发生一定距离的水平位移。这种位移通过搬运实现。减少装卸搬运路线的交叉迂回现象，缩短搬运距离，不仅可以提高装卸搬运的安全水平，还可以提高物流效率。

4）做好装卸搬运活动现场组织工作

装卸搬运现场的作业场地、进出口通道、作业线长度、人机配置等布局设计合理，能使现有的和潜在的装卸能力充分发挥或发掘出来，避免由于组织管理工作不当、造成装卸搬运现场拥挤、堵塞、紊乱的现象，确保装卸工作能够安全顺利地进行。

做好装卸组织工作，通常可采用3种途径：一是设计科学合理的装卸作业工艺；二是采用现代化的装卸机械设备；三是加强对人力、设备、工艺的组织管理。

8.2.4 物流信息安全

案例8-5:SF公司对物流信息安全的保障措施

作为一家大型的民营快递企业和综合物流服务提供商,SF公司每天都要处理海量的用户信息,尤其是商务件信息,这些信息的安全直接关乎用户利益,关乎SF公司的品牌形象,甚至关乎国家信息安全。2018年SF公司发布了隐私保护产品"隐址件";对系统在数据采集、传输、保存、处理、交换和删除等环节进行了大量的改造和安全功能开发;全面梳理安全资产,常态化开展风险评估,防护自评,提升安全事件发现和响应能力,打造持续化的信息安全运营平台。同时,SF公司还构建了全面和完善的信息安全防护体系,在信息安全日志平台、大数据脱敏平台、应用安全自动化测试平台等技术方面达到业界先进水平。

物流信息安全是指在物流过程中,信息网络的硬件、软件及其系统中的数据受到保护,不受偶然的或者恶意的原因而遭到破坏、泄露,系统能连续、可靠、正常地运行,并处于信息服务不中断的状态。在互联网高速发展的大背景下,随着信息资源的加速整合、互联互通,信息泄露的风险也逐渐增加。信息的泄露将带来物流服务的信誉失衡和资源浪费,为此有必要重视物流信息安全的保障工作。降低物流信息安全风险,一方面需要政府主管部门加快网络法治建设;另一方面需要物流企业提高自身网络信息安全管理意识,加大在信息安全方面的技术和管理投入。

譬如,就物流企业而言,物流信息包括了物流企业自身信息、货主和货物信息两部分。物流企业一方面需要对自身的数据进行重要性评估和保密性等级划分,并进行对应防护处理;另一方面也要对涉及客户的隐私信息进行必要的加密处理。在互联网环境下,物流企业与有实力的网络安全企业展开合作是进行物流信息安全防护的有效途径。

8.2.5 物流保险

案例8-6:集装箱船倒塌获物流保险公司的巨额赔付

2020年11月30日晚,船公司ONE旗下运力达14 052 TEU的名为"ONE APUS"的大型集装箱船在夏威夷西北的太平洋1 600海里处遭遇恶劣天气导致堆垛倒塌,约有1 900个集装箱受损落水丢失。某咨询公司估计,按照每箱2.5万美元的离岸价格(Free on Board, FOB)计算,货物索赔金额约为4 750万美元,再加上租赁、维修等其他项目索赔,预计"ONE APUS"号保险账单将超过5 000万美元,相关保险公司面临巨额赔付的压力。

物流货运过程中充满了各种各样的风险。当物流企业无法自我承担某些经营风险时,他们就会购买相应的物流保险,与保险公司共同分担风险。例如许多企业担心暴风或暴雨会导致运输货物受损,他们会选择购买货物运输保险,通过保险理赔减少可能发生的经济损失;一些出口企业害怕货物走出国门后,海上运输风险加大,他们也会购买一

份海洋货物运输保险，确保自身销售收入与利润的“安全性”。

物流保险从宏观上讲，是一切与物流活动相关联的保险。即物品从供应地向接受地的实体流动过程中对财产、货物运输、机器损坏、车辆及其他运输工具安全、人身安全保证、雇员忠诚保证等一系列与物流活动发生关联的保险内容，其中包括可预见和不可预见的自然灾害。

物流保险多种多样，可以根据物流风险的不同来划分物流保险险种。表8-2是不同物流风险对应的保险险种。

表8-2　物流风险对应的保险险种

物流风险	保险险种
采购物流风险	产品质量保证保险、采购合同保证保险、采购人员忠诚保证保险、采购人员职业责任保险等
物流运输风险	国内货运险（海陆空及2种以上联运）、国际运输货物保险、运输工具保险等
国际海运风险	进出口货物运输保险、国际货运代理责任保险等
物流仓储风险	仓储货物保险、仓储责任保险、机损险等
物流责任风险	物流责任险、物流公众责任险、物流雇主责任险、产品责任险等
物流信用风险	出口信用保险、保证保险等
物流综合	物流货物保险、物流责任保险等

案例8-7：货物运输事故获保险公司理赔

江西某公司由于公司业务需要，向上海某贸易有限公司购买了一批棉浆。为了控制货物运输过程中的风险，于2017年1月16日向中国人民财产保险股份有限公司投保了水路货物运输综合险。保险期限：自2017年1月17日0时起至2018年1月16日24时止。

2017年5月20日，装有该江西公司购买的棉浆×××轮在东海海上航行时遭遇暴风雨，船体沉入海底。该江西公司受到了严重的损失，虽然船体可以打捞，但是公司无法承担打捞费用，所以决定向保险公司申请委付，要求保险公司按全损赔偿。

事故发生后，该江西公司负责人小王向保险公司报案并提交了委付申请，保险公司理赔内勤根据现场查勘情况及申请人提交的相关理赔材料进行了立案处理并接受申请人的委付申请，按全损进行理赔计算。

8.3　物流安全典型场景

为了进一步理解物流安全的重要性，本节重点介绍危险品物流、冷链物流2个特定的场景。同时，国家战略物流体系、战略物资储备、应急物流等也关系到国家的经济政治安全和稳定。

8.3.1 危险品物流的安全

随着我国经济的快速发展,企业更注重产品从生产、运输到销售各个环节的安全性,从事危险品物流的企业对危险品的储运安全的要求越来越高,广大市民也更关注这方面的内容。国民经济发展离不开一些危险品,但危险品具有种类多、易燃烧、易爆炸、剧毒、强腐蚀等特性,给人民群众身心健康和生态环境带来潜在威胁。图8-11为某危险品物流事故现场图。

图8-11 危险品物流事故现场

案例8-8:危险品物流事故

2014年7月19日,沪昆高速湖南邵阳段,一辆运载乙醇的轻型货车与前方停车排队等候的大型普通客车发生追尾碰撞,轻型货车运载的乙醇瞬间大量泄漏起火燃烧,致使大型普通客车、轻型货车等5辆车被烧毁。事故造成54人死亡、6人受伤,直接经济损失5 300余万元。

2015年1月,韩国蔚山港Hanyang Ace号化学品运输船在装运硝酸和硫酸期间,甲板上发生爆炸,有毒气体泄漏,造成船上14名船员中4名船员受伤,被送往医院救治,其中1人被烧伤,3人吸入有毒气体中毒。

2003年4月17日,山东聊城某公司存放二氯异氰尿酸钠的仓库漏雨,致使存放二氯异氰尿酸钠半成品的仓库周围积水,雨水漫过仓库门槛进入库内,将存放在仓库的二氯异氰尿酸钠半成品浸湿,引起化学反应并剧烈放热,发生自燃,产生有害化学气体,造成严重中毒伤亡事故,造成4人死亡,重度中毒6人,轻度中毒127人。

危险品物流最容易在运输和储存环节出现安全问题,很多危险品安全事故都是发生在储运环节。

企业对物流安全管理的投资、对相关人员安全意识及素质水平的培训是决定危险化学品物流过程是否安全的关键因素。同时,运用先进的技术手段对危险品进行有效监

管，规范危险品安全储运管理制度，对我国的经济建设和发展具有重要意义，可以从以下5个方面加强危险品物流安全。

(1) 加强人员招聘、培训和培养是关键。要抓好危险化学品物流安全必须管理好相关的人员，据有关数据统计分析，危险化学品事故中有70%~80%是由人为因素引起的。

(2) 不断修改和完善运输方式的管理流程。危险化学品的运输离不开运输方式，就选择汽车运输而言，对车辆的购置、检查、保养与维修等环节的监管是企业加强安全管理的重要手段。

(3) 将信息化手段运用到危险化学品的安全管理，实时掌握危化品物流的动态。将所有的危化品供应商、消费者、物流方在公安系统备案，尽量减少危化品物流的手续。通过危化品物流管理的信息平台数据分析和态势研判，尽量减少事故发生，一旦危险化学品事故发生，在最短的时间内对其进行处理，尽可能降低危害和损失。

(4) 合理规划、设计、调整危险化学品物流企业的布局。政府应该科学规划和持续优化从事危险化学品物流企业的空间地理位置布局，以利于将危化品运输、仓储的风险降低到最低。

(5) 完善危险化学品运输突发事故的应急救援体系。危险化学品的安全管理不仅关系到生态环境的发展，还与人的生命以及财产安全息息相关。应该将科学技术应用到危化品运输突发事故的应急救援体系中去，使救援能力有所提高，并最大限度地避免事故的发生或降低事故所发生的危害和损失。

8.3.2　冷链物流的安全

在国家标准《物流术语》(GB/T 18354—2021)中，对冷链物流的定义是：根据物品特性，从生产到消费的过程中使物品始终处于保持其品质所需温度环境的物流技术与组织系统。冷链物流的常见货种范围包括初级农产品、加工食品和特殊商品，具体见表8-3。

表8-3　冷链物流常见货种范围

初级农产品	肉、禽、蛋，水产品，花卉产品，果蔬
加工食品	速冻食品、包装熟食、冰淇淋和奶制品、快餐原料等
特殊商品	化工、医药、生物等

生鲜初级农产品、肉制品、乳制品、速冻食品、疫苗类、血液制品……这些在人们日常生活中扮演着重要角色的食品和药品，它们都有一个共同的特点，就是从生产到消费整个产品生命周期中都需要全程冷链物流来保证新鲜和安全。天南地北的生鲜产品、冷冻产品，依靠全程冷链，跨越了时间和地理的鸿沟，在全国甚至全世界流通，让消费者有了全新的体验，也让农户、企业从中获利。试想，没有冷链物流保障的肉类和水产等食品，会使存在于这些食品或存在于这些食品生产和流通环境中的细菌、病毒在适宜的温度条

件下肆意繁衍，这将对人体健康会造成什么影响？将全程冷链有所欠缺的疫苗、药品用在病人身上，会出现什么后果？

8.3.2.1　食品冷链安全

我国人口庞大，生鲜农产品和加工食品消费量大，如果没有健全的冷链物流系统，人们的健康和生命安全难以得到保障，生活品质的改善也就无从谈起。

食品冷链是指易腐食品从产地收购或捕捞之后，经过产品加工、贮藏、运输、分销和零售、直到消费者手中，其各个环节始终处于产品所必需的低温环境下，以保证食品质量安全，减少损耗，防止污染的特殊供应链系统。食品冷链物流是连接食品生产者和消费者的一道桥梁，也是保证食品安全的重要环节。

案例8-9：中央厨房+冷链配送模式

中央厨房是一种集中完成食品的成品、半成品制作的产业形态。在中央厨房冷链生产线，盒饭被统一加工后进行分装和密封，通过快速冷却的方式降至0～5 ℃冷藏，最大限度保证饭菜的色香味形和食品安全，然后通过冷链物流配送到目的地。配送过程中，全程使用冷藏车或冷藏箱来达到温度要求，消费者加热后就可以食用。

冷链物流作为贯穿中央厨房配送体系的“线”，重要性不言而喻。中央厨房所需要的冷链配送主要体现在食材购买端和预制品配送端。在食材购买端，中央厨房需要冷链的食材品类繁多，涵盖肉制品、水产品、乳品、烘焙品、果蔬、各类食品半成品，每个品类对于冷链都有着不同的要求，需求复杂且规模巨大。在预制品分销至各连锁门店阶段，全程打冷、成品保存和成品保鲜成为重点，标准化的冷链运输体系和成熟的冷链技术成为保证食品安全的关键。

中央厨房+冷链配送模式如案例8-9图1所示。

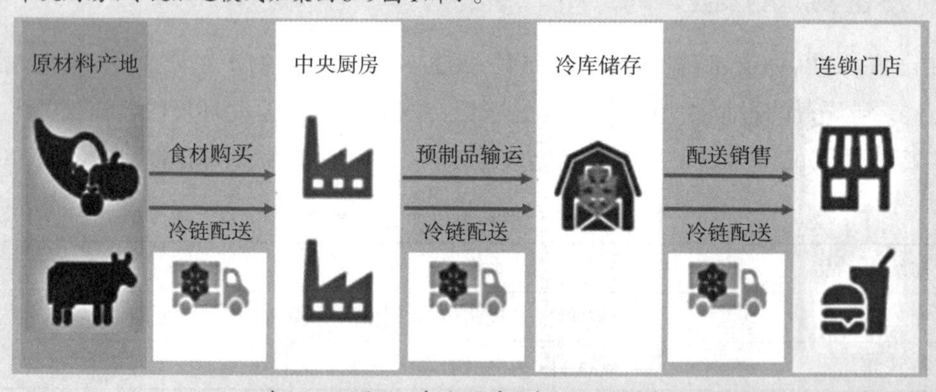

案例8-9图1　中央厨房+冷链配送模式

在食品冷链中进行食品安全管理的有效途径之一，就是在日常工作中理解、发展和实施危害分析和关键控制点（Hazard Analysis and Critical Control Point，HACCP）项目。HACCP是对食品在生产加工、制造、准备和食用等过程可能产生的食品安全危害进行识别、评估，进而采取有效的控制措施的一种预防性食品安全控制方法，是一种重要的管理体制。在食品安全体系中，可以结合冷链物流质量管理规范系统、卫生标准规范操作系

统、重要产品追踪追溯系统，在此基础上构成一个完备的食品安全预防体系，如HACCP在果蔬冷链物流中的应用如下：

1）果蔬冷链物流环节中的危害分析

危害分析是鉴别有害物质或引起产品腐败的物理的、化学的、生物的危害。果蔬冷链物流作业环节可能产生的危害主要有温度过高或频繁变温引起的微生物污染、营养成分损失、衰老加速等，表8-4对果蔬冷链物流进行了危害分析。

表8-4　果蔬冷链物流危害分析

作业环节	可能产生的危害
产地预冷	未预冷或预冷不及时，增加后期冷链投入。
分拣	作业环境温度过高、作业时间过长导致细菌繁殖、营养成分损失。
车厢预冷	预冷温度过低导致果蔬表面水分结霜或出现冰晶，影响品质口感； 预冷温度过低还会导致车厢内部结霜，影响车厢使用寿命。
装卸搬运	作业操作不合理造成货物遗失、破损，引发机械伤害。
运输	和其他非食品货物混装造成交叉污染； 车辆行驶速度过快引起的振动，造成物理伤害。
收货	收货时温度过高导致果蔬的品质下降。
销售终端	陈列柜温度设置不当，环境条件不佳会导致果蔬发霉、变质等问题。

2）关键控制点确定及其关键限值

关键控制点控制是根据所控制危害的风险与严重性，分析影响商品质量的关键因素，通过控制这些关键控制点并确立关键限值，可以将食品安全危害减小或预防。如表8-4所示，果蔬的冷链物流主要作业活动包括采收地预冷、分拣、装卸、搬运、运输、销售终端等。果蔬冷链物流关键控制点的控制限值和纠偏措施如表8-5所示。

表8-5　果蔬冷链物流关键控制点的控制限制和纠偏措施

关键控制点	控制限值	纠偏措施
产地预冷	预冷至≤7 ℃	及时预冷。
分拣	工作环境≤10 ℃	严格控制作业环境温度在规定范围内。
车厢预冷	厢体温度≤15 ℃	车厢内预冷温度在规定范围内方可装货。
装卸搬运	工作环境≤10 ℃， 操作时间≤30 min	严格控制缓冲区温度和作业时间，禁止野蛮作业。
运输	冷藏车温度≤10 ℃， 独立存放	实时进行温度监测，避免和非食品货物混装，加强驾驶员培训，保持运输过程中车辆的平稳运行。
收货	交货温度≤10 ℃	交货过程进行温度监测，将温度控制在规定范围内。
销售终端	陈列柜温度≤7 ℃	陈列柜配有温度计。

利用HACCP原理分析冷链物流对果蔬质量安全构成威胁的潜在危害，确定多个关键控制点，并对关键点予以控制，对于减少流通领域的果蔬损耗、延长其货架期有着重要意义。

8.3.2.2 医药冷链安全

医药产业是目前快速发展的重要产业，也是全球公认的最具发展前景的高新技术产业之一。医药冷链是指药品生产企业、经营企业、物流企业和使用单位采用专用设施，使药品从生产企业成品库到使用单位药品库的温度始终控制在规定范围内的供应链过程。既要确保药品质量，又要降低储运损耗，并节约成本。

近年来，随着制药工程的迅速发展，冷链医药技术发展突飞猛进，冷藏药物的品种也日益增多。冷藏药品是一种特殊药品，对保存和运输环境的要求十分苛刻，如温度、湿度、光线、压力等，都非常敏感，而且其生产数量有限、单位价值昂贵。绝大多数冷链药品贮存与物流运输的过程，都需要在严格限制各项指标和保证药品有效期及药效不受损害的情况下进行，其中最重要的就是不间断地保持超低温冷冻、冷藏或恒温状态。

冷链药品在出厂、转运、交接期间是物流过程中最为敏感的环节。在药品的冷链运输过程中和药品在医院内部的流通环节中，经常由于断链的出现，冷藏药品没有在其相应的低温区域中储存，导致发放到病患手中药品的疗效和安全性均受到影响。

案例8-10：CN公司的医药冷链全程服务

2021年12月30日，CN公司提供的医药冷链全程服务成功将临床生物药品运抵尼泊尔，为医药企业提供上门冷包包装与提货，到海外本地配送的全程冷链温控的一站式解决方案。

由于接收方所在地区缺乏温控硬件条件，CN公司为药品量身定制数十个可循环使用的温控箱，以解决冷库到医院小剂量临床配送全程温控的难题，并在保温箱中，内嵌了可重复使用的冰排和温度记录仪。该仪器可将保温箱内温度实时上传至云端，温度一旦超出预警范围，将及时向管理人员推送报警信息。

在完成当地清关并配送到加德满都冷库后，CN公司工作人员继续线上对温控箱进行实时监测和追踪，远程指导海外作业人员多次循环使用温控箱与温度计。通过这种线上线下联动、国内外远程指导与实操相结合的方式，切实保障海外临床的温控需求，实现对于临床医药品从国内药厂冷库到海外医院接种的全程物流。

结合云计算、自动化、IoT等技术，可以更好地进行药品冷链运输全面的风险管理，有利于及时识别药品冷链运输过程中的风险因子，准确地对识别出的风险因子进行风险等级评估并制定合适的风险控制的对应策略，达到降低损失和规避风险的目的。如建立冷链物流全程的信息可追溯系统，该系统可以实现对冷链药品运输过程中的温湿度和位置信息进行实时监控，防止和减少药品过程当中突发“断链”的情况而造成药品失效。药品冷链实时监控系统对保证冷链药品的质量安全和效价、减少物流成本和货物损失、提高

运输时效性等方面极具现实意义。图8-12为云冷链监控系统工作示意图。

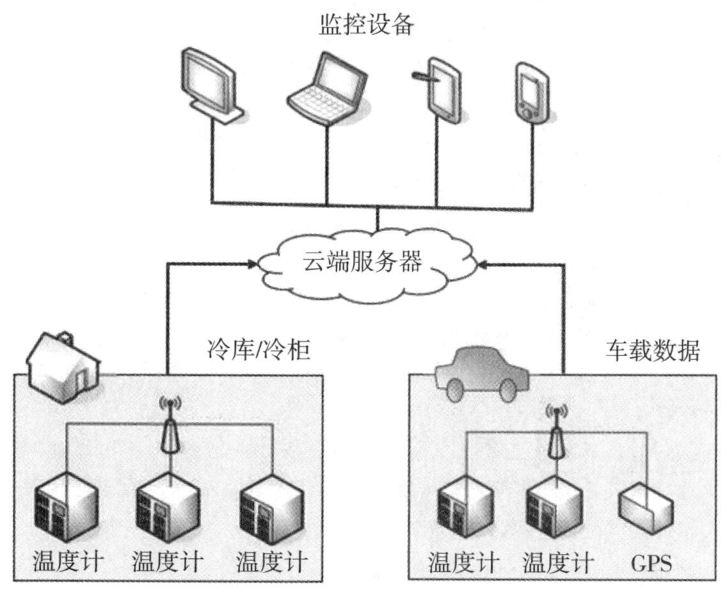

图8-12 云冷链监控系统工作示意图

对冷链运输车辆的全程定位跟踪,为紧急意外情况的发生做应急响应,为冷链药品的质量提供安全保障。其中系统管理、检验管理、货运管理、客服管理、库存管理等模块用于保证系统中数据的一致性、完整性和安全性。

8.3.3 物流与国家安全

1)国家战略物流体系建设事关国民经济安全

在经济全球化的条件下,国家战略物流体系建设关系到国家的经济发展、风险防范、主权完整和政治独立。经济安全、政治独立是构成国家主权的2个核心互动要素,经济安全构成国家经济主权,而国家经济主权是国家政治独立的基本前提和重要保障。经济动荡、通货膨胀、价格体系冲击等因素使国家的经济体系需要战略物流体系的有效保障,从而避免原材料、物资供应中断或产品价格暴涨而带来的突然打击。此外,还需要保护国家分布于世界各地的产业投资等商业利益不受威胁,以及免受外部影响引发的全局性、系统性问题。经济安全根系于经济竞争力的强弱,包括较为稳固的国民经济发展基础、合理的产业结构、战略的物流综合体系等。

现代物流业作为生产性服务业的重要组成部分,联结生产、建设、贸易、消费等国民经济领域,是上下游结合、一体化运作的过程,是调整优化经济结构,转变经济发展方式的重要产业。其中,国际物流体系的安全关系着国民经济的安全,也关系着国家整体产业经济健康、稳定、快速发展。例如我国航运业为全球抗击新冠疫情、促进贸易复苏、保持产业链供应链稳定发挥了积极的作用。

案例8-11:国际形势严峻,中远海运公司积极应对困难

2022年,俄乌冲突爆发对国际航运市场带来了一定影响。同时,全球新冠疫情防控形势依然严峻,航运链条各关键环节仍受疫情影响,全球航运物流链条稳定性面临挑战。随着港航业数字化运营水平不断提高,智能化自动化建设持续推进,上下游协作逐步加强,航运业积极应对,力保全球产业链供应链可靠安全和稳定。

中远海运公司使用"船舶智能监控系统"提升航运企业对旗下运输船舶的安全管理水平,提前知晓即将靠泊码头的拥堵情况,提高船舶的运营效率,提升企业应对影响班轮准班率事件的能力,使全球航运物流链条更具稳性。

港口方面持续推进智能化自动化建设:开展堆场、场桥、岸桥、水平运输单元、码头操作系统、设备操作系统等方面的自动化、智能化改造,如开展基于5G技术的港口大型港机超远程控制,以强化港口的枢纽功能,优化港口与航运企业的衔接,降低集装箱短缺、港口拥堵等影响国际供应链稳定事件发生的可能性。

同时,航运主管部门、港航企业等上下游相关方加强协同配合,携手出台创新举措,通过建设集装箱海铁联运综合改革区、完善集装箱等货类多式联运单证标准、提高集装箱干线港国际互联互通水平等方式,以保障国内国际物流供应链稳定畅通。

2)战略物资储备是国家稳定发展的重要保证

国家战略物资储备是为了更好地调控社会经济发展,应对可能出现的战争、严重自然灾害、经济失调或由于国际市场的大波动对国内经济引起冲击等紧急情况和其他意外不测事件,国家有目的、有计划积累的直接掌握的物资后备力量。图8-13为国家物资储备结构体系。

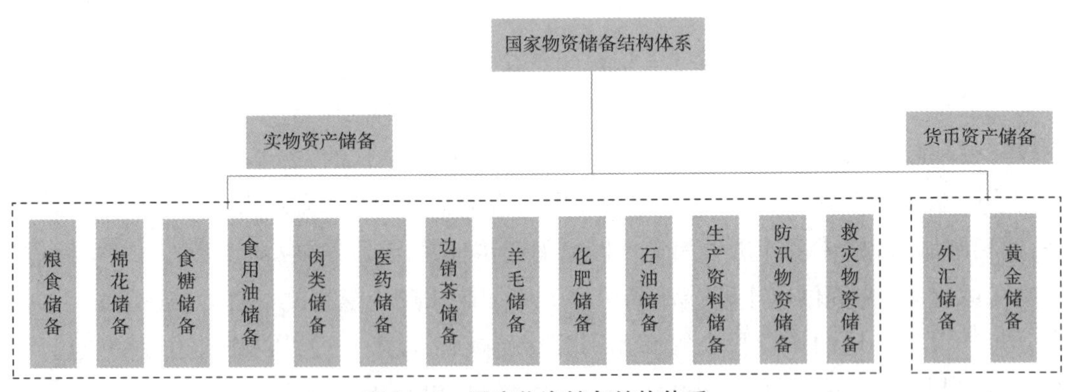

图8-13　国家物资储备结构体系

国家战略物资储备对国家的社会经济发展和综合安全有着重要的保障功能、调控功能和稳定功能。历来世界各大国都设有物资储备,必要的物资储备是国家稳定发展的重要保证。国家战略物资储备的主要作用有:(1)保障作用。使人们在心理上有安全感,为国防建设和经济发展提供良好的社会环境。(2)起"减震器""缓冲器"的作用。调节市场供求关系,防止供给中断,平抑过度上升或下降的价格,使国家经济平稳发展不受损害。

(3)起“保护伞”作用。主要对关系国计民生和生产处于弱势地位的产业、产品加以保护。

(4)起“蓄水池”作用。“储丰补歉”,保护生产者,维护再生产,又保存了社会财富,对消费者也有利。

3）应急物流是国家安全保障系统的重要力量

应急物流(Emergency Logistics)是指为应对严重自然灾害、突发性公共卫生事件、公共安全事件及军事冲突等突发事件而对物资、人员、资金的需求进行紧急保障的一种特殊物流活动。

在新形势下,我国公共安全面临的风险和挑战严峻复杂,传统安全和非传统安全风险高度聚集、相互交织,应急处置不当可能催生政治安全风险,影响国家安全。

突发公共事件发生时,短时间内需要大量物资,因此,救灾的胜负不仅取决于现场救援力量,也依赖于应急物流能力。从社会作用层面上讲,应急物流主体功能包括:①快速抢救受灾物资和各类设施、设备,减少损失;②及时补充物资,维系抢险救灾活动顺利进行;③快速供应物资,帮助灾区重建;④稳定民心,维护社会经济秩序安定。

良好的应急物流体系,能够源源不断地将国民经济力量增值、输送到灾区,补充救灾物资消耗,恢复救灾力量,成为救灾能力的倍增器。可见,良好的应急物流系统,既是综合国力的重要组成部分,也是其发展水平的重要标志,更是综合国力转化为救灾实力的物质桥梁,与现场救援实力一样,应急物流是国家安全保障系统的重要力量。图8-14为应急物流技术体系示意图。

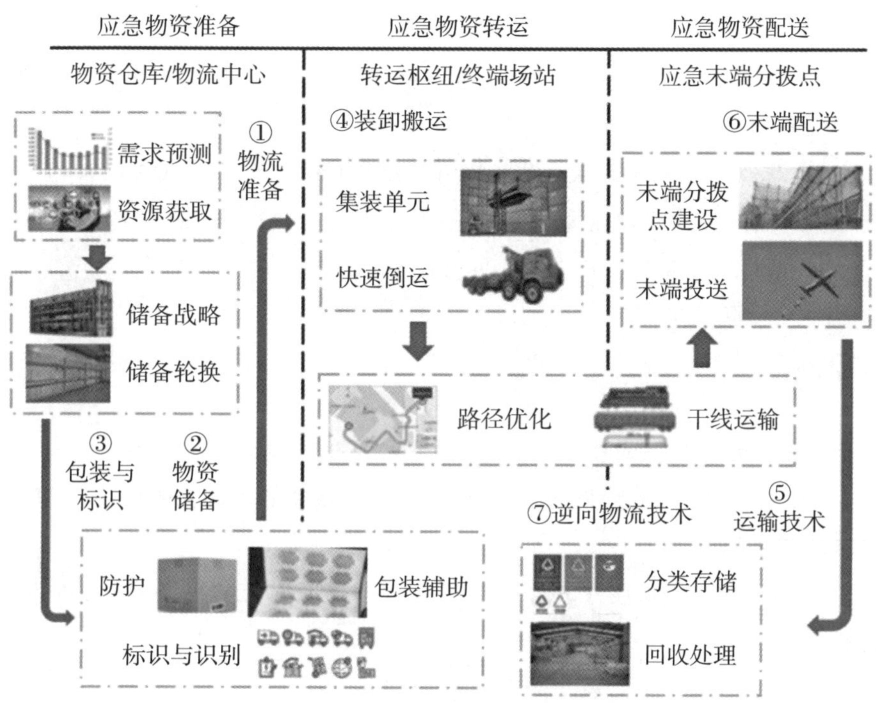

图8-14　国家应急物流技术体系

应急物流建设事关国计民生,意义十分重大。从宏观上讲,它直接关系着国家社会和谐稳定和国防安全巩固,与国家、各级政府息息相关;从微观层面上讲,则关系着百姓安康、生活幸福,与个人和群体利益也紧密相连。因此,为确保国家经济建设、国计民生能够面对突发事件应对自如,减少损失,我们应站在国家安全战略角度,高度重视应急物流建设,充分发挥应急物流为应对突发公共事件提供物资保障的作用,使突发公共事件的应对,由被动应对变为主动应对,由片面应对变为全面应对,由劣质应对变为优质应对。

参考文献

[1] 沈斐敏. 物流安全[M]. 北京: 机械工业出版社, 2011.

[2] 阳晓湖, 戴恩勇. 物流安全[M]. 北京: 清华大学出版社, 2020.

[3] 岳忠. 物流工程安全技术[M]. 北京: 化学工业出版社, 2005.

[4] 梁峙, 梁骁. 危险品物流管理体系建设与技术应用研究[M]. 徐州: 中国矿业大学出版社, 2015.

[5] 翁心刚, 安久意, 胡会琴. 冷链物流[M]. 北京: 中国财富出版社, 2016.

[6] 谢如鹤, 刘广海. 冷链物流[M]. 武汉: 华中科技大学出版社, 2017.

[7] 蒋楠. 医院冷藏药品冷链管理的现状分析[D]. 郑州: 郑州大学, 2016.

[8] 段沛佑, 赵婧. 基于经济安全视角的国家战略物流体系建设研究[J]. 中国市场, 2012(45): 9-12.

[9] 陆莲芳, 周雪梅. 物流信息系统的信息安全技术研究及应用分析[J]. 中国物流与采购, 2020(2): 41-42.

[10] 杨孟娇. 成品油道路运输事故成因分析[J]. 物流工程与管理, 2022, 44(4): 159-162.

[11] 冷链发展新潮流! 中央厨房未来可期! [EB/OL].(2022-04-29) [2022-07-18].https://mp.weixin.qq.com/s/o-a0LOOa3TpgddXqp-dATg.

问题与思考

1. 请列举至少5个物流安全风险因素,并解释它们对供应链的潜在影响。
2. 排列图、因果分析图、事件树分析作为物流安全分析中常用的3种方法,它们在分析方式和应用场景上有哪些区别?
3. 在物流仓储环节中,仓储不安全因素有哪些? 为确保货物的安全存储,请简述防火防爆措施。
4. 探讨物流保险在物流安全管理中的作用和应用。

5. 请阐述食品冷链中的危害分析和关键控制点。
6. 以物流运输事故为例，使用事件树分析方法，绘制事故发展路径，并说明可能的后果和应对措施。
7. 如何通过物流安全管理促进可持续发展？请说说你的思考。
8. 本章前几节分别介绍了物流安全的相关概念、物流各环节中可能存在的安全问题和管理控制的措施，以及几个典型的物流安全场景，其中涉及到不少物流安全的识别、分析和管理方法。请对下面案例进行阅读并分析。

案例8-12：S公司危险品仓库特别重大火灾

2015年8月12日，我国某港口S公司危险品仓库发生特别重大火灾爆炸事故。事故造成165人遇难，304幢建筑物、12 428辆商品汽车、7 533个集装箱受损，直接经济损失高达68.66亿元人民币。S公司储存的危险货物中，至少有129种化学物质发生爆炸燃烧或泄漏扩散，引燃了周边建筑物以及大量汽车、焦炭等普通货物。本次事故残留的化学品与产生的二次污染物逾百种，对局部区域的大气环境、水环境和土壤环境造成了不同程度的污染。

通过对整个事故过程的回顾和后续的追责调查，发现以下6个原因酿成了此次悲剧。

(1) 事故企业严重违法违规经营。S公司长期违法违规经营危险货物，安全管理混乱，安全责任不落实，安全教育培训流于形式，企业负责人、管理人员及操作工、装卸工不了解储存的危险货物种类、数量及理化性质，冒险蛮干问题十分突出，特别是违规大量储存硝酸铵等易爆危险品，直接造成此次特别重大火灾爆炸事故的发生。

(2) 有关地方政府安全发展意识不强。S公司长时间违法违规经营，有关政府部门在S公司经营问题上一再违法违规审批、监管失职，最终导致事故的发生，造成严重的生命财产损失和恶劣的社会影响。

(3) 有关职能部门有法不依、执法不严。一些职能部门的负责人和工作人员在人情、关系和利益诱惑面前，存在失职渎职、玩忽职守以及权钱交易、暗箱操作的腐败行为，为S公司规避法定的审批、监管出主意，呼应配合，致使该公司长期违法违规经营。市交通运输委员会没有履行法律赋予的监管职责，没有落实"管行业必须管安全"的要求，对S公司的日常监管严重缺失；环保部门把关不严，违规审批S公司危险品仓库；公安局消防支队平时对辖区疏于检查，对S公司储存的危险货物情况不熟悉、不掌握，没有针对不同性质的危险货物制定相应的消防灭火预案、准备相应的灭火救援装备和物资；海关等部门对港口危险货物尤其是S公司的监管不到位；安全监管部门没有对S公司进行监督检查；物流园区安监站政企不分，且未认真履行监管职责，对"眼皮底下"的S公司严重违法行为未发现、未制止。

(4) 危险化学品安全监管体制不顺、机制不完善。目前，危险化学品生产、储存、使用、经营、运输和进出口等环节涉及部门多，地区之间、部门之间的相关行政审批、资质管理、行政处罚等未形成完整的监管"链条"。同时，全国缺乏统一的危险化学品信息管理平台，部门之间没有做到互联互通，信息不能共享，不能实时掌握危险化学品的去向和情况，难以实现对危险化学品全时段、全流程、全覆盖的安全监管。

(5) 危险化学品安全管理法律法规标准不健全。国家缺乏统一的危险化学品安全管理、环境风险防控的专门法律；《危险化学品安全管理条例》对危险化学品流通、使用等环节要求不明确、不具体，特别是针对物流企业危险化学品安全管理的规定空白点较多；现行有关法规对危险化学品安全管理违法行为处罚偏轻，单位和个人违法成本很低，不足以起到惩戒和震慑作用。

(6) 危险化学品事故应急处置能力不足。S公司没有开展风险评估和危险源辨识评估工作，应急预案流于形式，应急处置力量、装备严重缺乏，不具备初起火灾的扑救能力。港口公安局消防支队没有针对不同性质的危险化学品准备相应的预案、灭火救援装备和物资，消防队员缺乏专业训练演练，危险化学品事故处置能力不强；市公安消防部队也缺乏处置重大危险化学品事故的预案以及相应的装备；市政府在应急处置中的信息发布工作一度安排不周、应对不妥。

思考：

请根据本案例，找出S公司危险品仓库特别重大火灾的原因，并画出事故因果分析图。

案例8-13：消失的冷链：非法疫苗事件中存在的冷链安全问题

2016年3月21日，国家食品药品监管总局发布通报称，价值5.7亿元未冷藏疫苗流入18省，震惊全国。为此，记者采访了相关部门，了解到此次非法疫苗在冷链储藏与运输环节存在的监管漏洞。警方称，非法购进的25种儿童、成人用二类疫苗，未经严格冷链存储运输销往全国18个省市，涉案金额达5.7亿元。非法疫苗虽然是正规疫苗生产厂家生产的，但其未按规定进行冷链存储和运输，部分属于临期疫苗，流通过程中存在过期、变质的风险。

办案民警陈波回忆，抓捕庞某当天下着小雨，气温比平时低好几摄氏度，但囤放疫苗的仓库内温度计显示室温已接近14 ℃，“按规定，疫苗存储运输要求在2~8 ℃，仓库温度已经高出很多”。警方发现，在该仓库内有2台用来冻冰块的冰柜。庞某将整件的疫苗未经冷藏裸放在仓库内，向下线发货时，用泡沫箱将疫苗配货分装，放入冰块，包裹好后通过快递公司发往全国各地。

有研究表明，不合格药品中17.03%是在药品运输、配送中造成的，医药物流已经成为影响药品质量安全的薄弱环节。疫苗是人类对抗传染性疾病的重要手段，而绝大多数疫苗对热是十分敏感的，因此无法在高温中保存，必须依靠冷链系统在低温条件下保持活性。

思考：

根据案例，分小组讨论该疫苗案件中存在的冷链问题，根据讨论结果画出因果分析图，并针对该事故提出你的看法和建议。

第9章　标准化的现代物流

学习目标

1. 理解物流标准化的概念和基本原理；
2. 了解物流标准化在现代物流管理中的重要性和价值；
3. 掌握物流标准化的不同方面和内容范围，包括物流基础、设备、作业和信息的标准化要素；
4. 通过学习物流标准化管理实例，了解实践中的标准化措施和效果。

标准化是推动物流创新和规范发展的主要动力之一。国家采取了各种政策措施大力推进物流标准化工作，把物流标准化放在物流工作的首要位置，是抓住了中国物流发展的关键问题。

案例9-1：集装箱与标准化

集装箱是能装载包装或无包装货物进行运输，并便于用机械设备进行装卸搬运的一种成组工具。提到集装箱，我们不得不提到集装箱之父马尔科姆·珀塞尔·麦克莱恩（Malcolm Purcell McLean），降低成本是老板都想解决的问题，集装箱就是麦克莱恩为解决这个问题而发明的。

擅长精打细算的麦克莱恩进入航运业后，发现当时的航运系统太过于复杂，几十万码头工人在码头装卸各种散装货物，装卸速度慢，而且散装货物浪费了船舶的很多装运能力，60%的货运成本都用在这几十万码头工人的装卸费用。他不禁想：为什么非要装载、卸载、转移和再装那么多的散件货物？我找一只大箱子，把货物装进大箱子，然后就利用起重机等装备只装卸和搬运这些大箱子不是更加好吗？于是，麦克莱恩就找了制造公司开始制造这样的大铁箱子，进行货物运输，而这些大铁箱子就是今天我们熟知的集装箱的原型。

集装箱化的本质不单单是物流运载工具的变化，而是一次彻彻底底的"标准化"——从港口、船舶、起重机，到储存设施、卡车、火车，运输过程中的每一个环节都需要依照集装箱的标准进行。因此，集装箱最大的成功在于其产品的标准化以及由此建立的一整套物流运输体系。

这种标准化带来的好处显而易见，以集装箱为运输单位，创造了"门到门"的交货组合运输新方式，由于标准化，使它适合于多式联运。基于此，延伸出了公铁联运、铁海联运、公路集装箱甩挂运输等多种组合的运输方式，使得装卸和运输的效率与效益大大提升。此外，集装箱运输的标准化与便利化，加快了各国的工业化大生产、商品包装的标准化与适箱化，并极大地促进了全球的商品流通与国际物流发展。

思考：

（1）在整个运输体系中，具体有哪些需要与集装箱匹配的标准？

（2）除了集装箱外，你还可以想到什么体现现代物流的标准化？

9.1 物流标准化概述

物流标准化不仅考虑单个部件或者工序的通用和规范问题，更是规范整个物流运作流程的重要手段和提高物流服务水平的重要抓手。

9.1.1 物流标准化的概念

标准化是指在经济、技术、科学和管理等社会实践中，对重复性的事物和概念，通过制订、发布和实施标准达到统一，以获得最佳秩序和社会效益。公司标准化是以获得公司的最佳生产经营秩序和经济效益为目标，对公司生产经营活动范围内的重复性事物和概念进行制定和实施公司标准，以及贯彻实施相关的国家、行业、地方标准等为主要内容的过程。

国家标准《标准化工作指南 第1部分：标准化和相关活动的通用术语》(GB/T 20000.1—2014)对"标准化"的定义是："为了在既定范围内获得最佳秩序，促进共同效益，对现实问题或潜在问题确立共同使用和重复使用的条款以及编制、发布和应用文件的活动。"同时在定义后注明：(1)标准化活动确立的条款，可形成标准化文件，包括标准和其他标准化文件；(2)标准化的主要效益在于为了产品、过程或服务的预期目的改进它们的适用性，促进贸易、交流以及技术合作。

标准化的内容，实际上就是经过优选之后的共同规则，为了推行这种共同规则，世界上大多数国家都有标准化组织，在日内瓦的国际标准化组织(International Standardization Organization, ISO)负责协调世界范围的标准化问题。

物流标准化是指以物流为一个系统，制定系统内部设施、机械装备、专用工具等各个分系统的技术标准；制定系统内各分领域如包装、装卸、运输等方面的工作标准；以系统为出发点，研究各分系统与分领域中技术标准与工作标准的配合性，按配合性要求，统一整个物流系统的标准；研究物流系统与相关系统的配合性，进一步谋求物流系统的标准统一。

9.1.2 物流标准化的意义

物流标准化是物流发展的基础，是现代物流发展的需要，主要表现在以下4个方面：

(1) 物流标准化是统一物流概念，提高物流系统效率、降低物流成本的需要。只有弄清了物流相关概念问题，并对物流涉及的相关内容达成统一共识，才能为加快物流业发展扫清理论障碍。物流业是一个综合性行业，涉及运输、包装、仓储、装卸搬运、流通加工、配送和信息等多个方面。我国物流业基于传统行业发展而来，传统物流被视为割裂的不同系统，而各系统又不能很好地衔接与协调，信息的共享程度也不够高，这就造成了

企业效率的低下。为了提高物流效率并降低成本，需要系统、整体地看待各环节，对物流进行标准化。物流标准化就是以系统为出发点，制定系统内部设施、机械设备、专用工具等各个分系统的技术标准；制定系统各分领域，如包装、装卸、运输等方面的工作标准；研究各分系统与分领域中技术标准与工作标准的配合性，以及物流系统与其他相关系统的配合性。

(2) 物流标准化是规范物流企业、规范物流市场的需要。物流企业队伍良莠不齐，是目前我国物流业整体水平不高的重要因素。中国的物流企业大量存在着市场定位不准确，服务产品质量不合格，内部结构不合理，运作经营不规范等问题，这些都阻碍了国内物流产业的持续健康发展。建立物流相关国家标准，对物流企业进行规范化、标准化管理，势在必行。此外，在市场经济条件下，企业的产生是由市场需求和行业利润决定的，在作为第三利润源泉的物流市场上，各类物流企业同时并存，由于没有规范性，它们提供的物流服务水平参差不齐，容易造成物流市场秩序混乱，使物流业内产生了恶性竞争，成为制约物流业健康发展的障碍。通过建立物流相关标准，可以有效地引导物流企业健康发展，促进整个物流市场的规范化，改善物流服务水平。

(3) 物流标准化是供应链整合优化的需要。供应链内节点企业在需求信息的拉动下，以物流、资金流和商流为媒介，通过供应链的职能分工与合作，实现整个供应链的不断增值。物流是根据供应链的需要而产生，并在供应链各节点间流动。因此，物流的标准化同时也是各节点企业间相应的设施、包装、产品制造、流通加工的标准化过程。一个节点的标准化将最终带动整个供应链的标准化。

(4) 物流标准化将促进国内物流与国际物流接轨，是开展国际贸易的需要。我国的物流产业必须放眼全球，充分吸收来自世界的前沿思想、先进技术及管理方法，建立起有中国特色的，面向世界的国际物流标准体系，提高我国物流产业竞争力与影响力。此外，在国际贸易中，技术壁垒是一道关键障碍。因为技术上的障碍，将会对商品的进出口造成影响，物流的关键问题是在运输工具、包装、装卸搬运、仓储等方面采用国际标准，实现国际统一化。例如，若集装箱的尺寸规格与国际上标准不一致，就会产生与国外各环节的物流设施、设备、机具不配合，使运输、装卸搬运、仓储都发生困难，从而影响商品的出口。

9.2　物流标准化的内容

标准化是物流管理的一种手段，物流标准化与全国标准化发展一样，是一个从无到有、从少到多、从粗放化到逐步精细化的过程。目前，我国物流标准化经过不断发展，逐步形成了当下具有中国特色的物流市场和初具规模的国内物流业标准化体系。

9.2.1 物流基础的标准化

物流基础术语、图形符号、标志等标准属于物流通用基础标准，起着协调、交流、约束的作用，需求最广泛，关系到物流活动的方方面面，因此格外重要。基础标准包括物流相关基础术语标准、计量单位标准、物流基础模数尺寸标准等。

9.2.1.1 物流基础术语标准

物流用语常常因国家、地区、行业、人员的不同而具有不同含义，在传递物流信息时可能引起误解和发生差错，因此，必须统一物流专业术语，为物流信息交流提供标准化的语言，这是物流信息标准化的基础工作。

我国于1978年从国外引进物流概念，2001年《物流术语》(GB/T 18354—2001)批准发布，该标准是我国制定的第一个物流类国家标准，由于物流术语标准属于物流领域最基础的标准，许多后续的国内相关标准都纷纷引用该标准，国内高校也利用该标准进行物流学科专业建设，并以此标准为基础进行相关课程及人才培养方案开发，对国内物流产业发展起到了极大促进作用。2006年，该标准进行了一次修订，批准发布了第二版国家标准《物流术语》(GB/T 18354—2006)。2021年8月20日，国家市场监督管理总局、国家标准化管理委员会发布《中华人民共和国国家标准公告》2021年第11号，其中《中华人民共和国国家标准:物流术语(GB/T 18354—2021)》获批准发布，标准于2021年12月1日正式实施。

《物流术语》(GB/T 18354—2021)共8章内容，包括：范围、规范性引用文件、物流基础术语、物流作业服务术语、物流技术与设施设备术语、物流信息术语、物流管理术语和国际物流术语。界定了物流活动中的物流基础术语38个、物流作业服务术语61个、物流技术与设施设备术语47个、物流信息术语26个、物流管理术语33个、国际物流术语及其定义45个，共250个术语及其定义。

9.2.1.2 物流计量单位标准

物流计量单位标准是针对物流过程中每个环节里不同种商品、容器等制定出来的单位标准。物流计量单位既不同于商品计量单位，也不同于包装计量单位，需要考虑不同的商品、不同的容器。

除国家公布的统一计量标准外，物流系统还有许多专业的计量问题，必须在国家标准基础上，充分考虑物流标准单元、专业的计量问题。同时，由于物流的国际性很突出，专业计量标准还需考虑国际习惯用法，与国际计量标准接轨，不能完全以国家统一计量标准为唯一依据。比如，在国际航运中，船舶运载能力和港口吞吐量的计量单位通常不用货物重量单位(如kg、t)来表示，更多情况下是以20英尺集装箱(Twenty-feet Equivalent Unit，TEU)来表示，即长度为20英尺的集装箱，也称国际标准箱单位。此外，海运集装箱

也以TEU为基本单位计算箱量。

9.2.1.3 物流基础模数尺寸标准

物流基础模数是物流系统各标准尺寸的最小公约尺寸，是物流系统中各种设施建设和设备制造的尺寸依据。在基础模数尺寸确定之后，各个具体的尺寸标准都要以基础模数尺寸为依据，选取其整数倍为规定的尺寸标准，基础模数尺寸确定后，只需在倍数中进行标准尺寸选择，便可作为其他尺寸的标准。

物流基础模数尺寸的作用和建筑模数尺寸相似，考虑的基点主要是简单化，是设备制造、设施的建设、物流体系中各环节的配合协调、物流系统与其他系统配合的依据。目前ISO关于物流基础模数尺寸的标准为600 mm×400 mm，物流集装基础模数尺寸的标准以1 200 mm×1 000 mm为主，物流基础模数尺寸与集装基础模数尺寸的配合关系如图9-1。

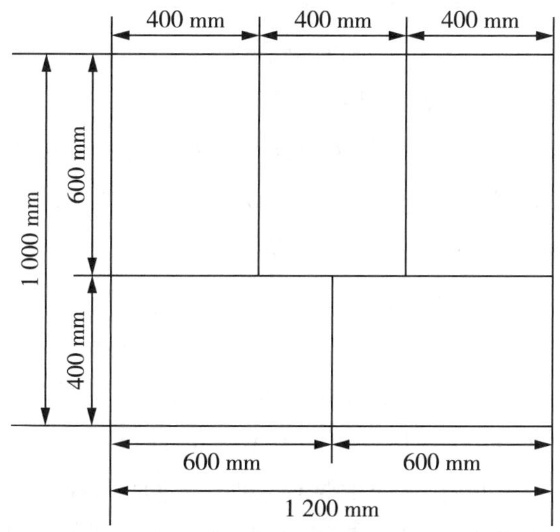

图9-1 物流基础模数尺寸与集装基础模数尺寸的配合关系

案例9-2：物流基础模数尺寸计算

假设你是牛奶生产厂商，已知联运托盘尺寸为1 200 mm×1 000 mm，牛奶的外包装箱的尺寸为300 mm×200 mm×200 mm，每小盒牛奶的尺寸为60 mm×40 mm×100 mm。（注：包装厚度忽略不计）

（1）一个外包装箱中可以装几盒牛奶？

（2）每个托盘上能放几个外包装箱？

9.2.2 物流设备的标准化

物流设施设备贯穿于物流系统全过程，是实现物流各项作业功能的物质基础和手段，包括物流活动中使用的各种设施、设备、工具等物质手段的总称，即所谓的“硬技术”。

物流设备标准基本是为保障物流过程中的安全及便于管理而制定的，内容包括物流设备的基本参数、技术条件、安全规范等，与机械等专业密不可分，多为技术类标准。在标准应用时应注意采用符合国家标准的物流设备，并按照标准使用这些设备。

现代物流的特征之一是物料的集装单元化，而标准化是集装单元化的关键。集装单元器具是为提高运输、装卸搬运、包装效率而采用的标准货物容器。集装单元器具是指便于物料收集成一个完整、统一的基础单元，并在结构上便于机械搬运和储存的器具。集装单元器具不能单纯看作一个容器，它是物流的载体，是物流机械化、自动化的基础，标准化后的单元器具也是物流设备的基础，是高效多式联运的必要条件。

9.2.2.1 托盘标准

《物流术语》(GB/T 18354—2021)将托盘定义为：在运输、搬运和存储过程中，将物品规整为货物单元时，作为承载面并包括承载面上辅助结构件的装置。按其材质不同，分为木质托盘、钢制托盘、塑料制托盘、高密度合成板托盘等；按照形状分类，可分为平托盘、柱式托盘、箱式托盘、轮式托盘、特种专用托盘等。

托盘虽然只是一个小小的器具，但由于托盘具有重要的衔接功能、广泛的应用性，在装卸搬运、保管、运输和包装等各个物流环节的标准化之中，都处于中心位置。所以，托盘标准化是实现托盘联运的前提，是实现物流机械和设施标准化的基础，也是实现装卸搬运、包装、运输和保管作业标准化，自动化的决定因素。如果没有托盘规格尺寸的统一和以托盘为基础的相关设施、设备、装置、工具等的系列化标准，则只能做到局部物流的合理化，难以达到整体物流的合理化和高效化。目前各国的托盘标准尚未统一，如美国的托盘标准是48英寸×40英寸(1 219 mm×1 016 mm)，欧洲各国的标准为1 200 mm×800 mm。目前，中国的标准托盘尺寸主要有2种，一种是1 200 mm×1 000 mm，另一种是1 100 mm×1 100 mm。2016年，国家发展改革委《物流业降本增效专项行动方案(2016—2018年)》中明确推广1 200 mm×1 000 mm标准托盘的实施，这是首次以国务院层面文件统一托盘标准。

托盘与存储的货架、搬运的产品、集装箱、运输车辆、卸货平台以及搬运设施等有直接的关系，因此托盘的规格尺寸是考虑其他物流设备规格尺寸的基点。例如，托盘横梁货架(横梁货架是以存取托盘货物为目的的专业仓库货架)的横梁宽度尺寸最常见的有2 300 mm，刚好承放2个1 200 mm×1 000 mm的托盘。此外，1 200 mm×1 000 mm标准的托盘，正好能装下5个600×400(物流基础模数尺寸)的包装箱，与ISO规定的集装基础模数尺寸与物流基础模数尺寸的配合关系一致。

9.2.2.2 集装箱标准

集装箱一般具有如下特点：具有足够的强度，可长期反复使用；适于一种或多种运输

方式运送，途中转运时，箱内货物不需要换装；具有快速装卸和搬运的装置，特别便于从一种运输方式转为另一种运输方式；便于货物装满和卸空；具有1 m³以上的容积。

根据用途，集装箱可分为，通用干货集装箱、保温集装箱、干散货集装箱、开顶集装箱、罐式集装箱、平台和台架式集装箱、汽车集装箱、动物集装箱、生皮集装箱、组合式集装箱等；按箱体材料分为，钢制集装箱、铝合金集装箱、不锈钢集装箱、玻璃钢集装箱等；按集装箱结构分为，内柱式集装箱和外柱式集装箱、折叠式集装箱和固定式集装箱、预制骨架式集装箱和薄壳式集装箱等；按运输方式分为，联运集装箱、海运集装箱、铁道集装箱、空运集装箱等。

集装箱标准化对集装箱的发展有非常重要的作用，集装箱标准不仅与集装箱本身有关，也与各运输设备、各装卸机具，甚至于车站、码头、仓库的设施有关。为了有效地开展国际集装箱多式联运，必须做好集装箱标准化工作。目前集装箱标准按使用范围划分，有国际标准、国家标准、地区标准和公司标准共4种。其中，国际标准集装箱是指根据ISO制订的国际标准来建造和使用的国际通用的标准集装箱。

通用的国际标准集装箱分为A、B、C、D 4个系列，其外部尺寸如表9-1，其中国际海运和陆运最常用的集装箱是C系列中的ICC型和A系列中的IAA型2种。

表9-1　通用的国际标准集装箱外部尺寸分类

<table>
<tr><th>集装箱系列</th><th>分类</th><th>高度</th><th>长度/英尺</th><th>宽度/英尺</th></tr>
<tr><td rowspan="4">A</td><td>IAAA</td><td>9英尺6英寸</td><td rowspan="4">40</td><td rowspan="4">8</td></tr>
<tr><td>IAA</td><td>8英尺6英寸</td></tr>
<tr><td>IA</td><td>8英尺</td></tr>
<tr><td>IAX</td><td><8英尺</td></tr>
<tr><td rowspan="4">B</td><td>IBBB</td><td>9英尺6英寸</td><td rowspan="4">30</td><td rowspan="4">8</td></tr>
<tr><td>IBB</td><td>8英尺6英寸</td></tr>
<tr><td>IB</td><td>8英尺</td></tr>
<tr><td>IBX</td><td><8英尺</td></tr>
<tr><td rowspan="3">C</td><td>ICC</td><td>8英尺6英寸</td><td rowspan="3">20</td><td rowspan="3">8</td></tr>
<tr><td>IC</td><td>8英尺</td></tr>
<tr><td>ICX</td><td><8英尺</td></tr>
<tr><td rowspan="2">D</td><td>ID</td><td>8英尺</td><td rowspan="2">10</td><td rowspan="2">8</td></tr>
<tr><td>IDX</td><td><8英尺</td></tr>
</table>

9.2.2.3　专用运输车技术标准

运输车是公路货运的主要载体，是物流技术装备中的重要运输工具。由于市场、专用运输车技术和道路要求的变化，要求运输车技术标准和相关标准及时跟进，这包括专用车制造标准、改装车相关标准、路面行驶标准、运输管理规范等。

2016年，国家标准《汽车、挂车及汽车列车外廓尺寸、轴荷及质量限值》(GB 1589—2016)实施，调整货车辆外廓尺寸宽度为2 550 mm，刚好并排存放2个我国大力推广的1 200 mm×1 000 mm标准托盘，促进了货车带托盘运输。

2016年，国家标准《车辆运输车通用技术条件》(GB/T 26774—2016)实施，规定了车辆运输车的术语和定义、技术要求、试验方法、检验规则、标志、随车文件、运输、贮存等。

2018年，国家标准《快递汽车技术条件》(GB/T 36149—2018)实施，规定了快递汽车的术语和定义、分类、要求和标识。

9.2.3 物流作业的标准化

因为物流环节众多，相互之间联系密切，必须要有统一的技术标准和工作标准，才能很好协调配合。因此，规范的作业流程可以保障物流各环节有序，高效进行。物流作业标准化是发展物流技术、实施物流管理工作的有效保证。具体表现为：物流作业标准是伴随物流活动产生的，是实现物流功能时所形成的各种方法、支撑技术、作业技能和流程等，即所谓的“软技术”，包括物流综合作业标准、物流环节作业标准等。

物流作业标准化包括仓储标准化、运输标准化、包装标准化、装卸搬运标准化等，下面以运输标准化、仓储标准化和包装标准化为例进行介绍。

9.2.3.1 物流标准在运输作业中的应用

运输作业是通过转移物品在空间和时间上的位置实现其附加价值的作业过程，是实现商品流通的重要手段。运输一般分为铁路运输、公路运输、水路运输、航空运输、管道运输和多式联运6种方式。

运输的基本流程如图9-2所示，包括运输决策、运输作业、与客户的交接、与仓储部门的交接。运输看似简单，是用设备将货物发生空间的转换，但为了实现运输合理化，实现节约运力、减少运输时间、降低运输成本，就需要有标准的运输作业流程和正确的运输决策。

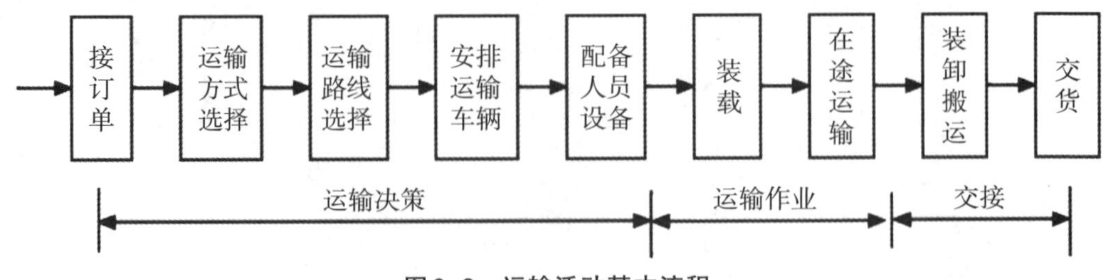

图9-2 运输活动基本流程

1) 运输决策环节

接订单即签订运输合同，运输合同签订后，运输企业将根据货物和客户的要求进行

运输决策，包括运输方式、运输路线的选择和车辆人员的安排。安排运输车辆时要根据货物的种类选择合适的车辆，并配置相应的设备，生鲜品、危险品、液体等货物的运输工具都应有其相对应的标准需要遵循。比如，《冷藏、冷冻食品物流包装、标志、运输和储存》（GB/T 24616—2019）中明确规定了冷藏、冷冻食品在物流过程中的包装、标志、运输、储存和卸货要求。

2）运输作业环节

装载货物同样需要花费精力做出最优的解决方案。装载的基本原则：部分特殊性质的货物不得混装；重物在下、轻物在上；后送的货物先装等，有多种方法可以提高技术装载量，以提高运输效率。

3）货物交接环节

运输企业在进行货物交接时，完成了两项工作：一是运输合同的履行；二是实际货物的交割。在实物交割时，需要对照《包装储运图示标志》（GB/T 191—2008）对标志的解释，根据货物包装上的标志进行装卸。若为集装箱运输，还要遵循《集装箱港口装卸作业安全规程》（GB 11602—2007）、《港口集装箱箱区安全作业规程》（GB/T 35551—2017）中的相关规定。

9.2.3.2　物流标准在仓储作业中的应用

仓储是指保存、管理、储藏物品。和运输的概念相对应，储存是以改变“物”的时间状态为目的的活动，以克服产需之间的时间差异，获得更好的效用。在《物流服务分类与编码》（GB/T 26820—2011）中，仓储服务属功能型服务，包含的细分服务项目分别是存储保管、验收检测、出入库服务、库存管理与控制、转让过户、存货质押监管。仓储作业的基本流程如图9-3所示。

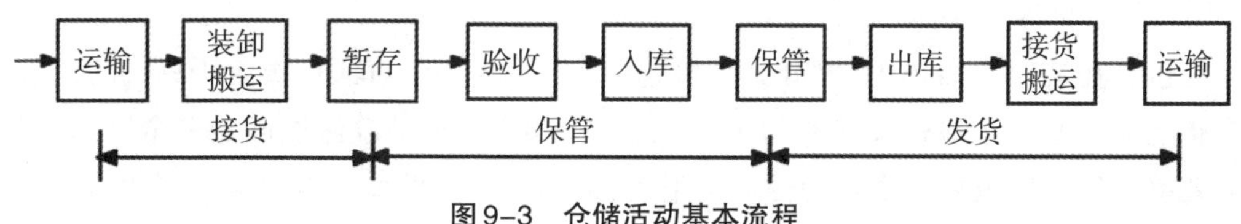

图9-3　仓储活动基本流程

1）接货环节

接货是根据储存计划和发运单位、承运单位的发货或到达通知，进行货物的接收及提取，并为入库保管做好一切准备的工作。接货工作有以下内容：与发货单位、承运单位的联络工作；制订接货计划；办理接货手续；到货的处理；验收工作。

2）保管环节

保管是根据物资本身特性以及进出库的计划要求，对入库物资进行保护、维护管理的工作环节。保管工作有以下内容：与接货单位及用货单位的联络工作；制订保管计划；办理入库、出库手续。

3）发货环节

发货是根据业务部分的计划，在办理出库手续的基础上，进行备货、出库、付货或外运付货工作。发货工作有以下基本内容：与收货单位、外运承运单位的联络工作；制订发货计划；核对及备货；办理交货手续。

有一些与仓储作业相关的标准及规范，如《运输与仓储业务数据交换应用规范》（GB/T 26772—2011）中规定了仓储的业务流程与业务单证，在图9-3所示的仓储作业流程图中，以业务单证为载体，使信息在其间流转。上述标准对各单据所需包含的信息有明确的要求，建议物流企业采纳，以便于信息的传输和处理。

《仓储服务质量要求》（GB/T 21071—2021）对仓储各环节所涉及的工作质量有明确的规定，规范了仓储服务的基本质量要求及其评估指标，适用于物流企业和生产企业的内部仓储服务。

案例9-3：日常生活中的装卸标准化作业

为保证货物能得到妥善、正确的装卸与搬运，日常生活中还存在很多装卸标准化作业。比如，装载或存放时按要求摆放，重不压轻，大不压小；装卸货摆放归位时不要倒放、斜放，要按指示箭头向上摆放；所有产品的摆放对齐托盘边缘，呈水平直角；存放货物时要把所有的产品标识朝外等。这些装卸搬运标准，都意在规范作业要求、减少货物破损、提高作业效率。

9.2.3.3 物流标准在包装作业中的应用

包装是为了在物流过程中保护商品、方便储运和促进销售，按照一定的技术方法使用容器、材料以及辅助物等将物品包封并予以适当的装饰和标志工作的总和。包装有三大特性，即保护性、单位集中性和便利性。这三大特性具有保护商品、方便物流、促进销售和方便消费的四大功能。

按包装在流通中的作用，可分为运输包装和销售包装。其中，物流所具备的包装通常是指运输包装。运输包装又称为工业包装或外包装，它是以保护商品安全输送，提高运输效率为目的的包装。物资的销售量很大，采用适合大批量高效率的运输包装是非常必要的。

商品流通中，对运输包装的基本要求是：①确保商品运输安全。运输包装的外径尺寸和外部结构必须具有抵抗外界因素损害的能力。在包装外形设计及包装材料的选择上，要考虑商品的物理化学性质、物态外形、体积、重量、结构，流通中可能碰到的各种环境条件。②要有明确的包装标志。运输包装的外形上一般都标有储运标志，便于商品的识别，加速流转，使商品正确无误地运往目的地。③运输包装要标准化、规格化。特别是要大力开展集装箱运输，提高运输效率，节约流通费用。

因包装与生产生活息息相关，国家标准化管理委员会自20世纪80年代起做了大量

的工作，其中，与物流相关的国家标准可以分为5类：第1类，包装的通用标准；第2类，包装的图示标准；第3类，包装的尺寸标准；第4类，针对货物的不同性质所制定的包装标准；第5类，包装检测方法标准。

如《包装设计通用要求》(GB/T 12123—2008)规定了包装设计的基本要求、设计因素、设计方案确定方法、试验验证等内容。该标准适用于各类产品的包装设计。《包装储运图示标志》(GB/T 191—2008)规定了包装储运图示标志的名称、图形符号、尺寸、颜色及应用方法，适用于各种货物的运输包装。如图9-4为"易碎物品"的标志，表明运输包装件内装易碎品，搬运时应小心轻放；图9-5为"向上"的标志，表明该运输包装件在运输时应竖直向上；图9-6为"怕晒"的标志，表明该运输包装件不能直接照晒；图9-7为"禁止翻滚"的标志，表明搬运时不能翻滚该运输包装件。

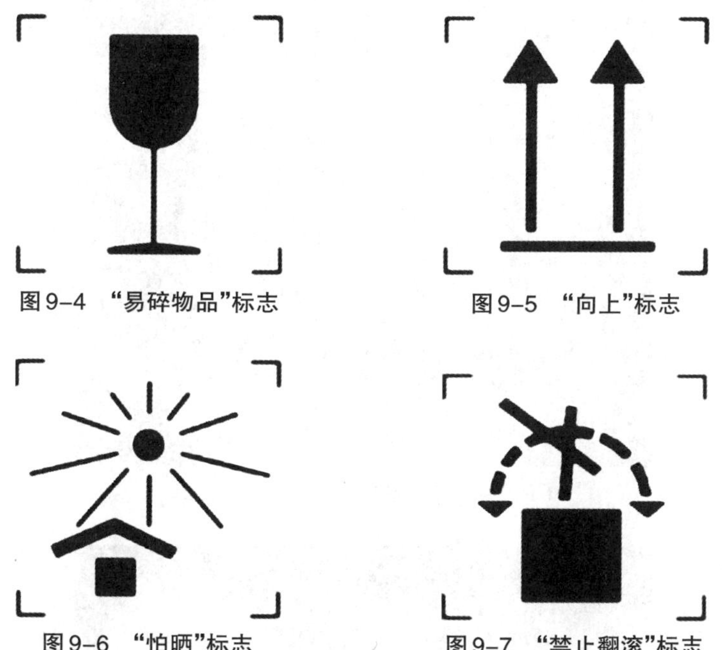

图9-4　"易碎物品"标志

图9-5　"向上"标志

图9-6　"怕晒"标志

图9-7　"禁止翻滚"标志

案例9-4：包装标准化的意义

包装是减少外部环境，以及装卸、长时间仓储等作业环节对货物损害的有效手段。随着人力成本的增加及机械自动化程度的提升，包装成为物流标准化的重要环节。物流标准化中另外一个重要环节就是物流载具。联运托盘是常见的载具，联运托盘在整个包装和物流运转中的节点性作用。

物流标准化在联运托盘这个节点中的核心作用在于其尺寸的标准化。物流车辆载货的内空间尺寸会影响运输包装的尺寸和形式，通过定义标准尺寸的联运托盘，可以影响运输包装与物流车辆双重尺寸的匹配效应。在这种尺寸匹配情况下，能将运输包装的物流环境危害降低，达到提升装配效率和成本节约的目的。因此定义联运托盘的尺寸是必要的，这里依据国标设定及既有实施状况，联运托盘基础模数设定长宽尺寸为1 200 mm × 1 000 mm。

下面将从2个不同的行业，分别阐述物流标准化对于运输包装的作用，以及运输包装设计中的常见方法。

1）商超零售易包装

很多大型的超市与卖场需要定期进行货架理货，这是很耗费人力的工作，越来越多的超市希望能够有节约理货成本的包装设计方案，而解决这个问题的办法就是大力推行零售易包装。零售易包装是集销售功能与运输保护功能于一体的瓦楞纸包装箱。如案例9-4图1和案例9-4图2所示，零售易包装在结构设计上可以有很多创意性结构，在尺寸上既要匹配联运托盘需求，同时也要充分考虑货架可展示空间尺寸，这样就可以充分提升货架理货效率。

案例9-4图1　零售易包装箱在托盘上

案例9-4图2　零售易包装箱在货架上

2）农产品的运输包装

传统渠道对农产品的运输其实是粗放型的，但新业态下不仅对农产品要求高质量，也希望与之装配的包装箱也有高颜值和高保护性。高颜值可以促进农产品的销售，高保护性能够减少农产品的运输货损，降低成本。如案例9-4图3和案例9-4图4所示，就是使用广泛的水果包装箱。

案例9-4图3　开口水果箱

案例9-4图4　整托形式的水果箱

对于农果箱来说，外包装箱结构大部分都会配合机械自动化设备完成纸箱的成型和装配，同时在运输包装型的需求上，也开始越来越多地将一些在工业产品领域的保护性包装材料运用到农产品。如图案例9-4图5中所示石榴使用纸浆模塑制品作内衬进行间隔与缓冲保护，其规格大小也与包装纸箱的规格相匹配。

案例9-4图5　纸浆模塑内衬保护

从物流标准化的发展趋势来看，如果将标准化联运托盘称为物流标准化的1.0版本，那么进一步将会出现标准立方体积尺寸的联运包装箱，甚至基于联运托盘和包装箱一体化作为流通计量单位，就像是缩小版的集装箱，那么可以将此称为物流标准化的2.0版本。如果进一步结合IoT技术，以托盘和包装箱为信息数据载体，形成数据化的传递，那么这就是“智慧”的物流标准化的3.0版本。

综上所述，通过物流标准化助推新业态下的运输包装，可以概括为基于尺寸标准化、以结构设计为驱动、达成智慧包装未来。

思考：

(1) 除案例中涉及到的，你认为还有哪些与包装有关的标准化设施与举措？

(2) 思考未来还可能有哪些措施来提高物流包装的标准化。

9.2.4　物流信息的标准化

我国领导人曾在考察物流园区时指出，“物流业一头连着生产、一头连着消费，在市场经济中的地位越来越凸显。要加快物流标准化信息化建设，提高流通效率，推动物流业健康发展”。

9.2.4.1　物流信息标准化的含义

物流信息标准化是物流标准化的重要组成部分，是指制定出不同物流系统之间信息交流与处理的标准协议或规则，作为跨系统、跨行业和跨地区物流运作的桥梁，来顺利实现企业间物流信息的交流、不同地区间物流信息的交流以及供应链系统间信息的交流和不同物流软件系统之间的信息交流，最终达到物流系统集成和资源整合的目标。

9.2.4.2　物流信息标准化的作用

物流信息标准化的作用是很显然的，因为一个企业物流管理系统实现自身的物流信息化并不能改变整个供应链乃至行业或社会的物流发展，只能是在企业内部局部范围实现有限的竞争优势。通过实现物流信息的标准化，可以突破一个企业物流管理系统网络信息平台的局限性，最大限度地综合各方资源，规范相关业务流程，实现整个供应链甚至更广范围内的信息流、物流和资金流的通畅，带动所有相关企业物流业务一同规范发展，从而提高供应链全局的整体运营效率，大大节省物流成本，提高服务能力和水平。

9.2.4.3　物流信息标准化的内容

物流信息化体系标准主要由基础标准、工作标准、管理标准、技术标准和各单项标准组成，构成了一个三层次结构，其中基础标准为第1层，工作标准、管理标准和技术标准处于第2层，各单项标准处于第3层。具体分析物流信息标准化体系的3个层次，又可以细分为6个方面的内容：

1）条码标准

每一个物品必须有一个相应的编码，以方便信息采集。目前条码应用范围最广，被称作商品的“身份证”。条形码是利用光电扫描阅读设备来实现数据输入计算机的一种代码。它是由一组按一定编码规律排列的条、空符号，用以表达一组信息的图形标识符。这些信息包括静态的品名、规格、数量、生产厂商等信息，还可能有批号、流水线、生产日期、保质期、发运地点、到达地点、收货单位、运单号等动态信息。它是商品进入流通领域的必备条件。

条码的应用范围非常广泛，几乎在所有自动识别领域都可以应用，在物流领域，条形码技术就像一条纽带，把产品的生命周期各阶段发生的信息连接在一起，可跟踪产品从生产到销售的全过程。

案例9-5：条码应用的意义

在流水线生产管理中，采用条码技术可以使订单号、零件种类、产品编号都实现数字化，在产品零件和装配的生产线上及时打印并粘贴条码标签。产品下线时，由生产线质检人员检验合格后扫入产品的条码，对于不合格的产品送维修，整个过程不需要手工记录。在仓库货物管理中，物料出入库时间、物品存放地点及库存数量等信息均可以通过条码储存，避免了手工记录的繁琐，大大提高了工作效率和准确率。

物流信息采集标准是对物流信息的采集方法、手段、格式等进行统一规定。例如，在条形码标准中，对使用条形码的种类、使用范围以及每种条形码的排列规则、起始符和终止符等参数进行规定，并统一条形码的阅读和处理程序标准等；在RFID的电子标签标准中，对电子标签的信息存储格式、外形尺寸、工作频率、信号调制方式等进行统一规定；在北斗定位技术标准中,对覆盖范围、可靠性、数据内容、准确性以及多用性等指标进行规定。

2) 物流信息分类编码标准

物流信息分类编码标准是物流信息标准化工作的一个专业领域和分支,核心就是将大量物流信息进行合理化的统一分类,并用代码加以表示,构成标准信息分类代码。便于人们借助代码进行手工方式或计算机方式的信息检索和查询,实现物流信息系统的自动数据采集和系统间的数据交换与资源共享,促进物流活动的社会化、现代化和合理化,在实践中做到货畅其流。这也是物流信息系统正常运转的前提。

物流信息分类编码标准体系分为3个门类。

第1门类为基础标准,是制定标准时所必须遵循的、全国统一的标准,是全国所有标准的技术基础和方法指南,具有较长时期的稳定性和指导性。如《标准体系构建原则和要求》(GB/T 13016—2018)、《信息分类和编码的基本原则与方法》(GB/T 7027—2002)和《分类与编码通用术语》(GB/T 10113—2003)等标准对信息的分类与编码、信息分类基本原则、基本方法和编码通用术语等内容进行了规定。

第2门类为业务标准,它是针对物流活动(包装、装卸、搬运、仓储、运输、包装和流通加工等)的技术标准,对物流信息系统建设具有指导意义。如《货物运输常用残损代码》(GB/T 14945—2010)规定了货物运输中货物外表常用残损状态的代码编制基本原则、代码结构和代码表。《乘客及货物类型、包装类型和包装材料类型代码》(GB/T 16472—2013)规定了在与国际贸易有关的贸易、运输和其他经济活动中使用的乘客、货物类型、包装类型和包装材料类型的数字代码表示,并规定了包装类型的字母代码表示。

第3门类为相关标准,它是伴随技术进步(特别是通信和信息处理技术进步)而产生的专门领域标准,比如EDI应用于商业贸易与政府审批(如报关等),它与物流活动密切相关,相关代码标准有《行政、商业和运输业电子数据交换(EDIFACT)代码表》(GB/T 16833—2011)。此外,《商品条码 条码符号放置指南》(GB/T 14257—2009)规定了商品条码符号放置的通则,给出了商品条码符号放置的指南。比如,对于箱型包装,条码符号宜印在包装背面的右侧下半区域,靠近边缘处,包装背面不适合印条码符号时,可印在正面的右侧下半区域。

3) 物流电子单证标准

物流单证是物流过程中使用的所有单据、票据、凭证的总称,包括:采购单、原料入库单、原料领料单、提货单、成品入库单、移库单、成品出库单、盘点单、装箱单、配送单、运输单、安装单、退货单、到货单、车辆调度单等。

《国际贸易单证格式标准编制规则》(GB/T 17298—2009)规定了国际贸易单证格式标准的编制原则和基本要求。《国际贸易单证样式》(GB/T 14392—2009)规定了我国国际贸易主单证样式,包括相关术语和定义以及设计原则。如图9-8给出了国际贸易单证图

文区设计的基本原则，通常都基于“框式设计”原则进行样式设计。样式下方的“自由处置区”是为迎合个性化应用的特定需求所设。

<table>
<tr><td colspan="2">发货人（出口商）
Consignor (Exporter)</td><td colspan="5">日期和参号等
Date, Reference No., etc</td></tr>
<tr><td colspan="2">发货人
Consignee</td><td colspan="5">买方（其他收货人）或其他地址
Buyer (if other than consignee) or other address</td></tr>
<tr><td colspan="2" rowspan="2">通知方地址或交货地址
Notify or delivery address</td><td colspan="5">出口国
Country where consigned</td></tr>
<tr><td>原产地国
Country of origin</td><td colspan="4">目的地国
Country of destination</td></tr>
<tr><td colspan="2">运输事项
Transport details</td><td colspan="5">交货和付款条款
Terms of delivery and payment</td></tr>
<tr><td>运输标志和集装箱号码
Shipping marks;
Container No.</td><td colspan="2">包装类型和件数、货物描述
Number and kind of
packages; Goods description</td><td colspan="2" rowspan="2">商品编码
Commodity
No.</td><td>毛重
Gross
weight</td><td>体积
Cube</td></tr>
<tr><td colspan="3"></td><td>净数量
Net
quantity</td><td>价值
Value</td></tr>
<tr><td colspan="7">自由处置区
Free disposal area</td></tr>
<tr><td colspan="4"></td><td colspan="3">认证（签署）
Place and date of issue,
Authentication</td></tr>
</table>

图9–8　国际贸易单证样式

4）物流信息传递与交换标准

物流信息传递与交换标准是对物流信息传递与交换的一般原则、基本流程和内容、方式方法以及数据格式等进行统一规定。

例如，《快递服务与电子商务信息交换规范》（GB/T 40043—2021）规定了快递服务组织与电子商务经营者之间的信息交换内容、信息交换流程、报文规范、数据通信与安全和信息交换时限的要求。适用于快递服务组织和电子商务经营者之间为完成电子商务交易和快递服务而开展的信息交换。《跨境电子商务物流信息交换要求》（GB/T 40202—2021）对跨境电子商务物流业务中的物流信息交换基本内容进行了介绍，并对信息交换中涉及的数据类型和数据结构进行了详细说明。比如，运输请求信息中涉及到订单编号、请求时间、物流企业代码和名称、产品名称、毛重、件数、收货人姓名和地址等信息。

案例9-6:物流信息标准适应数字化时代的成果——电子面单

以我们生活中收发快递会使用到的电子面单为例(面单是指快递行业在运送货物的过程中贴在快递物品上,用以记录发件人、收件人以及产品重量、价格等相关信息的单据)。以信息化为基础使电子面单比手工面单具有明显优势:一是它大幅提高了快递用户与快递企业双方输写、保存快递基本信息的效率;二是它大幅降低了面单成本;三是它大幅提高了快件的分拣与配送时效,有利于快递员揽、送更多的快件。电子面单的出现以及进一步改进,是我国物流信息标准适应数字化时代的成果。案例9-6图1为一张电子面单。

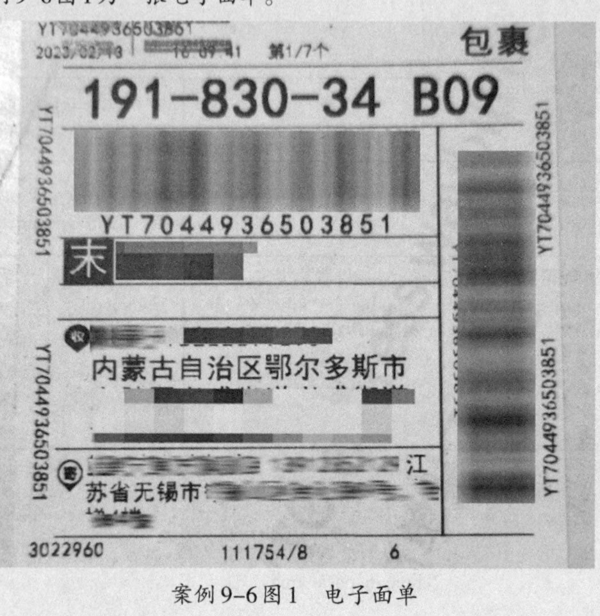

案例9-6图1 电子面单

5)物流信息系统开发标准

物流信息系统开发标准是对物流信息系统从需求分析、设计、实现、测试、制造、安装检验、运行和维护到软件更新等建立起标准或规范。如国家标准《物流管理信息系统应用开发指南》(GB/T 23830—2009)给出了物流MIS的应用原则、功能、技术架构、系统集成和开发方法,适用于物流MIS的规划、开发和应用,可供各种类型的物流企业和信息系统供应商参考使用。《物流管理信息系统功能与设计要求》(GB/T 26821—2011)规定了物流MIS的基本功能应包括客户服务管理功能、作业管理功能、综合管理功能和决策管理功能,同时指出了物流MIS的设计原则和要求。

6)物流信息系统管理标准

物流信息系统管理标准是对物流信息系统开发的质量控制、过程管理、信息安全、服务水平等制定的管理规范和评价标准。如《物流网络信息系统风险与防范》(GB/T 26318—2010)规定了物流网络信息系统的风险评估、安全防范措施和安全管理要求,适

用于我国物流企业对信息系统或物流信息系统公共服务平台进行规范与管理，并可作为相关机构对物流网络信息系统进行安全评价的依据。

此外，《物流公共信息平台服务质量要求与测评》（GB/T 37503—2019）规定了物流公共信息平台包括的类型，如：信息资讯型，提供物流领域相关企业、产品、服务和公共信息的采集、加工处理、发布等服务的信息平台；资源配置和交易型，为物流服务的供需双方提供资源信息以便进行资源配置，或为供需双方提供撮合交易服务的平台。

目前，国际上在物流信息编码、物流信息采集、物流信息交换等方面已经建立了一套比较实用的标准，为企业物流信息系统的建设创造了良好的环境。因此，我国物流标准化特别是物流信息标准化也应加快步伐，以便进一步推进我国物流信息化和国际化。

参考文献

[1] 黄昌海．物流标准化对新业态下运输包装的助推作用[J]. 上海包装，2017(12): 33-36.

[2] 吴清一．托盘标准化是实现国际供应链无缝对接的起点[J]. 物流技术（装备版），2010，29(14): 29-33.

[3] 王霞．商品零售企业物流管理标准化建设[D]. 北京：北京交通大学，2009.

[4] 唐俊生．联合型企业物流设备与作业标准化研究[J]. 机械制造与自动化，2006，35(6): 43-45.

[5] 李素彩．《标准化与物流管理》一章导读[J]. 中国标准化，2006(6): 64-65.

[6] 樊宏．托盘标准化与物流托盘化[J]. 中国物流与采购，2005(15): 48-50.

[7] 王晓红，徐革玲．现代物流标准化与包装标准化[J]. 包装工程，2005，26(2): 82-84.

[8] 孟国强，孙珂．我国托盘应用现状与发展建议[J]. 中国物流与采购，2004(23):12-16.

[9] 物流信息标准化[EB/OL]. [2023-02-22]. https://wenku. baidu. com/view/9c851cdaa-caad1f34693daef5ef7ba0d4a736ddb.html?_wkts_=1682501979209.

[10] 张雯静．行业视角 | 关于物流业标准化[EB/OL].(2022-09-16)[2023-02-10].https://mp.weixin.qq.com/s/bdYttcQ3Hrw0Xsp41EOC1g.

[11] 刘建新．“十四五”物流标准化将上新台阶[EB/OL].(2021-04-16)[2023-04-15].https://mp.weixin.qq.com/s/J2bGkMB-Tdysjd700y7rcA.

问题与思考

1. 请解释物流标准化的概念，并说明其在现代物流中的重要性和作用。

2. 物流标准化对于提高物流效率和降低成本具有重要意义。请列举并解释至少3个与此相关的实际案例或应用场景。

3.什么是物流基础的标准化？请列举至少3个与物流基础标准化相关的方面，并解释它们在物流运作中的作用和影响。

4.请简述物流设备的标准化对物流作业效率和安全性的影响。

5.物流作业的标准化包括哪些方面？请列举至少3个物流作业的标准化要求，并解释它们对提高作业效率和质量的意义。

6.请解释物流信息标准化的概念，并说明其在物流信息流动和交换中的优势和挑战。

7.请简述物流标准化对于保障消费者权益和提升消费者满意度的重要性。

8.请思考物流标准化对于促进科技创新与创新驱动发展的关系。

9.物流标准化如何体现绿色发展和生态文明建设的理念？

10.如何通过物流标准化促进国际合作与交流，实现共同发展和共赢局面？请说说你的思考。